KB271641

교회는 지금 치료 중

교회는 지금 치료 중

지은이 최명일
펴낸이 안용백
펴낸곳 (주)넥서스

초판 1쇄 인쇄 2011년 9월 25일
초판 1쇄 발행 2011년 9월 30일

출판신고 1992년 4월 3일 제311-2002-2호
121-840 서울시 마포구 서교동 394-2
Tel (02)330-5500 Fax (02)330-5555
ISBN 978-89-5797-842-9 03230

저자와 출판사의 허락 없이 내용의 일부를 인용하거나
발췌하는 것을 금합니다.

저자와의 협의에 따라서 인지는 붙이지 않습니다.

가격은 뒤표지에 있습니다.
잘못 만들어진 책은 구입처에서 바꾸어 드립니다.

www.nexusbook.com
넥서스CROSS는 (주)넥서스의 기독 브랜드입니다.

교회가 교회다워지기 위해

The Church Now Treatment

최명일 지음

교회는 지금 치료 중

넥서스CROSS

오늘날 한국 사회는 종교적 공황상태에 있는 것 같이 느껴진다. 종교적 갈등으로 보이는 여러 가지 오해들이 국민들로 하여금 마음을 분열하게 하고 있다.

종교란 무엇인가? '성聖'과 '속俗'을 휘젓고 다니면서 과학을 신앙으로 독단하려 하고 신앙을 권력화하려는 것이 종교적 목적일까? 어떤 종교는 마치 골수 친북주의자들처럼 보이며, 거침없이 행동하며 말하고 있다. 그들이 말하는 정의는 도대체 무엇인가? 종교적 목적이 무엇인가? 오만한 종교 지도자들의 모습에 안타깝다.

또한 속세를 떠나 깊은 곳에 들어가 자아를 비워야 하는 종교도 있다. 그리고 무소유의 삶을 살아 세속에 물들지 않아야 한다. 그 자체가 종교이고 존경의 대상이 되는 것이다. 그러나 요즘 현실적 모습을 볼 때 다소 세속에 물들어가고 있는 모습을 지울 수 없다.

그렇다면 기독교는 어떤가? 각종 불신의 씨앗을 심음으로 갈등을 초래하는 모습을 보며 안타까움을 느낀다. 또한 한국 교회 교역자들의 성추행 스캔들과 대형교회 건축으로 인해 끊임없이 세상 사람들의 입에 오르고 있다. 이런 소식으로 기독교의 신실성과 믿음이 하루아침에 무너지는 것 같다.

이처럼 종교적 성聖으로 속俗을 지배하려는 종교적 권력과 속세를 떠나 무소유의 삶을 살지 못하는 종교에 대한 허무, 빛과 소금의 삶, 내려놓음의 삶을 살지 못하는 종교적 현실을 바라보며 안타까워한다. 이렇듯 종교가 종교의 사명을 감당하지 못하고 헤매이고 있을 때 수많은 방황하는 영혼들은 갈등과 혼란으로 비틀거리고 있다.

게다가 〈조선일보〉 2010년 12월 17일자 기사의 한국 교회 신뢰도에서 나타나듯이 기독교가 천주교와 불교 다음으로 나타났다. 이런 종교적 그리고 기독교적 현실을 가슴에 안고 기도하다가 이 책을 쓰게 되었다.

'과연 종교적 목적이 무엇인가? 기독교의 목적이 무엇인가? 기독교의 본질과 사명과 비전이 무엇인가?'를 물으며 자성해보고자 한다. 이제 우리는 이 거룩한 사명과 목적을 가지고 빛의 삶을 살고자 한다. 세상에서 허둥대는 백성들에게 소망의 빛이 되고자 한다. 이제 교회는 교회다워야 한다. 교회가 회복되어야 한다. 교회가 거듭나야 한다.

하나님께서는 우리에게 미래를 보여주셨다. 우리에게 꿈을 갖게 하셨다. 우리에게 비전을 가슴에 품게 하셨다. 이제 교회가 교회다워져야 한다. 성도가 성도다워져야 한다. 그래야 이 시대가 소망이 있다.

미래에 희망이 있다.

　이 책은 그동안 강단에서 설교했던 내용들과 선후배 목사님들의 충고어린 글들을 묶어 구성했다. 부족한 글이지만 이 책을 통해서 한국 교회가 본질로 돌아가 회개하고 말씀을 붙잡고 기도하기를 소망한다. 그리고 이 세상의 거룩한 빛으로, 소금으로 살아가는 모습을 통해 방황하는 많은 사람들에게 한 줌의 희망이 되었으면 좋겠다.

　또한 이 책은 크게 두 권으로 나누어져 있는데, 1권《교회는 지금 치료 중》과 2권《교회는 지금 공사 중》이다. 1권에서는 '교회의 태동'과 '행복한 공동체'에 대한 이야기를 담았고, 2권에서는 '비전의 교회', '회복하는 교회' 이야기를 담았다.

　하나님께서는 성경에서 교회가 교회다워지는 요소들을 말씀해주고 계신다. 우리는 그 말씀들을 연구함으로써 교회가 교회되게 하는 회복의 역사가 있었으면 좋겠다. 다시 한 번 이 시대의 희망이요, 리더가 되는 교회가 되었으면 좋겠다. 그래서 한국 교회의 신뢰도가 회복되고, 꿈을 안겨주는 교회가 되리라 믿는다.

2011년 1월 1일 새벽에
최명일 목사

교회로 교회되게

기독교의 발생 배경은 부활신앙공동체로서 시작되었습니다. 그러나 그때 그 시대는 암흑시대였습니다. 중세기적인 그런 의미에서의 어두운 시대가 아니라 기독교를 박해하는 무서운 시대였다는 뜻입니다. 로마 황제들이 하나님과 예수 그리스도께만 충성하는 기독교 교인들을 무섭게 박해했습니다.

그런 현실 속에서도 그리스도인들이 살아남은 것은 첫째는 부활신앙이었습니다. 다음에는 그들의 무서운 단결과 친교였습니다. 그리고 소그룹의 공동체 구조 때문입니다. 조직적인 핍박 속에서도 당시 인구의 5~20%까지 그리스도인들로 만든 것을 보면 교회가 꾸준히 양적인 성장을 거듭했다는 증거입니다.

교회의 성장은 자연스럽게 이루어졌습니다. 전투적 전도운동이 조직적으로 있었던 것이 아니었습니다. 로마 정권의 무서운 핍박 속에서 그런 전도운동은 실제로 불가능했습니다.

그렇다면 어떻게 그토록 많은 교인들이 교회로 나오게 되었을까요? 결론은 초대 성도들의 구체적인 일상의 삶을 이웃 사람들이 직접 보고 교회로 모여들었던 것입니다. 모여 예배드릴 건물도 제대로 없었기에 많은 사람들이 모일 수도 없었습니다. 자연스럽게 소수의 모임으로 발전하게 된 것입니다. 기껏 15명 내지 20여 명 정도의 교인들이 모였을 것입니다.

이처럼 작은 교회로 출발하면서 교인들 간에는 더욱 뜨겁게 뭉칠 수 있었을 것입니다. 서로 잘 알게 되었습니다. 그리고 깊은 교제를 나누게 되었고, 서로를 깊이 사랑했을 것입니다. 이런 신앙으로 일대 일로 전도가 되어서 교회가 점점 번창해갔던 것입니다.

지금은 세례 문답시에 교인이 되면 마태복음 28장의 '대위임'에 대한 의무적인 전도운동을 권하고 있습니다. 그러나 당시에는 그런 전도활동이 불가능했습니다. 3세기 중반 '칼다고 싸이프러스' 감독의 세례자들을 위한 문답서 120문항에도 전도에 관한 언급이 없습니다. 그들은 더 이상 말로는 전도할 수가 없었기에 구체적인 삶을 통해서 사람들의 매력을 끌었을 뿐입니다.

그들이 세상 사람들에게 매력을 끈 다른 한 면은 로마의 외적문화와 가치체계에서는 만날 수 없는 어떤 삶의 자세 때문이었다고 생각됩니다. 로마의 화려한 문화에 소외감을 느끼고 때론 저항감을 가졌던 사람들이 많았습니다. 그들은 기독교 신자들의 검소하고 성실한 삶의 모습을 보고는 그것이 좋았기 때문에 교회로 입적했습니다.

초대교회의 예수의 문화는 당시 화려하고 물질적인 로마의 방종한 문화와는 전혀 다른 모습을 가지고 있었습니다.

따라서 로마 문화에서 소외되거나 거부된 자들과 또는 로마의 방종한 문화에 저항하는 사람들이 예수님의 교회로 발을 옮겼습니다. 불확실한 시대 속에 살던 사람들이었습니다. 폭력이 난무하는 시대에 살던 사람들이었습니다.

그래서 늘 불안과 공포와 죽음의 위협 속에 살던 사람들은 교회로 나와 위로를 받고 해방과 자유를 만끽했던 것입니다. 욕심 없는 청빈한 삶을 통하여 자기의 작은 것이라도 다른 사람과 나누는 기쁨을 느끼면서 살았습니다.

이렇게 모여서 교회의 한 식구들이 되었으니 그런 교회의 분위기에서는 진정한 평등이 이루어질 수밖에 없었을 것입니다. 모든 사회적 계급이 무너졌습니다. 신분적 차별도 제거되었습니다. 또한 부자와 가난한 자의 구별도 모두 없어졌습니다. 거기서는 과부와 고아가 관심의 대상이 되었습니다.

그리고 어린 아이들과 어르신들이 홀대받지 않았습니다. 병든 자들이 돌봄을 받았습니다. 감옥에 갇힌 자들이 돌봄을 받았습니다. 실로 이곳에 평화가 있었습니다.

무엇보다 기쁨이 있었습니다. 거기에서 백성들은 참된 희년을 맛보았습니다. 이렇게 시작된 공동체입니다. 그러니 핍박이 아무리 심해도 떠날 수가 없었을 것입니다. 아니 핍박이 심할수록 더 단단하게 뭉쳐서 한공동체를 이루어갔습니다.

여기까지는 참으로 좋았습니다. 그런데 그 다음 기독교가 자유화되면서부터 문제가 발생하기 시작했습니다. 313년 '콘스탄틴'의 기독교에로의 개종 이후 기독교는 로마 제국의 국교로 자리 잡기 시작했습니다.

그 이후 교회는 정치의 권력을 업고 급속히 성장하게 되었습니다. 그러나 그러한 기독교는 불행하게도 로마의 문화에 함몰되어 버리기 시작했습니다.

즉, 기득권 세력과 일치됨으로써 교회 본래의 존재 이유를 망각하기 시작했습니다. 기독교 자체가 결국에는 지배 문화화 되었습니다. 그러면서 교회의 원래 모습은 점점 퇴색하기 시작했습니다.

392년까지 이미 제국의 50% 인구가 기독인들이 되었다고 합니다. 같은 해에 당시 황제 '데오도시우스'는 기독교 이외의 타종교 예배를 불법화했습니다. 기독교에로의 개종도 폭력으로 한 경우가 허다했습니다. 국교인 기독교와 다른 이념과 교리를 가진 사람들을 이단으로 처단하기도 했습니다.

이렇게 하여 소위 '기독교국Christendom'이라는 개념이 형성되기 시작했습니다. 로마국과 기독교가 동일시되는 우를 범했습니다. 그리고 이방 선교는 로마의 문화인식과 동일하게 인식되었습니다. 개종은 곧 자기의 문화를 버리고 로마의 문화를 받는 것을 의미했습니다.

로마 제국의 비호 아래 비대해진 기독교가 교세를 더욱 확대하는 과정 속에서 산 속으로 조용히 숨어 들어가는 수도원 운동이 시작되었다는 것은 흥미롭습니다.

이것은 당시의 거대한 흐름의 외적문화에 대한 '저항 문화counter-culture'라고 말할 수 있습니다. 수도원 운동은 교회의 외면화에 반대하는 운동이었습니다.

종교개혁의 기수 '마틴 루터'가 위텐벨크 정문 게시판에 써놓은 95개조 개혁 내용들의 대부분이 교회의 외면화를 비판하는 것들임을 명심할 필요가 있습니다. 62조에는 교회의 참 보화는 내적인 신앙이라고 정리하면서 로마교회의 타락을 비판하고 있습니다.

여기서 말하는 '외면화'란 신앙의 구체적 표현으로서 외적 나타남이 아니고 도리어 내적인 신앙을 파괴시키는 형식적이고 위선적인 외식과 위선 문화를 말합니다.

즉, 거짓되고 가식화된 외면화입니다. 이런 외면화는 권력자와 가진 자의 착취문화의 연장선상에서 이해되는 것들입니다. 교회 내부 안에 세운 성자상이라던가 면죄부 판매 등등은 단적으로 그것을 증명해줍니다. 이러한 중세 시대를 일컬어 '암흑시대'라고 부릅니다.

따라서 이러한 가식적인 교회의 꼴을 보고 싶지 않은 신앙인들이 수도원으로 발길을 돌린 것은 당연했습니다. 그리고 이러한 마음의 소유자들이 종교개혁의 성공을 이루도록 도왔습니다. 이렇게 해서 기독교는 지금까지 온 세상에 퍼져 왔습니다.

이제는 우리 한국의 교회가 '교회가 교회되게' 신학을 보다 구체화 할 때가 왔습니다. 북한과의 통일, 그리고 오늘의 남한 교회의 갱신을 위해 꼭 필요한 것입니다. 교회와 세상과의 연대, 즉 눌리고 소외된 세상과의 연대가 시급합니다.

이제까지 한국 교회의 교회 성장론은 '크리스텐돔'의 구조를 모방해가는 한 노력으로 보여 질 때가 많았습니다. 밖으로 보이는 지배 문화에 교회를 일치시키려는 노력들을 보았습니다. 기득권 세력과 자신을 일치시키려는 교인들의 노력을 신앙이라 부를 수 없습니다.

교회는 기득권에 눌려 사는 사람들에게 희망을 주어야 합니다. 용기를 주어야 합니다. 사회의 썩음을 방지하는 데서 그 진면목을 발휘하여야 합니다. 그것이 초대교회의 신앙이었습니다.

필자가 말하는 '교회가 교회되게'는 신자의 깊이에 자리 잡은 하나님과 예수에 대한 믿음을 밖으로 보이도록 내어놓자는 말입니다. 다시 말해서 밖으로 나타나지 않는 신앙은 가짜라고 못 박고 싶습니다. 빛으로나 소금으로 나타나지 않는 신앙은 신앙이 아닙니다. "너희는 세상의 빛이다. 너희는 세상의 소금이다"라고 하신 예수의 선언 그대로입니다.

우리의 부패되고 비뚤어지고 잘못된 사회를 치유시키는 사건으로서의 신앙이어야 합니다. 더 이상 기독교 신앙을 교회의 울타리 안에 가둬서는 안 됩니다. 신앙을 한 개인의 영혼의 사유물로 만들어서는 안 됩니다. 신앙은 구체적으로 밖으로 나타나야 합니다. 어두움 속에서 밝은 빛을 찾는 사람들에게 신앙은 빛으로 나타나야 합니다.

교회는 그 본래의 시작에로 눈을 돌려야 합니다. 교회가 시작된 자리는 어두웠던 곳입니다. 어두움 속에서 방황하는 사람들에게 빛을 주기 위하여 출발했었습니다. 사회 속에 썩음이 있고 어두움이 존재하는 한 교회는 존재할 이유가 있습니다. 신명나는 삶을 회복해야 합니다.

　그러기 위해서는 우리 기독교 신앙이 사회성을 갖게 해야 합니다. 이 사회를 위해 변해야 합니다. 그러기 위해서는 먼저 본질로 돌아가야 합니다. 하나님께서 우리에게 향하신 목적과 비전으로 돌아가야 합니다.

　그래서 교회는 항상 영적으로 치료 중이어야 합니다. 항상 영적으로 공사 중이어야 합니다. 날마다 변화하고 개혁하는 교회가 되어야 합니다. 이 시대의 대안이 되어야 합니다. 이 시대의 소망과 희망이 되어야 합니다. 이 시대의 빛이 되어야 합니다. 이 시대 속에서 교회의 사명을 감당함으로써 이 시대를 이끌어갈 수 있는 것입니다. 이 시대의 희망이 되는 것입니다. 이 시대의 빛이 되는 것입니다. 마침내 교회가 교회됨으로 공동체가 살고 민족이 사는 역사가 나타나기를 소원합니다.

1권_ 교회는 지금 치료 중

교회의 태동

교회의
중요성

'사도신경'은 우리가 믿는 믿음의 내용을 논리적으로 분명하게 정리하고 있습니다. 이 사도신경은 크게 두 부분으로 구성되어 있습니다. 그 첫 부분은 삼위일체 하나님입니다. 즉 성부 하나님, 성자 하나님, 성령 하나님에 대하여 고백하고 있습니다.

두 번째 부분은 삼위 하나님의 사역의 결과로 주어진 은혜들을 고백하고 있습니다. 전능하심으로 천지를 창조하신 하나님께서 예수 그리스도 안에서 우리의 구원을 이루시고, 성령을 주심으로 그 구원을 우리 개인에게 주관적으로 적용해주셨습니다. 그 결과로 우리가 받게 될 은혜들을 고백하는 내용이 거룩한 교회, 성도의 교제, 죄 사함, 몸의 부활과 영생입니다.

특히 이 두 번째 부분에 있는 거룩한 교회, 성도의 교제, 죄 사함 그리고 부활과 영생에 대한 부분에서는 우리 번역에서 분명히 표현할

교회는 지금 치료 중

수 없는 부분이 있습니다. 그것은 라틴어 원문에서 '믿는다'는 의미인 'Credo(영. believe)' 다음에 전치사 in이 나타나는 경우와 나타나지 않는 경우 때문입니다.

이 사도신경의 첫 번째 부분에서는 전치사 in이 있고, 두 번째 부분에서는 in이 없이 대명사가 나타나고 있습니다. 이것은 비인격적인 대상을 말할 때 사용됩니다. 이 표현은 그 대상의 존재나 중요성을 믿는다는 것을 의미합니다.

그래서 이 부분부터는 교회와 성도의 교제의 중요성과 죄 사함의 중요성, 그리고 몸의 부활의 존재와 중요성과 영생의 존재와 중요성을 믿는다는 의미입니다. 이 중에 하나님께서 은혜의 방편으로 주신 교회에 대한 고백이 있습니다.

그러면 우리가 교회의 중요성을 믿는다고 할 때 무엇을 믿는다는 의미일까요? 이 의미를 이해하기 위하여 먼저는 교회가 무엇이며, 다음으로는 교회를 세우신 목적이 무엇인지를 살펴보도록 하겠습니다.

교회란 무엇인가?

우리가 고백하는 사도신경에는 '거룩한 공회를 믿습니다'라고 되어 있습니다. 하지만 원문은 '나는 거룩한 보편적 교회의 중요성을 믿습니다'라고 되어 있습니다.

우리가 가지고 있는 사도신경에 '공회'라고 번역된 것은 원문에 '보편적 교회catholic church'라는 말입니다.

우리 번역에 '보편적 교회'를 '공회'라고 번역한 것은 일반적으로 로마 가톨릭 교회를 연상시킬 가능성 때문으로 보고 있습니다. 하지만 이 말은 로마 가톨릭 교회가 생기기 전부터 있었습니다. 결국 우리 한국 교회는 한 가지 문제를 피하려다가 다른 문제에 빠지고 말았습니다. 그것은 은혜의 방편으로 주신 '교회'라는 말을 사라지게 한 것입니다.

하지만 교회는 성경에도 나오고 사도신경에도 나오는 말입니다.

교회는 지금 치료 중

사도신경에 나오는 '거룩한 보편적 교회'라는 말 가운데 교회가 무엇을 의미하는지를 설명하고 있습니다.

1. 교회

먼저 교회가 무엇인지 어원적으로 정의해보도록 하겠습니다. 교회에 대한 성경적인 명칭은 구약성경에서 두 가지로 사용되고 있습니다. '부르다'는 의미로 사용된 '카할'과 '지정하다' 또는 '지정된 장소에 모이다'는 의미로 사용된 '에이다'입니다.

이 말은 모두 구약의 교회인 이스라엘 공동체를 의미하는 말입니다. 신약에서도 역시 70인역(LXX) 성경에서 유래된 두 가지의 단어를 가지고 있습니다. 하나는 '에클레시아'라는 말입니다. '……로부터 불러낸다'는 의미를 가지고 있습니다.

그리고 또 하나는 '순아고게이'라는 말인데 '함께 모인다'는 뜻입니다.

이 말은 유대인의 종교적인 모임을 가졌던 회당을 나타내는 데 사용되었습니다. 특히 첫 번째 신약에서 교회의 의미로 사용된 '에클레시아'는 예수님께서 예수님을 주와 그리스도로 믿는 사람들에게 이 말을 적용하였습니다(마 16:18). 그리고 성경에 보면 이 교회라는 용어를 일반적으로 예수님을 주와 그리스도로 고백하는 신자들의 모임에서 사용하고 있습니다(고전 10:32, 11:22, 12:28, 골 4:15, 몬1:2).

사도 바울은 에베소서에서 교회를 구속함 받은 모든 신자들을 가리키는 것으로 설명하고 있습니다. 그리고 그는 이 교회를 그리스도의 몸으로 표현하고 있습니다. 교회가 그리스도의 몸이라고 하는 것은 그리스도와의 연합을 강조하고 있습니다. 그리스도와 교회가 서로 유기적인 관계에 있다는 것을 의미합니다.

결국 교회는 어원적으로 볼 때나 사용된 용례들을 볼 때 '예수 그리스도를 믿음으로써 구속함을 받은 성도들의 모임'이라고 정의할 수 있습니다.

이처럼 교회는 예수님을 주님으로 고백한 성도들이 모이는 장소입니다. 구속함을 받은 사람들이 모이는 장소입니다. 서로 불러냄을 받은 사람들입니다. 선택받은 사람들입니다. 이들이 모여서 예배하는 곳이 교회입니다.

2. 보편적 교회

우리가 쓰는 한글로 된 사도신경에 '공회'라는 말이 있습니다만 원문의 의미는 '보편적 교회catholic church'라는 말입니다. '보편적'이라는 말은 '우주적' 또는 '일반적'이라는 말로도 대치될 수 있습니다.

이것은 아주 중요한 의미를 가지고 있습니다. 보편적이라는 말은 우리가 속해 있는 모든 지역 교회는 하나의 보편적인 교회에 속해 있다는 사상과 함께 시공간을 초월한다는 의미를 함께 지니고 있습니다. 성경에는 보편적 교회의 가르침이 많이 나타나 있습니다.

예수님께서 땅 끝까지 이르러 복음을 전파하여 제자 삼는 일을 해야 한다고 말씀하셨습니다(마 28:19). 그래서 복음은 유대라는 한 지역에 제한되어 전파되는 것이 아니고 전 세계에 전파되어야 합니다.

그리고 예수 그리스도를 믿음으로 구속함을 받은 자는 각 족속과 방언과 백성과 나라 가운데서 부름을 받았습니다(계 5:9, 7:9). 그래서 교회의 범위 면에서와 구성원 면에서 보편적이라는 것을 알 수가 있습니다.

'존 칼빈J. Calvin'은 그의 유명한 책《기독교강요》에서 이러한 점을 염두에 두고 '선택받는 자의 전체 수가 천사들이나 사람들(엡 1:9-10, 골 1:16), 사람들 중에는 죽은 자이든 아직 살아 있는 자이든, 산 자들 중에는 어느 땅에 살고 있든지 또 어느 민족 속에 흩어져 있든지 간에 이들이 한 교회요 사회다'라고 하였습니다.

교회가 보편적이라고 할 때 가장 중요한 점은 지역성을 초월한다고 하는 사실입니다. 지금 우리나라 가운데 서울이나 대전, 광주나 부산, 그리고 세계 어느 나라든지 예수님을 주와 그리스도로 고백하는 사람들이 모인 곳은 역시 교회라고 할 수 있습니다.

그리고 보편적이라는 말은 사회적인 차원도 있습니다. 그리스도 안에서 헬라인도 유대인도 종이나 자유자나 여자나 남자나 차별이 없습니다(골 3:11). 그리스도를 믿음으로 그리스도와 연합되므로 다른 모든 관계가 달라졌기 때문입니다.

이러한 의미에서 '존 스토트J. Stott' 목사님은 교회를 가리켜 '하나님의 새로운 사회'라고 불렀습니다. 그것은 사람들이 그리스도 안에서 새로운 관계를 가져서 새로운 공동체를 이루고 있기 때문입니다. 그러므로 교회의 보편성은 시대와 지역과 인종과 문화, 그리고 사회적 관계를 초월하여 누구든지 예수 그리스도를 구주로 고백하고 그 말씀에 순종한다면 교회의 일원이 되는 것입니다.

그런데 오늘날 교회는 이러한 보편성을 무시하는 사례들이 많이 나타나고 있습니다. 교회는 세상 끝까지 복음을 전파하여 교회를 세워야 할 사명을 가지고 있음에도 불구하고 지역교회에 제한되어 있는 경우가 그것입니다. 세계 선교에 관심을 가지지 않고 지역교회의 작은 지엽적인 문제에만 제한되어 있습니다. 세계 선교에 관심이 없다는 것은 어떤 의미에서 교회의 본질이 무엇인지를 모르고 있는 것과 같다고 할 수 있습니다.

때로 오늘날의 교회는 교회 회원의 자격에 있어서 어떤 계층이나 종족들을 배척하므로 사회적 의미에서의 보편성을 잃어가고 있습니다. 이렇게 되면 인간의 편견에 의해 좌우되는 한 종파로 전락되고 맙니다.

교회는 어떤 민족으로 제한되어서는 안 됩니다. 교회는 어떤 신분으로 제한되어서는 안 됩니다. 교회는 어떤 지역으로 제한되어서는 안 됩니다. 교회는 어떤 시대에 제한되어서는 안 됩니다. 교회는 어떤 시대의 사람이든지 예수 그리스도를 구주로 고백하는 사람들로 구성됩니다.

교회는 어떤 민족의 사람이든지 예수 그리스도를 구주로 고백하는 사람들로 구성됩니다. 교회는 어떤 신분의 사람이든지 예수 그리스도를 구주로 고백하는 사람들로 구성됩니다. 교회는 어떤 계층의 사람이든지 예수 그리스도를 구주로 고백하는 사람들로 구성됩니다.

이러한 점을 염두에 두고 영국 더함 대학교Durham Univ.의 '크란필드

C. E. B. Cranfield' 신학교수는 보편적 교회는 'indicative'와 'imperative' 문제를 다 가지고 있다고 하였습니다.

우리가 보편적 교회의 중요성을 고백한다는 것은 교회가 지역과 인종과 시대를 초월하여 예수님을 주와 그리스도로 고백하는 모든 신자들로 구성된다는 것을 믿는다는 것과 또한 이러한 교회를 이루어가야 한다는 것을 의미합니다.

우리가 보편적 교회의 중요성을 믿는다고 할 때 그것은 어떤 시대 어떤 사람 어떤 계층의 사람이든지 예수를 구주로 고백하는 사람들로 이루어져 있다는 것을 믿을 뿐만 아닙니다. 적극적으로 모든 시대와 모든 사람, 그리고 모든 계층의 사람들에게 복음을 전파하고, 믿는 사람들은 다 한 교회의 가족으로 받아들여야 한다는 것을 믿는다는 뜻입니다.

그런데 우리의 신앙고백서인 '웨스터민스터 신앙고백서' 제25장은 교회에 대한 내용을 고백하고 있습니다. 여기에서 교회를 무형적 교회와 유형적인 교회로 구분하였습니다.

무형적 교회는 과거와 현재 그리고 미래에 교회의 머리이신 그리스도 아래 하나로 모여지는 택함 받은 자들의 총수로 구성된다고 하였습니다.

그러면서 유형적인 교회는 지금의 지역교회로서 전 세계에 참 종교를 고백하는 모든 자들과 그들의 자녀로 구성된다고 하였습니다. 이렇게 교회를 무형적인 교회와 유형적으로 구별한 것은 고전적인 방법입니다.

아마 이렇게 구분한 것은 지역교회에는 믿지 않는 사람들도 속해 있다는 사실 때문일 것입니다. 이렇게 구분한다면 우리가 눈에 보이는 교회인 지역교회를 열등한 것으로 볼 수 있는 가능성을 가지고 있기 때문에 주의를 기울여야 합니다.

성경은 교회를 이렇게 구분하지 않고 지역교회를 포함한 보편적 교회를 말하고 있습니다.

이처럼 지역과 나라와 편견을 벗어나 그리스도를 구주로 믿고 고백하는 모든 사람들로 구성된 곳이 교회인 것입니다. 무형 교회와 유형 교회를 떠나 그리스도의 고백 위에 세워진 교회가 되어야 합니다. 모든 시대와 모든 사람 그리고 모든 계층의 사람들이 복음을 듣고 예수님을 구주로 영접하며 모이는 교회가 되어야 합니다.

3. 거룩한 교회

사도신경에서는 교회를 '거룩한 교회'라고 부르고 있습니다. '거룩하다'는 말은 일반적으로 '구별한다' 또는 '분리한다'는 의미입니다. 이 의미가 윤리적인 의미에서 도덕적인 완전함을 나타내는 것으로 사용되기도 하였습니다.

또한 하나님께 드리기 위하여 사람이나 물건을 구별하는 데도 사용되었습니다. 그리고 성경에 하나님의 백성으로서 이스라엘이 '거룩하다'고 하였습니다. 그렇다고 이스라엘 백성들이 도덕적으로 완전하다는 것은 아닙니다. 단지 하나님과의 특별한 관계 때문에 거룩한 것입니다.

구약의 교회인 이스라엘 백성이 거룩하다고 할 때 하나님과의 특별한 관계적인 면에서 선택된 백성들이기 때문입니다. 이스라엘 백성들의 거룩성은 하나님의 은혜로운 선택에 기인해 있습니다.

이와 마찬가지로 교회가 거룩하다고 할 때 교회가 거룩하신 예수 그리스도와 연합되어 있기 때문에 거룩하다는 것입니다.

사도 베드로는 이 사실에 근거하여 교회의 머리되신 주님이 거룩하신 것처럼 그의 백성을 거룩한 자가 되게 하기 위해 불렀다고 말했습니다.

"오직 너희를 부르신 거룩한 이처럼 너희도 모든 행실에 거룩한 자가 되라 기록하였으되 내가 거룩하니 너희도 거룩할지어다 하셨느니라" (벧전 1:15~16)

"사도 바울 역시 우리는 하나님의 거룩한 백성으로서 하나님을 두려워하는 가운데서 거룩함을 온전히 이루어 육과 영의 온갖 더러운 것에서 자신을 깨끗하게 해야 한다고 하였습니다" (고후 6:14~7:1)

그런데 이 거룩에는 이중적인 면이 있습니다. 그것은 소극적인 면으로는 죄로부터 구별되는 것과, 적극적인 면에서는 세상 속에서 하나님의 거룩을 나타내는 것이 있습니다. 교회는 거룩한 삶을 추구하기 때문에 세상의 흐름을 타지 않고 항상 순결성을 유지해야 합니다.

하지만 교회는 세상 속에 존재하면서 적극적으로 하나님의 의를 전파하며 세상을 거룩하게 바꾸어가야 할 책임을 함께 가지고 있습니다. 이 양자 간의 조화는 참 어려운 일입니다만 교회가 하나님의 거룩한 백성으로 부르심으로 받았기 때문에 이 일을 피할 수 없습니다.

그래서 우리가 '나는 거룩한 교회를 믿습니다'고 할 때 예수 그리스도와 연합한 자로서 세상 속에서 거룩을 나타내어야 한다는 사실을 믿는다는 의미입니다.

이처럼 교회는 세상으로 불러냄을 받은 사람들의 모임입니다. 거룩한 피로 값 주고 사신 교회입니다. 공동체입니다. 교회는 예수님을 주님으로 고백한 성도들이 모이는 장소입니다. 구속함을 받은 사람들이 모이는 장소입니다. 서로 불러냄을 받은 사람들입니다. 선택받은 사람들입니다. 이들이 모여서 예배하는 곳이 교회입니다.

우리는 날마다 거룩해져야 합니다. 세속의 물결이 넘어오지 못하도록 순결해야 합니다. 우리의 영혼이 거룩해야 합니다. 우리의 삶이 거룩해야 합니다. 우리의 공동체가 거룩해야 합니다. 왜냐하면 하나님이 거룩하시기 때문입니다.

그러므로 우리들도 거룩한 공동체로 모여야 합니다. 거룩한 교회가 되어야 합니다. 날마다 개혁하며 변해야 합니다. 거듭나야 합니다.

교회의 역할은 무엇인가?

그러면 삼위 하나님께서 이러한 거룩한 보편적 교회를 세우셔서 어떤 일을 하시기를 원하실까요? 이 문제를 살펴볼 때 오늘날 교회가 얼마나 중요한지를 잘 보여주고 있습니다.

오늘날 교회가 필요 없다고 생각하는 사람들이 의외로 많다는 사실에 대하여 놀라지 않을 수 없습니다. 그것은 교회의 중요성을 이해하지 못하기 때문입니다.

성경에 교회의 중요성에 대하여 말하는 부분이 많이 있습니다. 그 중에 에베소서 4장 11~16절에 에베소교회 성도들에게 하는 말씀은 지역교회가 얼마나 중요한지를 설명해주고 있습니다.

사도 바울은 이 본문에서 교회를 위하여 직분 자들을 세우셨다는 사실을 말하고 있습니다. 이것은 조직 교회를 갖추었다는 의미입니다. 그러면 주님께서 왜 교회에 이러한 사람들을 세우셨을까요? 이것은 주님의 몸 된 교회를 위한 것입니다.

"이는 성도를 온전하게 하여 봉사의 일을 하게 하며 그리스도의 몸을 세우려 하심이라" (엡 4:12)

여기에 성도를 '온전하게 한다'라는 말은 헬라어 성경의 의미로는 '자격을 갖춘다', '무장시킨다' 또는 '준비시킨다'는 뜻입니다.

그래서 주님께서 직분 자들을 세우신 목적은 하나님의 백성들인 성도들을 무장시키고 준비시키는 일을 하기 위하여 세웠다는 것을 알 수가 있습니다.

그러면 무엇을 위하여 성도들을 준비시키고 어떤 자격을 갖추게 하는 것일까요? 역시 이 본문에 그 목적이 나타나 있습니다. 그것은 봉사의 일을 하게 하는 것입니다. 여기에 '봉사'라는 말은 참 의미가 있습니다.

주님께서 교회에 직분자를 세우신 목적은 하나님의 백성들인 성도들이 봉사하는 일을 할 수 있는 자가 되도록 준비시키고 무장시키기 위한 것입니다.

그리고 이어서 하나님의 백성들을 봉사자로 준비시키는 목적에 대하여 말하기를 그리스도의 몸을 세우는 것이라고 하였습니다. 이것이 하나님께서 교회를 세우신 목적입니다.

여기서 말하는 그리스도의 몸은 외적인 교회당을 말하는 것이 아닙니다. 그리스도 안에서 구원을 받은 모든 하나님의 백성들인 교회를 의미합니다. 이 점을 분명히 알 수 있는 부분은 그리스도의 몸을 세우는 것이 무엇을 의미하고 있는지를 설명하고 있는 에베소서 4장 13~16절에서 잘 볼 수 있습니다. 여기서 그리스도와 그의 몸인 교회를 비유하고 있습니다.

"그에게서 온 몸이 각 마디를 통하여 도움을 받음으로 연결되고 결합되어 각 지체의 분량대로 역사하여 그 몸을 자라게 하며 사랑 안에서 스스로 세우느니라" (엡 4:16)

그리스도의 말씀을 전파하고 가르치는 자들을 통하여 도움을 받음으로 연결하고 결합하여 각 지체의 분량대로 일하게 한다고 하였습니다. 그래서 하나님께서 교회를 세우시고 그 교회의 사명을 다하기 위하여 직분자들을 세우신 목적은 하나님의 백성들이 봉사의 일을 할 수 있도록 무장시켜서 그리스도의 몸을 세우게 하는 것입니다.

교회를 세우신 목적이 그리스도의 몸을 세운다고 할 때 그 의미는 무엇일까요? 특히 바울이 그리스도와 교회와의 관계를 머리와 몸의 관계로 비유하고 있는 점을 유의해 보아야 합니다.

이 비유에는 두 가지의 중요한 진리가 있습니다. 하나는 몸이 머리의 명령을 수행하는 기관이라는 것입니다. 또 하나는 머리와 몸은 서로 유기적으로 연합되어 있다는 것입니다. 몸이 머리의 명령을 수행한다는 것은 아주 중요한 의미를 가지고 있습니다. 하나님께서는 교회를 통치하시고 그의 말씀으로 모든 것을 하실 수 있습니다. 하지만 하나님께서는 직접 우리의 눈으로 보이시게 일하시는 것이 아닙니다 (마 26:11). 인간의 봉사ministry를 사용하십니다.

특히 존 칼빈은 《기독교강요》라는 책에서 하나님의 봉사자들은 모든 믿는 자들을 한 몸에 연결시키는 신경조직이라고 하였습니다. 그리스도를 대신하여 이 땅에서 모든 것을 성취할 자들이라고 하였습니다.

그래서 교회의 머리가 그리스도이시고 교회가 그의 몸이라고 하는 것은 머리이신 그리스도께서 지시하고 명령하신 모든 것을 수행하는 것이 교회요 모든 성도들이라고 하는 것입니다.

따라서 교회는 세상 속에 있으면서 하나님의 뜻을 수행하는 주님의 몸입니다. 주님께서는 이러한 몸을 세우도록 하기 위하여 교회에 직분자들을 주셨습니다.

그리고 사도 바울은 교회에 직분자들을 세워 교회의 구성원인 각 성도들을 장성한 분량에 이르게 한다는 사실도 말하고 있습니다.

"우리가 다 하나님의 아들을 믿는 것과 아는 일에 하나가 되어 온전한 사람을 이루어 그리스도의 장성한 분량이 충만한 데까지 이르리니 이는 우리가 이제부터 어린 아이가 되지 아니하여 사람의 속임수와 간사한 유혹에 빠져 온갖 교훈의 풍조에 밀려 요동하지 않게 하려 함이라" (엡 4:13~14)

이 말씀을 볼 때 우리 교회가 얼마나 중요한지를 잘 볼 수 있습니다. 종교개혁자요 위대한 성경학자인 칼빈은 "우리 안에 믿음을 일으키고 증진시키기 위해 외적인 도움이 필요하다. 이 도움을 통하여 믿음의 목적지에 이르게 한다. 이 도움이 교회다. 하나님께서는 우리의 연약함 때문에 이러한 도움을 마련하셨다"라고 하였습니다.

'존 스토트John Stott'목사님도 지역교회의 중요성에 대하여 말하기를 "우리는 지역 교회에 속해야 한다. 대학이나 그 밖에 어떤 곳에서 그리스도인 공동체의 일원이 되는 것으로도 충분하지 않다. 모든 그리스도인은 지역교회에 들어가서 거기에서 예배와 교제와 증거에 함께 참여해야 한다"고 하였습니다. 이러한 이유에서 교회는 분명 하나님께서 주님의 은혜를 경험하는 방편으로 주신 것입니다.

그리고 머리와 몸이 유기적으로 연합되어 있다고 하는 것은 인간의 몸이 머리에 의해 움직이고 기능을 유지하는 것처럼 머리 되신 그리스도의 능력에 의해 움직인다고 하는 것입니다.

그래서 이 원리는 그리스도의 몸인 교회가 머리 되신 그리스도와 교제할 때 능력을 주신다는 것입니다. 이 점이 그리스도와 교회와의 관계를 머리와 몸의 관계로 설명하는 또 하나의 이유입니다.

우리가 주님의 뜻을 수행하는 몸으로서 기능을 수행할 수 있도록 머리 되신 주님께서 능력을 주신다는 사실을 알아야 합니다. 그래서 우리가 세상 속에서 그리스도의 몸으로서 일을 수행할 때 기도를 많이 해야 합니다.

사랑하는 행복한교회 성도 여러분!

우리가 보편적 교회의 중요성을 믿는다는 것은 어떤 시대와 어떤 사람, 그리고 어떤 계층의 사람이든지 예수를 구주로 고백하는 사람들로 이루어져 있다는 것을 믿는 것입니다. 그리고 적극적으로 어떤 시대와 어떤 민족, 그리고 어떤 사람과 어떤 지역 어떤 신분에 있는 사람이든지 복음을 전파하여 예수님을 구주로 고백하는 사람은 주님의 교회의 가족으로 받아들여야 한다는 것을 믿는다는 말입니다.

그리고 교회를 거룩한 교회로 믿는 것은 교회가 세상 속에 있지만 세상과는 구별된 공동체요, 적극적으로 하나님의 의와 거룩을 드러내야 한다는 것을 믿는 것입니다. 특히 이 교회는 예수 그리스도를 믿는 자들의 공동체입니다.

이 공동체는 인간의 타락과 연약함 때문에 주신 것으로 삼위 하나님의 사역의 결과로 주신 것입니다. 하나님께서 이 교회에 여러 직분 자들을 주셔서 그리스도의 몸으로서의 교회를 바르게 세우기를 원하셨습니다.

이것은 교회를 통하여 그리스도와 연합을 경험하고 그리스도의 몸으로서 역할을 다할 수 있다는 것을 의미합니다. 그리고 이 교회는 하나님의 아들을 믿는 것과 아는 일에 하나가 되어 온전한 사람을 이루어 그리스도의 장성한 분량이 충만한 데까지 이르게 합니다.

그래서 성도들이 어린 아이가 되지 아니하여 사람의 궤술과 간사한 유혹에 빠져 모든 교훈이 풍조에 밀려 요동치 않게 합니다. 그래서 우리 성도들은 이 교회를 중요하게 생각해야 합니다.

이러한 이유에서 칼빈을 위시한 종교개혁자들은 교회를 어머니에 비유하였습니다. 어머니는 아기를 잉태하고 기르고 양육하는 일을 하는데 교회는 바로 이와 같은 것이라고 하였습니다.

초대교회의 '어거스틴Augustine of Hippo'도 "낳으며 양육하는 어머니로서의 교회의 역할은 우리의 구원을 위해서 꼭 필요한 일이다"라고 하였습니다. 교회를 통하여 구원의 도리를 배우고 또한 구원받은 신자로서 세상 속에서 어떤 역할을 감당해야 할 것인지를 배워야 합니다.

무엇보다도 성도들이 교회의 머리 되신 그리스도와 함께 교제하는 가운데 그리스도의 장성한 분량에 이르도록 자라야 합니다. 이러한 이유에서 교회는 분명 하나님의 은혜를 경험하는 은혜의 방편입니다.

여러분! 교회를 교회되게 하십시오. 교회를 중요하게 생각하십시오. 교회가 살아야 나라가 삽니다. 교회가 살아야 공동체가 삽니다. 교회가 살아야 가정이 삽니다.

세상 사람들이 교회를 착한 사람들이 모인 곳으로 보아주는 것으로 만족할 것인가? 교회가 구원 받은 공동체라고 스스로 자만에 빠져 있을 것인가? 교회가 세상 사람들의 기대에 부응하는 기관이 되는 것으로 만족할 것인가? 아니면 교회가 교인들의 기대를 충족 시켜주는 기관이 되는 것으로 만족할 것인가?

저는 이런 교회가 있다면 'unnecessary church'라고 믿습니다. 우리 교회가 이런 교회가 되려고 한다면 우리 교회는 있으나마나한 교회입니다. 아니, 어쩌면 불필요한 교회가 되고 말 것입니다. '그런 껍데기 교회는 가라!' 우리는 단호하게 그런 교회되기를 거부해야 합니다.

교회는 교회가 가지고 있는 고유固有의 목적이 있습니다. 고유의 사명이 있습니다. 이 목적에 부합하고 이 사명에 부합할 때 비로소 그 교회의 존재 가치가 있는 것입니다. 이 고유한 목적과 사명을 잃어버리지 않도록 성경은 말하고 있습니다.

"예수 그리스도는 교회의 머리이며 교회는 그리스도의 몸이다" (엡 1:23)

이처럼 교회의 중요성을 깨닫고 날마다 그 목적과 비전과 사명에 부합하는 교회가 되어야 합니다.

교회란 무엇인가?

"그런즉 너희가 어떻게 행할지를 자세히 주의하여 지혜 없는 자 같이 하지 말고 오직 지혜 있는 자 같이 하여" (엡 5:15)

그리스도인은 교회를 중심으로 사는 사람들입니다. 그리스도인의 삶에서 교회를 떼어놓고 생활할 수 있는 부분이 없습니다. 교회는 그만큼 그리스도인의 삶과 밀접한 관계를 갖고 있습니다.

그러므로 그리스도인이 잘 되기 위해서는 교회가 잘 되어야 합니다. 잘 된다는 것은 교회가 교회로서 건강하다는 뜻입니다. 사람은 건강해야 활력이 넘칩니다. 건강하지 못하기 때문에 힘이 없습니다. 교회도 건강하지 못하면 힘이 없습니다.

어떤 교회가 건강한 교회입니까? 한 마디로 교회가 교회되어져야 교회가 건강합니다. 이 말은 교회가 교회다워야 건강하다는 뜻입니다. 무엇 무엇답다는 것은 매우 중요한 의미가 있습니다. 무엇 무엇답다는 것은 원래의 목적에 충실하다는 것입니다.

학생답다는 것은 열심히 배우는 학생의 본분에 충실하다는 것입니다. 교회가 교회답다는 것은 이 세상에서 교회의 존재 목적에 충실하다는 것입니다. 무엇 무엇답다는 것은 또한 정해진 한계를 벗어나지 않는다는 뜻입니다. 학생이 교칙을 위반하면 학생답지 못한 처사입니다.

사람을 크게 두 부분으로 나누어 본다면 머리와 몸으로 나눌 수 있습니다. 머리는 사령부입니다. 지시하고 조절하고 통제합니다. 몸은 머리의 지시와 조절과 통제에 충실히 따르게 됩니다. 머리가 건전하게 지시하고 몸이 즐겁게 순종한다면 그 사람은 건강한 사람입니다.

그런데 머리의 지시에 따르지 않는 세포가 있습니다. 그 세포는 제멋대로 움직입니다. 옆의 세포까지 무차별적으로 공격하여 머리와의 관계를 단절시키고 자기에게 동화시킵니다.

이러한 세포가 많으면 많을수록 몸은 제 기능을 못하게 되고 결국 마비가 오면서 몸이 죽게 됩니다. 이 세포를 癌(암)세포라 합니다. 이 암세포는 정해진 한계를 지키지 않습니다. 처음부터 정해진 한계를 벗어났습니다.

교회 안에 교회 아닌 요소가 침투하여 그 세력을 확대하면 교회는 병이 듭니다. 교회가 건강하기 위해서는 교회 안에 침투된 교회 아닌 요소를 끊임없이 제거해야 합니다. 마치 우리 몸이 건강을 지키기 위해 우리 몸속에 침투한 세균이나 이질적 요소를 끊임없이 몰아내는 것과 같습니다.

그럼 교회란 무엇입니까? 우선 교회 아닌 것을 살펴보겠습니다.

1. 교회는 지식을 배우는 곳이 아닙니다

그렇다면 교회에서는 아무 지식도 들을 수 없다는 것입니까? 그것은 아닙니다. 우리는 교회에서 성경을 배웁니다. 뿐만 아니라 설교 가운데서 지식을 들을 때가 많습니다. 그리스도인은 교회 안에서 많은 지식을 듣고 배울 수 있습니다. 그러나 지식을 가르치기 위해 교회를 세운 것은 아닙니다.

사람이 지식에만 치우치면 실천력이 없습니다. 하나를 배우면 하나를 실천할 수 있습니다. 그러나 둘 셋이 아니라 열을 배우면 그만큼 실천력은 희박해집니다.

여러분은 성경공부를 해보셨을 것입니다. 공부를 하다 보면 '성경 전체를 다 알면 얼마나 좋을까?' 하는 생각이 들 것입니다. 성경 전체를 꿰뚫는 안목이 있고 성경의 구조를 일목요연하게 파악할 수 있다면 대단한 실력일 것입니다. 우리는 그러한 사람이 믿음이 좋은 사람이라고 생각될지도 모릅니다.

그런데 보십시오. 성경공부를 많이 하여 성경 내용에 대한 지식이 많을수록 혼란을 느낄 것입니다. 그 많은 내용을 어떻게 다 소화하여 실천할 수 있겠습니까?

성경 말씀 가운데 중요한 것과 덜 중요한 구분이 없다고 생각한다면 현기증을 느낄 만큼 부담스러울지 모릅니다. 차라리 초대교회 교인들이나 핍박받는 지역의 성도들처럼 몇 절을 알더라도 그 말씀을 하나님의 말씀으로 받아들여 그 말씀에 헌신하고 순종하는 것이 훨씬 낫지 않겠습니까?

유대의 랍비가 말했습니다. "율법이 하나님의 말씀이 아니라 랍비가 전해준 말씀이 하나님의 말씀입니다." 이 말은 지식으로 배운 말씀이 하나님의 말씀이 아니라, 랍비를 통해 하나님의 말씀으로 들은 말씀이 하나님의 말씀이라는 것입니다.

2. 교회는 친교기관이 아닙니다

교회 안에서의 친교는 아주 중요합니다. 그러나 교회는 친교를 위해 존재하는 기관이 아닙니다. 친교란 가까운 사이가 된다는 뜻입니다. 사람이 얼마나 가까워지면 만족할 수 있을까요?

이것은 매우 어려운 일이기도 합니다. 부부는 일심동체라고 합니다. 부부가 되면 늘 함께 있어야 하고, 늘 함께 일해야 하고, 모든 것을 말해야 한다는 뜻일까요? 그것이 아닙니다. 부부가 하나라는 것은 그 관계성이 화목하고 신뢰가 끊을 수 없을 만큼 견고하다는 뜻입니다.

만일 부부가 언제나 붙어 있어야 한다면 이것만큼 고역도 없을 것입니다. 또한 사랑이라는 이름 아래 상대방을 조종하고 통제하려 한다면 이것만큼 답답한 것도 없을 것입니다.

친교는 자존심과 인격을 인정해주면서 친밀한 관계를 말합니다. 원래 너무 가까우면 마찰이 일어나고 상처를 받습니다. 교회에서 친교를 하되 프라이버시를 존중해주는 것은 중요한 일입니다. 상처받은 사람에게 친교란 이름으로 자꾸 물어보면 고통스러울 수밖에 없습니다. 다른 사람의 사생활은 묻지 않는 것이 좋습니다. 놀랍게도 다른 사람과의 관계가 강해지면 오히려 하나님과의 관계가 소홀해지는 면이 있습니다. 그러므로 친하게 지내되 너무 가까우면 신앙에 손실을 가져옵니다.

3. 교회는 구제 기관이 아닙니다

아마 교회만큼 구제에 힘쓰는 단체도 드물 것입니다. 교회는 구제 기관이 아니면서 알게 모르게 많은 구제를 합니다. 구제는 교회에서 빼놓을 수 없는 봉사의 일입니다. 그럼에도 불구하고 교회는 구제 기관이 아닙니다. 교회의 존재 이유가 구제를 하기 위한 것은 아니라는 뜻입니다.

그렇다면 교회란 무엇입니까? 교회란 '그리스도의 몸'입니다. 그리스도의 몸이란 그리스도와 함께 움직인다는 뜻입니다. 그리스도의 몸이란 그리스도의 통제를 받는다는 뜻입니다. 그리스도는 하나님의 아들이신데 육신을 입고 사람이 되셨습니다. 이것을 어려운 말로 성육신이라 합니다.

성육신하신 예수님은 이 세상에 오셔서 우리 죄를 위해 십자가에 못 박혀 돌아가셨습니다. 예수님은 죽은 자 가운데서 부활하셔서 지금은 하나님의 우편에 앉아 계십니다. 예수님은 우리를 떠나 하나님에게로 올라가신 것입니다. 하나님이 이 세상에 구원의 복음을 전파하려면 그리스도께서 다시 오셔야 하지 않겠습니까?

예전에 육신을 입고 오신 예수님이 이제 교회를 입고 오십니다. 이것은 중요한 일입니다. 하나님은 교회를 통해 그리스도인을 만나십니다. 성도들은 교회를 통해 하나님을 만나는 것입니다. 교회는 하나님과 성도들이 만나는 곳입니다.

믿는 사람들에게 '왜 교회에 오는가?' 하고 물으면 대부분의 사람들이 '은혜 받기 위해 교회에 온다'고 말합니다. 은혜 받는다는 것은 예배를 통해 하나님을 만난다는 뜻입니다.

어떤 것이 은혜입니까? 하나님께서 나를 사랑하신다는 것을 느끼는 것이 은혜입니다. 하나님께서 내 죄를 용서하셨다는 것을 깨닫는 것이 은혜입니다.

내가 만약 아픈 사람이라면 무엇이 하나님의 은혜겠습니까? 하나님께서 내 병을 고쳐주시는 것만이 하나님의 은혜가 아닙니다. 하나님께서는 아픈 나를 잊지 않으십니다. 나를 버리지 아니 하십니다. 나를 사랑한다는 것이 은혜입니다. 내가 아픈 것은 내 허물에 대해 하나님께서 진노하시고 벌하신 것이 아닙니다. 내가 아플 때에도 하나님은 나를 사랑하셔서 나에 대한 계획을 가지고 계시다는 것이 은혜입니다.

교회는 그리스도의 복을 듣는 곳입니다. 교회는 그리스도를 통해 하나님을 만나는 곳입니다. 교회는 하나님의 은혜를 받는 곳입니다.

특별히 하나님의 은혜는 목사를 통해 나타납니다. 설교하는 목사의 얼굴이 시큰둥하면 하나님의 은혜는 사라집니다. 목사의 얼굴이 밝고 웃음이 있으면 성도들의 마음은 평안해지고 하나님의 은혜를 갈구하게 됩니다. 성도들이 하나님의 은혜를 받기 위해 목사와의 관계는 거의 절대적입니다. 목사가 신뢰가 되면 쳐다보기만 해도 은혜가 됩니다.

그러나 목사가 마음에 안 들면 천사의 방언을 하여도 은혜가 안 됩니다. 목사를 신뢰하게 되면 어떤 설교를 들어도 나에게 주신 사랑의 말씀으로 들립니다. 반면 목사가 멀리 있는 것처럼 보이면 설교가 나를 욕하고 야단치고 정죄하는 것처럼 들리는 것입니다.

교회는 무엇입니까? 교회는 지식을 배우는 곳이 아닙니다. 그리고 교회는 친교기관이 아닙니다. 또한 교회는 구제 기관도 아닙니다. 교회란 '그리스도의 몸' 입니다. 그리스도의 몸이란 그리스도와 함께 움직인다는 뜻입니다. 그리스도의 몸이란 그리스도의 통제를 받는다는 뜻입니다. 그리스도는 하나님의 아들이신데 육신을 입고 사람이 되셨습니다. 이것을 어려운 말로 성육신이라 합니다.

성육신하신 예수님은 이 세상에 오셔서 우리 죄를 위해 십자가에 못 박혀 돌아가셨습니다. 예수님은 죽은 자 가운데서 부활하셔서 지금은 하나님의 우편에 앉아 계십니다. 예수님은 우리를 떠나 하나님에게로 올라가신 것입니다. 하나님이 이 세상에 구원의 복음을 전파하려면 그리스도께서 다시 오셔야 하지 않겠습니까?

예전에 육신을 입고 오신 예수님이 이제 교회를 입고 오십니다. 이것은 중요한 일입니다. 하나님은 교회를 통해 그리스도인을 만나십니다. 성도들은 교회를 통해 하나님을 만나는 것입니다. 교회는 하나님과 성도들이 만나는 곳입니다.

구원하는 곳

교회는 오로지 구원을 위해 존재합니다. 예수님은 잃은 양 비유에서 잃은 양 한 마리를 찾기 위해 아흔아홉 마리 양을 산에 두고 찾아나섰다고 하셨습니다. 백 마리 가운데 한 마리쯤이 아닙니다. 목자는 한 마리 때문에 근심했고, 그 한 마리 때문에 행복했습니다. 누구든지 교회에 나오면 그리스도의 복음을 들을 수 있고, 구원 받을 수 있습니다. 지난날 어떤 삶을 살았느냐, 무슨 죄를 지었느냐를 묻지 않습니다.

노아의 홍수 때 방주에 탄 사람은 다 구원받았습니다. 이 방주가 교회를 상징합니다. 구원 받으려면 '방주에 올라타라' 마찬가지로 구원을 받으려면 '교회에 나오라' 누가 교인입니까? 교회에 나오는 사람이 교인입니다. 교회에 나오는 것이 무엇보다 중요합니다. 설교를 이해하든 못하든 꾸준히 교회 나오는 사람이 은혜 받고 구원받을 수 있습니다.

예배가 재미있든 재미없든 교회 나오는 사람이 구원을 받습니다. 그리스도인일지라도 4개월만 교회 안 나오면 비그리스도인이 된다고 했습니다. 신앙은 교회 출석입니다. 한마디로 교회 잘 나오는 사람이 믿음이 좋은 사람입니다. 우리는 예배를 사모해야 합니다. 교회를 사모해야 합니다. 열심히 출석해야 믿음이 자랍니다. 말씀을 듣고 나의 것으로 삼고 순종할 때 믿음이 생기는 것입니다.

따라서 교회에 열심히 나오셔야 합니다. 거기에는 구원함이 있습니다. 영생함이 있습니다. 다른 곳과 다른 길을 우리에게 주시지 않았습니다. 하나님은 교회를 통해서 역사하십니다. 하나님은 교회를 통해서 구원하십니다. 이단에 넘어가지 말아야 합니다.

죄 사함 받는 곳

또한 교회는 어떤 곳입니까? 교회란 죄 사함 받는 곳입니다.

이스라엘 백성들이 광야 생활을 할 때 그 중심은 성막이었습니다. 성막은 죄 사함 받는 곳이었습니다. 예루살렘 성전도 죄 사함 받는 곳이었습니다. 교회는 속죄를 위해 존재합니다. 침상에 누운 중풍병자를 사람들이 예수님께 데리고 왔을 때 예수님이 하신 말씀은 "소자야 안심하라 네 죄 사함을 받았느니라"였습니다.

우리는 무엇을 기대했습니까? "소자야, 네 병이 나았으니 네 침상을 가지고 집으로 가라"라는 말씀을 기대하지 않았습니까?

예수님은 그 중풍병자의 긴급한 문제가 죄를 용서함 받는 것임을 아셨습니다. 오늘 교회에 나오는 대부분의 사람들에게 중요한 문제는 죄를 사함 받는 것입니다. 교회 와서 비난 듣고 욕먹으면 도무지 살맛이 나지 않습니다. 교회는 그가 무슨 죄를 지었든지 하나님으로부터 죄 사함 받는 곳입니다.

특히 자기 정죄에서 해방되는 곳입니다. 죄 사함의 확증이 있을 때 얼굴이 피어나고 삶의 문제에서 자유로워집니다.

이처럼 교회는 죄 사함의 은총이 임하는 곳입니다. 누구든지 올 수 있습니다. 어떤 죄라도 상관하지 않습니다. 어떤 죄인이라도 상관하지 않습니다. 교회에 나와 하나님께 회개하면 됩니다. 고백하면 용서하여 주십니다. 깨끗하게 씻어주십니다.

교회는 그래서 영적으로 치료받는 곳이어야 합니다. 각종 죄악의 질병들이 치료받는 곳이어야 합니다. 교만의 죄도 용서받습니다. 사악함의 성품도 용서받습니다. 피 흘림의 죄도 용서받습니다.

훈련받는 곳

또한 교회란 영적으로 훈련받는 곳입니다. 우리는 세상에서 구원받았으나 여전히 세상적인 요소를 많이 가지고 있습니다. 세상적인 습관과 세상적인 생각, 그리고 세상적인 욕심과 세상적 행동 등을 제거해야 합니다. 거듭났다고 그의 모든 생각이나 습관까지 변화된 것은 아닙니다.

이스라엘 백성들은 애굽적인 요소를 제거하는 데 40년이 걸렸습니다. 변화는 한꺼번에 안 되고 세월 따라 천천히 바뀝니다. 변화되는 데는 시간이 많이 걸립니다. 그러므로 교회 안에는 성화된 사람이 있는가 하면 성급하고 난폭한 사람이 있습니다.

예수님의 열두 제자 가운데 가룟 유다는 배신자였습니다. 그러나 예수님은 그 가룟 유다에 초점을 맞춘 것이 아니라 나머지 제자에게 초점을 맞추었습니다. 특히 베드로에게 초점을 맞추었습니다.

교회는 이처럼 못된 사람이 모여 훈련받는 곳입니다. 천국에 가서 지켜야 할 법을 미리 지키는 곳입니다. 교회는 하나님의 나라의 법을 미리 배우는 곳입니다. 교회를 교회되게 합시다. 교회를 중심으로 살아갑시다. 그 교회는 건강해지고 성장하지 않을 수 없습니다.

사랑하는 행복한교회 성도 여러분!

교회란 무엇입니까? 교회는 지식을 배우는 곳이 아닙니다. 그리고 교회는 친교기관이 아닙니다. 또한 교회는 구제 기관도 아닙니다. 교회란 '그리스도의 몸' 입니다. 그리스도의 몸이란 그리스도와 함께 움직인다는 뜻입니다. 그리스도의 몸이란 그리스도의 통제를 받는다는 뜻입니다. 그리스도는 하나님의 아들이신데 육신을 입고 사람이 되셨습니다. 이것을 어려운 말로 성육신이라 합니다.

성육신하신 예수님은 이 세상에 오셔서 우리 죄를 위해 십자가에 못 박혀 돌아가셨습니다. 예수님은 죽은 자 가운데서 부활하셔서 지금은 하나님의 우편에 앉아 계십니다. 예수님은 우리를 떠나 하나님에게로 올라가신 것입니다. 하나님이 이 세상에 구원의 복음을 전파하려면 그리스도께서 다시 오셔야 하지 않겠습니까?

예전에 육신을 입고 오신 예수님이 이제 교회를 입고 오십니다. 이것은 중요한 일입니다. 하나님은 교회를 통해 그리스도인을 만나십니다. 성도들은 교회를 통해 하나님을 만나는 것입니다. 교회는 하나님과 성도들이 만나는 곳입니다. 이처럼 하나님은 교회를 통해 그리스도인을 만나십니다. 성도들은 교회를 통해 하나님을 만나는 것입니다. 교회는 하나님과 성도들이 만나는 곳입니다.

그리고 교회란 구원함을 받는 곳입니다. 그래서 우리는 예배를 사모해야 합니다. 교회를 사모해야 합니다. 열심히 출석해야 믿음이 자랍니다. 말씀을 듣고 나의 것으로 삼고 순종할 때 믿음이 생기는 것입니다.

따라서 교회에 열심히 나오셔야 합니다. 거기에는 구원함이 있습니다. 영생함이 있습니다. 다른 곳과 다른 길을 우리에게 주시지 않았습니다. 하나님은 교회를 통해서 역사하십니다. 하나님은 교회를 통해서 구원하십니다. 이단에 넘어가지 말아야 합니다.

그리고 교회란 죄 사함의 은총이 임하는 곳입니다. 누구든지 올 수 있습니다. 어떤 죄라도 상관하지 않습니다. 어떤 죄인이라도 상관하지 않습니다. 교회에 나와 하나님께 회개하면 됩니다. 고백하면 용서하여 주십니다. 깨끗하게 씻어주십니다. 교회는 그래서 영적으로 치료받는 곳이어야 합니다. 각종 죄악의 질병들이 치료받는 곳이어야 합니다. 교만의 죄도 용서받습니다. 사악함의 성품도 용서받습니다. 피 흘림의 죄도 용서받습니다.

또한 교회란 아직까지 성숙하지 못한 못된 사람이 모여 훈련받는 곳입니다. 천국에 가서 지켜야 할 법을 미리 지키는 곳입니다. 교회는 하나님의 나라의 법을 미리 배우는 곳입니다. 교회를 교회되게 합시다. 교회를 중심으로 살아갑시다. 그 교회는 건강해지고 성장하지 않을 수가 없는 줄로 믿습니다.

이런 교회가 되게 하소서! 기도하며 날마다 새로워지는 교회, 날마다 변화되는 교회가 되고, 날마다 개혁하는 성도님들이 다 되시기를 바랍니다.

초대교회로
돌아가자

"날마다 마음을 같이하여 성전에 모이기를 힘쓰고 집에서 떡을 떼며 기쁨과 순전한 마음으로 음식을 먹고" (행 2:46)

하나님의 크신 은혜와 축복이 사랑하는 성도들과 가정 위에 충만하시길 축원합니다.

이태리에 있는 '피사의 사탑'은 세계에서 가장 아름답고 가장 이상야릇한 건물 중의 하나입니다. 건축술상의 온갖 법칙을 깨뜨리면서 피사의 사탑은 현재 수직선상에서 약 430센티미터 기울어져 있습니다.

그리고 매년 남쪽을 향해 계속 기울어지고 있습니다. 이 구조물은 지은 지 벌써 800년 이상이나 되었지만 거의 건축 초기부터 기울어 왔었습니다. 최초의 주춧돌이 놓인 것은 1174년이었습니다.

그런데 1층이 완성되자마자 탑은 남쪽으로 기울기 시작했습니다. 그 원인을 조사해보니 기초가 잘못 놓인 탓이라는 것이 밝혀졌습니다. 그래서 탑을 바로 서게 하기 위해 2층부터는 수직에 가깝게 짓기 시작했습니다.

2층부터의 공사는 매우 힘이 들었습니다. 탑은 자꾸만 기울었습니다. 제시된 여러 가지 해결책 중에서 보다 더 그럴듯한 것은 남쪽 기둥들을 북쪽 기둥들보다 높게 해서 높은 북쪽 기둥과 균형을 이루게 하자는 생각이었습니다.

탑 자체는 1350년에 완성되었고 피사의 사탑이 기우는 원인은 탑을 세운 부지에 있다는 것이 밝혀졌습니다. 탑이 서 있는 땅은 충적토 평야였습니다. 피사지 일대가 모두 충적토로 되어 있기 때문에 건물을 지으면 내려앉는 것이 시市 전체의 공통적인 형상이었습니다.

탑의 현재의 높이는 54미터인데 원래는 더 높았습니다. 피사시의 특수한 토질 때문에 옆으로 기울고 있을 뿐 아니라 땅 밑으로 가라앉고 있기 때문입니다. 현대적 기술을 동원하여 탑을 안정시키는 데 약간 성공하여 탑이 기우는 정도를 매년 0.16센티미터까지로 줄였습니다.

그러나 그런 정도로 기운다 해도 앞으로 175년만 있으면 피사의 사탑은 무너져 하나의 돌무더기가 되고 말 것입니다. 똑같은 건축물, 똑같은 수직 기둥이라 할지라도 기초가 약한 곳에 세워지면 이렇게 기울거나 아니면 언젠가는 무너지고 마는 것입니다.

주님의 몸 된 교회는 바르고 튼튼하게 세워져야 합니다. 즉, 바른 신앙고백 위에 세워져야 합니다. 그 대표적인 교회가 초대교회입니다. 우리 행복한교회의 모습이 초대 오순절 교회의 모습으로 성장해 가야 합니다.

회개운동

즉, 그들은 예수 그리스도를 죽인 범인이 바로, 자신들이라는 베드로의 회개를 촉구하는 설교를 듣고 마음에 찔림을 받았던 것입니다. 이때 베드로의 설교를 들은 무리 중에는 예수 그리스도가 사형선고를 받는 데 직접 가담한 자들도 있었겠지만(마 27:25) 대부분은 그렇지 않은 자들이었습니다.

그럼에도 불구하고 자신들이 그리스도를 죽인 범인임을 시인하고 베드로의 설교에 감화되어 회개하였습니다. 이것이 초대교회 교인들의 특징 중에 하나였습니다. 당시 성도들은 동족인 유대인들의 죄를 자기의 죄로 생각했기 때문입니다.

오늘날 한국의 기독교인들이 이들과 같은 민족적인 죄책감을 느끼며 회개운동이 있어야 할 때가 아닌가 생각합니다. 즉, 우리 국민은 경제가 많이 나아짐에 따라 영적으로는 더 많은 부패를 가져왔습니다.

그로 인해 하나님을 멀리하고 향락에 치우쳐가는 것을 보게 됩니다. 곳곳에 죄악이 판을 치고 있습니다. 유물주의 사신주의가 판을 치고 정신없이 이 민족이 방황의 길로 접어들고 있습니다.

하나님을 안 믿는 사람이야 어쩔 수 없습니다. 그러나 하나님을 믿는 하나님의 백성들이 죄악에 빠져가고 있음은 더욱 마음 아픈 일이 아닐 수 없습니다. 이 나라 기독교인 1,000만이 회개하고 하나님 앞에 바로 서면 이 나라는 다시 새로워질 것입니다. 다시 회복될 것입니다.

하나님의 백성인 우리가 먼저 하나님 앞에 죄를 회개합시다. 이 길만이 이 민족이 사는 길입니다. 이 길만이 가정이 사는 길입니다. 이 길만이 개인이 사는 길입니다. 회개는 죄를 깨끗이 청산하는 과정입니다.

1. 우리가 하나님 앞에 나의 죄를 자복하고 회개하면 죄에게서 해방되어 자유인이 됩니다

"내가 진실로 진실로 너희에게 이르노니 내 말을 듣고 또 나 보내신 이를 믿는 자는 영생을 얻었고 심판에 이르지 아니하노니 사망에서 생명으로 옮겼느니라" (요 5:24)

죄는 하나님과 원수가 되게 하고 사망에 이르게 합니다. 회개해야 죄에서 벗어날 수 있습니다. 죄악을 이길 수 있습니다. 회개해야 심판에 이르지 않습니다. 죄를 자복하고 회개할 때 역사는 나타날 줄로 믿습니다.

2. 회개한 사람은 하나님의 자녀의 권세를 얻게 됩니다

"율법 아래 있는 자들을 속량하시고 우리로 아들의 명분을 얻게 하려 하회개하면 하나님과의 관계가 회복됩니다. 하나님의 자녀가 되는 권세를 얻습니다. 죄를 회개하면 모든 것을 덮어주시고 안아주십니다. 아들의 신분으로 거듭나는 것입니다.

3. 거룩한 열매를 맺게 됩니다

요한복음 15장에 포도나무 비유에서 포도나무 되시는 주님께 속하여 있는 성도는 그리스도 안에서 거룩한 의의 열매를 많이 맺게 됩니다. 풍성한 삶의 열매를 맺게 됩니다. 은혜의 열매를 맺게 됩니다.

4. 영생에 이르게 됩니다

무엇보다도 영생의 은혜를 받게 됩니다. 그리고 심판에 이르지 않습니다. 죄를 회개함에는 이렇게 삶이 달라지는 것입니다. 인생이 달라지는 것입니다.

지금부터 100여 년 전에 미국에서 친구들과 같이 술을 마시고 죄에 빠져서 탈선의 길을 가고 있던 불량한 젊은이가 있었습니다. 하루는 그가 술이 취해서 교회 앞을 지나다가 교회 문전에 "죄의 삯은 사망이요 하나님의 은사는 그리스도 예수 우리 주 안에 있는 영생이니라"(롬 6:23)는 말씀을 읽고 양심에 찔려 회개하고 새로운 삶을 살게 되었습니다. 교회에서 그의 생활이 인정을 받게 되었습니다. 그리고 그 지역에서 인정을 받아, 주지사를 거쳐 미합중국 14대 대통령에 당선되었습니다. 그가 바로 '클리 브랜드' 대통령입니다.

그러나 그의 친구는 계속 죄악에 살다가 옥중 생활을 하고 있었습니다. 한사람은 대통령으로 한사람은 옥중생활로 인생을 마감하게 되었습니다.

사랑하는 행복한교회 성도 여러분!

초대교회에 회개의 운동이 일어났듯이 우리 교회도 회개운동이 일어나길 바랍니다. 기도할 때마다 마음의 갈핏장을 넘기면서 회개합시다. 하나님은 회개하고 돌아오기를 오늘도 기다리고 계심을 믿으시기 바랍니다. 죄를 회개하고 돌아오면 반드시 하나님은 축복해주시고 역사하실 것입니다. 돌아온 탕자같이 하나님 앞으로 돌아오시기를 바랍니다.

하나님은 우리를 안아주실 것입니다. 감싸주실 것입니다. 회복시켜주실 것입니다. 마침내 죄에서 해방 받고 자녀의 권세를 얻어 거룩한 열매들을 풍성히 맺으며 영생에 이르는 삶을 살아가시기를 바랍니다.

첫번째 이야기, 교회의 태동

성전에 모이기를 힘씀

"날마다 마음을 같이 하여 성전에 모이기를 힘쓰고……"(행 2:46)

성전에 모이기를 잘하는 성도는 신앙이 좋은 성도입니다. 말세에는 성도들이 성전에 모이기를 힘써야 합니다. 믿음이 없는 사람은 자꾸 교회를 멀리하고 모이려 하지 않습니다.

초대교회 성도들이 마음을 같이 하여 성전에 모여서 무엇을 했습니까?

1. 교제를 했습니다

"그들이 사도의 가르침을 받아 서로 교제하고……"(행 2:42)

성도들 간에는 교제가 필요합니다. 신앙과 사상이 같은 사람이 서로 교제하는 것은 자연스러운 일입니다. 또 신앙생활에 매우 필요한 일입니다.

'교제'라는 말은 헬라어로 '코이노니아'입니다. 이 말은 '사귄다'는 말의 뜻보다 한 걸음 더 나아가 서로 '나눈다'는 뜻이었습니다. 신령한 은혜를 서로 나누는 가운데 은혜가 더 있습니다. 우리가 받은 은혜가 각각 다른데, 그 은혜를 서로 나눔으로 우리가 더 많은 은혜를 받게 되는 것입니다.

초대 성도들은 음식을 나누어 먹기를 잘했습니다. 이는 곧 은혜 받은 예표요, 성도 간의 사랑의 표시입니다. 우리들도 교회에 오면 예배에 승리해야 합니다.

그리고 성도들의 교제에도 승리를 해야 합니다. 서로의 삶을 나누어야 합니다. 서로 영적으로 삶을 나누는 교제가 넘쳐야 합니다. 스스로 신앙은 없습니다. 스스로 신앙은 실패하기 쉽습니다. 넘어지기 쉽습니다. 같이 기도하며 같이 도와주며 공동체의 삶을 살아가야 합니다.

2. 사도들의 가르침을 잘 받았습니다

초대교회는 먼저 사도의 가르침을 배우는 교회였습니다. 열심히 배우는 교회였습니다. 교회에 출석하는 이들이 가끔 사교나 이단에 미혹되어 그릇된 사상에 빠지고 타락하는 경우가 있습니다.

이것은 기독교 진리와 사상에 대한 튼튼한 영적 교육이 부족하기 때문입니다. 은혜 받은 초대교회는 무엇보다도 사도의 가르침을 잘 받았습니다.

우리는 간신히 예배만 드리고 교회를 떠나서는 안 됩니다. 말씀을 사모하고 말씀을 묵상해야 합니다. 그리고 그 말씀들에 대한 교육을 받아야 합니다. 훈련을 받아야 합니다.

행복한교회에는 각종 훈련 교육이 있습니다. 기초반이 있습니다. 초급반(입교반)이 있습니다. 중급반(제자반)이 있습니다. 고급반(사역반)이 있습니다. 그리고 전도폭발 훈련이 있습니다. 중보기도학교가 있습니다. 교사대학이 있습니다.

우리 교회 안수 집사님들은 매일 새벽 예배 후 30분씩 성경공부를 합니다. 그리고 각 제자반에서 각각 남녀 회원들이 제자훈련을 받고 있습니다. 많이 참석하여 은혜 충만히 받으시길 바랍니다. 훈련받지 않은 사람이 말이 많습니다. 실수가 많습니다. 교회에 적응을 잘 못합니다. 그래서 우리는 훈련을 받아야 합니다.

3. 기도하기를 힘썼습니다

"오로지 기도하기를 힘쓰니라" (행 2:42)

초대 성도들은 모이면 기도하기를 힘썼던 것입니다. 사람에게 말하기 전에 하나님께 말했고, 사람과 의논하기 전에 하나님과 의논했습니다. 어려운 일을 만날 때 하나님께 기도하는 것은 슬기로운 일입니다. 자신의 힘이 약할 때 하나님께 기도하는 것은 슬기로운 일입니다. 특별한 일이 있을 때 하나님께 기도하는 것은 슬기로운 일입니다.

이들은 양심에 찔림을 받고 회개한 후에는 기도에 힘쓰는 생활을 했습니다. 그들은 때와 장소를 가리지 않고 기도했습니다. 일을 시작하기 전에는 늘 하나님 앞에 먼저 기도했습니다.

기도는 해본 사람만이 그 참맛을 압니다. 기도는 광풍이 이는 바다 위에서는 항구입니다. 기도는 물에 빠진 자의 생명줄입니다. 기도는 시각 장애인의 지팡이입니다. 기도는 가난한 자가 발견한 금광입니다. 기도는 병든 자에게 손을 얹어주는 의원입니다. 기도는 건강을 지켜주는 보약입니다, 기도는 축복을 담보해주는 창고입니다. 기도는 환란의 구름을 제거해주는 동풍입니다. 기도는 하늘 문을 여는 열쇠입니다.

기도는 하나님의 마음을 움직이는 능력입니다.

이처럼 기도하므로 여러분의 삶 속에서 능력의 기적을 체험하시기를 바랍니다. 공동체를 세워나가시기를 바랍니다. 교회가 교회다워지는 역사가 나타날 줄로 믿습니다.

4. 물건을 유무상통하였습니다

"믿는 사람이 다 함께 있어 모든 물건을 서로 통용하고 또 재산과 소유를 팔아 각 사람의 필요를 따라 나눠 주며" (행 2:44~45)

초대교회 성도들은 한곳에 모여 살면서 자신이 가진 재산을 공동소유로 하여 어려운 이웃을 도와주었던 것입니다. 이는 참으로 아름다운 장면입니다.

사람이 은혜를 충만히 받으면 가치관이 달라집니다. 은혜 받기 전에는 내게 있는 모든 것이 내 것으로 알았습니다. 남에게 무엇인가 준다는 것은 심히 아까운 것으로 알았습니다. 과거에는 남은 못살아도 나만 잘 살면 된다는 정신이었습니다.

그러나 이제는 은혜를 받고 나니까 내게 있는 모든 물건과 재산도 내 것이 아닙니다. 이 모든 것이 하나님의 것인 줄 알게 되었던 것입니다. 그래서 그들은 불쌍한 사람을 돕게 되었습니다.

그리고 가난한 형제에게 필요에 따라 나눠주었던 것입니다. 이것이 초대교회의 모습이었습니다. 이제 행복한교회도 나눔의 삶을 살아야 합니다. 이 지역을 가슴에 안고 가야 합니다. 보다 더 많은 나눔과 사랑이 필요합니다. 은혜 받고 이 거룩한 사역에 동참합시다.

성령 충만을 체험

초대교회는 회개운동이 일어나고 있었습니다. 성전에 모이기를 힘쓰고 있었습니다. 그리고 교제를 하고 사도의 가르침을 받았습니다. 또한 기도에 전혀 힘쓰고 유무상통의 생활을 하였습니다.

"……예루살렘을 떠나지 말고 내게서 들은 바 아버지께서 약속하신 것을 기다리라 요한은 물로 세례를 베풀었으나 너희는 몇 날이 못되어 성령

교회는 지금 치료 중

이 약속의 말씀을 믿고 기다렸더니 열흘 만에 큰 성령의 체험을 했던 것입니다. 어둡던 마음에 하나님의 성령이 임하니까 밝아졌습니다. 더럽혀진 마음에 하나님의 성령이 임하니까 깨끗해졌습니다. 세상적인 마음과 비겁한 마음속에 하나님의 성령이 임하니까 마음은 담대한 마음들로 바뀌어졌습니다. 물고기는 물을 마시고 살듯이 인간은 하나님의 은혜의 성령을 받아야 살 수 있습니다.

'멕카이' 박사의 글 가운데 이런 글이 있습니다.

여러분은 이제 꼭 기억해야 할 것이 있습니다. 여러분이 지금 어떠한 교회에 소속해 있는가 하는 것보다 더 중요한 것이 있습니다. 여러분이 교리적으로 건실해야 됨도 물론 중요합니다. 그리고 도덕적으로 아름다운 행실이어야 함도 중요합니다. 그러나 그것보다 더 중요한 것이 있습니다. 그것은 다른 것이 아니라 오순절의 능력을 체험하는 것입니다. 우리의 심령에 성령으로 말미암아 타는 불이 있어야 하는 것입니다. 이 불로 쓸데없는 생각과 헛된 희망과 모든 원망과 분노와 미워하는 마음과 모든 정욕을 태워야 합니다.

이렇게 되면 여러분은 남을 쉽게 용서할 수 있게 될 것입니다. 그리고 여러분의 원수까지도 사랑할 수 있습니다. 또한 그와 더불어 악수할 수 있게 될 것입니다. 우리 행복한교회 성도들은 모두 성령 충만을 체험하시길 바랍니다. 성령 충만을 체험한 초대교회 성도들은 가만히 앉아 있을 수가 없었습니다. 그들의 가슴에는 성령의 불이 있었기 때문에 밖으로 뛰어나가지 않을 수 없었습니다. 담대해졌습니다. 복음을 전하다가 죽어도 좋다는 생각이 들었습니다. 그래서 순교자가 생겼습니다.

성령을 체험한 제자들은 예수님이 평소에 남기신 말씀과 승천하시기 직전에 남기신 "너희는 온 천하에 다니며 만민에게 복음을 전하라……"는 말씀이 기억되어 왔습니다. 성령 체험을 하고 나서야 비로소 예수의 참 증인의 삶을 살 수 있는 것입니다.

성령의 은혜를 사모합시다. 성령의 은혜를 간구합시다. 구하며 사모합시다. 성령의 은혜에 충만하지 않고는 이 험난한 세상에서 승리할 수 없습니다. 성령의 사람이 되어야 합니다. 성령이 우리를 이끌어갈 수 있도록 해야 합니다. 성령의 불이 임해야 합니다. 성령의 불꽃이 임해야 합니다. 나의 냉랭한 가슴에 성령의 불이 임해야 합니다. 나의 지식적인 머리에 성령의 불이 임해야 합니다.

그래야 하나님의 거룩한 뜻을 이루어나갈 수 있습니다. 성령의 음성을 들을 수 있습니다. 이처럼 성령의 은혜를 사모하고 간구하므로 마침내 거룩한 공동체를 이끌어가며 이 시대를 주도해나갈 수 있는 능력이 사람들이 다 되시기를 바랍니다.

사랑하는 행복한교회 성도 여러분!

행복한교회 성도들은 초대교회로 돌아가야 합니다. 초대교회로 돌아가서 신앙을 회복해야 합니다. 교회를 개혁해야 합니다. 그들은 모여서 회개함으로써 죄에서 해방 받고 자유함을 얻었습니다. 그들은 모여서 회개함으로써 하나님의 자녀의 권세를 회복 받았습니다. 그들은 모여서 회개함으로써 거룩한 열매를 얻었습니다.

그리고 영생의 선물을 받아 사망에서 건진 바 되었습니다. 그래서 그들은 날마다 성전에 모이기를 힘썼습니다. 그리고 서로 주 안에서 교제했습니다. 사도들의 가르침을 받아 훈련하며 말씀을 사모했습니다. 그러자 그들은 기도하기 시작했습니다. 기도의 역사가 나타난 것입니다. 그들 위에 성령의 충만함을 체험하게 되었던 것입니다. 성령의 사람들이 되었던 것입니다.

이제 우리들도 이처럼 초대교회로 돌아가서 성령 충만하여 주님께서 우리에게 남기신 최후의 명령인 복음 전파의 사명을 잘 감당할 수 있기를 바랍니다.

내 교회를
세우리라

성도의 최종 목적지는 천국입니다. 성도는 매일 천국을 꿈꾸며 살아야 합니다. 성도는 천국을 소망하며 살아야 합니다. 성도는 천국을 향하여 신앙의 발걸음을 내딛고 있는 자들입니다. 만일 천국이 없다면 이 땅에서의 삶이 어떤 의미가 있겠습니까?

이처럼 내세의 천국이 중요하다면 현세에는 교회가 있습니다. 교회는 이 땅에서 보이는 천국의 모형입니다. 성도는 교회를 통하여 천국을 봅니다. 예를 들어 유치부 아이들이 부르는 노래처럼 교회는 천국 가는 기차입니다.

성도는 예수님을 영접함으로 천국행 기차표를 받은 것입니다. 그 기차표를 들고 천국 가는 기차인 교회에 탑승한 것입니다. 가는 도중에 그 기차에서 내리지만 않는다면 무사히 천국에 도착하게 될 것입니다.

교회는 말로 표현할 수 없을 만큼 중요합니다. 교회는 진리 공동체입니다. 예수 그리스도를 유일한 구주로 믿는 신앙공동체입니다. 그러므로 교회의 최대의 적은 종교다원주의와 더불어 교회의 세속화입니다. 교회는 세상의 소금이요 빛이므로 교회 속으로 들어오는 세상의 기운을 막아내지 않으면 교회의 정체성을 잃어버릴 수밖에 없습니다. 교회는 시대를 앞서가며 세상을 향하여 진리의 말씀으로 경고하며 비전을 제시하는 존재입니다.

마태복음 16장의 말씀은 예수님이 교회에 관하여 직접 언급하신 매우 특별한 말씀입니다. 예수님은 자신의 지상 사역을 마감하시는 후반부에 제자들에게 장차 이루어질 교회에 대하여 가르침을 주셨습니다. 여기서 우리는 교회를 세우는 기초에 대하여 배울 수 있습니다. 이것들은 교회의 헌법과 같습니다.

이 말씀은 그중 제1헌법이라고 할 수 있는 것으로 예수님께서 '내 교회' 라고 하신 말씀입니다. 이것은 교회의 소유권에 관한 것입니다. 교회의 소유권이라 함은 '교회가 누구의 것이냐' 라는 물음과 관련이 있습니다.

이것은 교회가 누구의 뜻대로 움직여야 하느냐를 결정하는 매우 중요한 기준입니다. 이 말씀을 통하여 교회의 소유권은 오직 우리 주님께 있음을 다시 한 번 확인하고 교회의 주인 되시는 주님께 충성을 다짐하는 시간이 되시기를 바랍니다.

예수님께서 내 교회라 하셨음

이 말씀은 교회를 세우는 주체가 바로 예수님이시며 또한 교회의 소유주 역시 예수님이시라는 것입니다. 이것 하나만으로도 교회가 얼마나 엄청난 존재인지를 보여줍니다.

'교회(에클레시아)'라는 단어는 세상으로부터 하나님 나라의 백성으로 부르심을 받은 자들의 공동체를 가리킵니다. 여기서 예수님이 세우시는 새로운 공동체를 '에클레시아'라고 하신 것은 예수님에 의해 확립된 공동체가 구약의 이스라엘과 영적인 의미에 있어서 긴밀하게 연결되는 것을 의미합니다.

즉, 하나님의 공동체가 곧 예수님의 공동체임을 뜻합니다. 결국 본문은 베드로가 예수님의 기대에 부합하는 신앙 고백을 하자 예수께서도 드디어 자신의 신분을 밝히시면서 그에 부합되는 그리스도 공동체, 즉 자신의 백성 곧 자기의 교회를 세울 것임을 선언하셨던 것입니다.

예수님은 교회를 가리켜 '내 교회'라 하셨습니다. 그렇습니다. 교회의 설립자도 우리 주님이십니다. 교회의 주인도 우리 주님 자신입니다. 교회는 절대로 어떤 사람이나 단체에 의해 설립되는 것이 아닙니다. 또한 사람이 주인이 될 수도 없습니다. 교회의 머리는 예수 그리스도이십니다. 교회는 예수님의 소유로서 예수님의 몸이 되었습니다.

예수님은 하나님이십니다. 하나님의 모든 속성이 예수님에게서 빛을 발하고 있습니다. 예수님은 창조주이시고 심판주이십니다. 지금도 온 우주만물이 그 안에 함께 서 있습니다. 바로 주님이 교회의 머리이십니다. 교회는 이 주님의 몸이 되었습니다. 그래서 예수님의 소유된 교회는 중요합니다. 온 우주만물 중에 교회보다 더 중요한 것은 없습니다. 주님이 말씀하신 '내 교회'라는 한 마디 속에 이처럼 어마어마한 의미와 중요성이 담겨 있는 것입니다.

사랑하는 행복한교회 성도 여러분!
교회는 예수님의 교회입니다. 교회를 위해 하는 일은 곧 주님을 위한 일입니다. 예수님 잘 믿는 것이 무엇일까요? 그 대답은 간단합니다. 주님의 소유요 주님의 몸 된 교회에 하는 것이 곧 주님께 하는 것입니다.
사도 바울의 고백을 들어보십시오.

바울 사도는 그리스도의 남은 고난을 주님의 몸 된 교회를 위하여 자신의 육체에 채운다고 했습니다. 그래서 그는 교회의 일꾼이 되었고 교회의 직분을 맡았습니다. 또 그는 교회를 위해 힘을 다하여 수고했는데(골 1:29) 이는 곧 주님을 위해 힘을 다하는 수고였기 때문입니다.

이것은 매우 중요한 신앙 원리입니다. 교회의 설립자도 우리 주님이십니다. 교회의 주인도 우리 주님 자신입니다. 교회는 절대로 어떤 사람이나 단체에 의해 설립되는 것이 아닙니다. 또한 사람이 주인이 될 수도 없습니다.

교회의 머리는 예수 그리스도이십니다. 교회는 예수님의 소유로서 예수님의 몸이 되었습니다. 교회를 위하는 것이 주님을 위하는 것입니다. 그리고 주님을 위하는 것이 교회를 위하는 것입니다. 우리 모두 주님을 사랑하는 마음으로 교회를 사랑합시다. 우리 모두 주님께 봉사하는 마음으로 맡은 직분에 충성합시다.

내 교회의 중요성

“……내가 이 반석 위에 내 교회를 세우리니……” (마 16:18)

교회의 제1헌법은 ‘내 교회’입니다. 교회는 예수님의 교회가 되어야 합니다. 교회 목회 또한 이 고백 위에 세워져야 합니다. 다시 한 번 예수님의 몸 된 교회의 중요성을 생각해보겠습니다. 교회는 어떤 존재입니까? 교회가 중요한 이유는 무엇입니까?

1. 교회를 예수님의 피로 사셨기 때문입니다

"여러분은 자기를 위하여 또는 온 양 떼를 위하여 삼가라 성령이 그들 가운데 여러분을 감독자로 삼고 하나님이 자기 피로 사신 교회를 보살피게 하셨느니라" (행 20:28)

피는 곧 생명입니다. 그 생명의 피를 팔아서 무엇을 산다면 그것이 얼마나 중요한 것인가를 짐작할 수 있지 않습니까? 세상에서 예수님의 피보다 고귀한 피가 없다면 그 거룩한 피로 교회를 사신 것은 세상에서 교회보다 소중한 곳이 없음을 뜻하는 것입니다.

그러므로 예수님을 사랑하는 성도는 예수님이 피를 바쳐 사랑하신 교회를 사랑하는 사람인 것이 당연합니다. 성도가 주님을 얼마나 사랑하는가 하는 것은, 그가 주님의 몸 된 교회를 얼마나 사랑하는가를 보면 알 수 있습니다.

우리는 주님을 사랑하는 마음으로 주님의 몸 된 교회를 사랑해야 합니다. 교회를 사랑하는 것이 곧 주님을 사랑하는 것입니다. 교회는 예수님의 피로 사신 것입니다. 그러기에 우리에게는 너무나 귀한 것입니다. 세상에서 가장 귀한 것이 교회입니다. 이 교회를 사랑해야 합

67

니다. 사모해야 합니다.

2. 교회가 그토록 중요한 것은 교회는 주님의 몸이기 때문입니다

교회는 주님에 의한 유기체입니다. 그리고 주님을 위한 유기체입니다. 주님의 몸인 교회에 대한 자세가 주님에 대한 자세입니다. 교회를 세우는 것은 주님의 몸을 세우는 것입니다. 그리고 교회를 해치는 것은 그의 몸을 해치는 것입니다.

예수님은 교회를 자기의 신부로 보십니다.

신랑에게 신부는 이 세상에서 가장 아름다운 존재입니다. 예수님도 교회를 보실 때 신부를 보는 신랑의 사랑의 눈으로 보십니다. 교회는 예수님의 유일한 사랑입니다. 이 우주만물 중에 주님의 몸 된 교회보다 중요한 것이 무엇이겠습니까?

따라서 우리는 주님의 몸이신 교회를 사랑해야 합니다. 주님과 유기적인 관계로 살아가야 합니다. 그렇게 사는 것이 교회에서 믿음의 삶을 살아가는 것입니다.

3. 교회가 이처럼 중요한 까닭은 주님이 교회의 머리되기 때문입니다

"이는 남편이 아내의 머리됨이 그리스도께서 교회의 머리됨과 같음이니 그가 바로 몸의 구주시니라" (엡 5:23)

교회가 주님의 몸을 이루고 있다면 주님은 그 몸의 머리가 되십니다.

"그는 몸인 교회의 머리시라" (골 1:18)

몸이 중요하지만 머리가 없는 몸은 존재할 수 없습니다. 몸은 머리의 지시를 받습니다. 몸의 각 지체는 머리에 의해 조화를 이루고 통제를 받습니다. 그 어떤 신체 기관도 머리의 역할을 대신할 수 없습니다. 주님만이 교회의 머리가 되십니다. 그러므로 주님이 귀중하신 것만큼 교회도 중요한 존재입니다.

사랑하는 행복한교회 성도 여러분!
그런데 오늘의 많은 교회들은 교회가 주님의 소유임을 잊어버리고 있는 듯 보입니다. 어떤 교회는 교회 주인이 목사인 듯 보입니다. 어떤 교회는 장로인 듯, 또 어떤 교회는 돈이 많거나 세상 명예를 가진 사람인 듯 보입니다.

첫번째 이야기, **교회의 태동**

그러나 예수님은 '내 교회'를 세운다고 하셨지, 어느 특정 개인이나 사람들의 교회를 세운다고 하지 않으셨습니다. 조심해야 할 것은 우리 시대 교회 안에 들어온 민주주의가 교회를 무너뜨리는 암 덩어리라는 사실입니다.

'민주주의民主主義'는 한자어가 말하듯 백성이 주인 되는 것이 아닙니까? 그렇다면 교회 안에서는 성도가 주인 되는 것이 교회 민주주의입니다. 달콤한 이야기로 들립니다. 세상도 왕정이나 독재시대를 마치고 민주주의 시대가 되었는데 교회도 그래야 하지 않겠는가 하고 당연시합니다.

하지만 교회는 세상과는 전혀 다릅니다. 교회는 예수님이 말씀하신 '내 교회', 즉 예수님의 교회입니다. 예수님이 주인이십니다. 그러므로 이 세상에서 교회만큼은 민주주의가 아닌 '신주주의神主主義' 혹은 '신정주의神政主義'가 되어야 합니다. 교회에 민주주의 방식을 들여오는 것은 예수님의 신권통치에 정면으로 배치되는 행위입니다.

교회의 주인은 예수님이십니다. 그러하기에 교회에는 하나님의 신권통치가 있어야 합니다. 이것이 교회의 제1헌법입니다. 또 이 진리대로 교회 목회를 하지 않는 한 성경적인 목회라고 할 수 없습니다.

담임목사는 결정권을 갖고 있고 영향력이 있으니까 목회를 마음대로 할 수 있을 것이라고 생각할 수도 있습니다. 하지만 목회자에게는 하나님 말씀 앞에서 자기 자신과의 치열한 싸움이 필요합니다.

"주님, 나는 이 교회의 주인이 아닙니다. 나는 주님의 종일뿐입니다." 목사는 항상 이 고백을 잃지 않아야 합니다. 그러려면 어떻게 해

교회는 지금 치료 중

야 할까요? 폐일언하고 기도해야 합니다. 자기 개인의 생각이 아닌 주님의 뜻을 물어봐야 합니다.

교회는 하나님의 말씀을 듣는 공동체입니다. 교회를 소유하신 주님의 뜻이 무엇인지 알기 원한다면 우리는 주님 앞에 머리 숙이고 무릎 꿇어야 합니다.

행복한교회는 주님께서 주인으로 일하고 계시는 교회입니까? 여러분의 구역에서 큰일이든 작은 일이든 예수님께서 시키시는 대로 하고 있습니까? 여러분의 사역팀에서 큰일이든 작은 일이든 예수님께서 시키시는 대로 하고 있습니까? 여러분의 교사회의에서 큰일이든 작은 일이든 예수님께서 시키시는 대로 하고 있습니까? 여러분의 전도회에서 큰일이든 작은 일이든 예수님께서 시키시는 대로 하고 있습니까? 아니면 민주주의의 방법인 다수결에 의한 결정을 주님의 뜻보다 더 우선하고 있습니까?

이 시간 다시 한 번 행복한교회가 주님의 소유임을 고백합시다. 지난 날 주님의 자리에 앉았던 교만이 있었다면 회개하는 시간이 되기를 바랍니다.

예수님이 남기신 유산임

"나 예수는 교회들을 위하여 내 사자를 보내어 이것들을 너희에게 증언하게 하였노라 나는 다윗의 뿌리요 자손이니 곧 광명한 새벽 별이라 하시더라" (계 22:16)

여기에서 예수님은 세 가지 중요한 말씀을 하십니다. 그것은 교회와 주의 사자, 그리고 계시록입니다. 이것들은 예수님이 지상사역을 통해 남긴 유산이라 할 수 있습니다.

1. 먼저는 교회입니다

본 절은 "교회들을 위하여……"라고 했습니다. 예수님께서 사자를 보내어 계시록의 내용을 증거케 하시는데 이는 근본적으로 교회를 위함이라는 것입니다. 교회는 주님의 피 값으로 사신 주님의 소유요, 주님의 몸이기 때문에 더없이 중요합니다.

2. 주의 종입니다

"내 사자를 보내어……"라고 하셨습니다. 이는 내 사자는 주의 종을 뜻합니다. 주님은 주의 말씀을 주의 종에게 맡겨 전달하십니다. 교회야말로 예수님이 남기신 너무나도 위대한 유산입니다. 교회는 예수님의 죽으심과 부활, 그리고 성령의 강림으로 시작되었습니다. 승천하신 주님은 지금 하늘 보좌에 계시지만 주님의 몸인 교회는 이 땅에 존재합니다. 교회가 주님의 유산이라는 점을 생각할 때에 우리가 교회를 얼마나 존귀하게 여겨야 할지를 알 수 있습니다.

주님은 우리를 구원하시기 위하여 세상에 오셨습니다. 주님은 구원의 은혜를 주시기 위하여 앞에서 말한 세 가지를 남기셨습니다. 구약 시대는 모세를 통하여 구약교회인 성막을 주시고 율법을 주셨습니다. 신약 시대는 주의 종 열두 제자를 통해 신약교회를 설립케 하시고

교회는 지금 치료 중

복음을 주셨습니다. 종말 시대는 마지막 때의 주의 종인 두 증인(계 11 장)을 통해 종말 교회인 해 입은 여자를 이끄시고 계시록 말씀을 주실 것입니다. 구약 시대건 신약 시대건 종말 시대건 이 원리는 변하지 않습니다. 주의 종과 교회, 그리고 말씀은 이렇게 중요합니다.

사랑하는 행복한교회 성도 여러분!

우리는 교회를 최우선으로 하는 신앙을 가져야 합니다. 과거 이스라엘 백성이 성막 중심으로 성막 가까이 살았듯이 우리도 교회 중심으로 교회를 가까이 하는 신앙생활을 하는 것이 복입니다. 우리는 영적으로도 육적으로도 교회 가까이에 있어야 합니다. 초대교회는 날마다 성전에 모이기를 힘쓰는 교회였습니다.

"날마다 마음을 같이하여 성전에 모이기를 힘쓰고……" (행 2:46)

"모이기를 폐하는 어떤 사람들의 습관과 같이 하지 말고 오직 권하여 그 날이 가까움을 볼수록 더욱 그리하자" (히 10:25)

교회는 말로 표현할 수 없을 만큼 중요합니다. 교회는 진리 공동체입니다. 예수 그리스도를 유일한 구주로 믿는 신앙공동체입니다. 교회의 설립자는 우리 주님이십니다. 교회의 주인도 우리 주님 자신입니다. 교회는 절대로 어떤 사람이나 단체에 의해 설립되는 것이 아닙니다. 또한 사람이 주인이 될 수도 없습니다.

첫번째 이야기, 교회의 태동

교회의 머리는 예수 그리스도이십니다. 교회는 예수님의 소유로서 예수님의 몸이 되었습니다. 교회를 위하는 것이 주님을 위하는 것입니다. 그리고 주님을 위하는 것이 교회를 위하는 것입니다. 우리 모두 주님을 사랑하는 마음으로 교회를 사랑합시다. 우리 모두 주님께 봉사하는 마음으로 맡은 직분에 충성합시다.

교회의 주인은 예수님이십니다. 그러하기에 교회에는 하나님의 신권통치가 있어야 합니다. 이것이 교회의 제1헌법입니다. 교회는 하나님께서 다스리십니다. 하나님께서 직접 통치하십니다. 성령으로 역사하십니다.

우리는 행복한교회가 예수님이 말씀하신 바로 그 교회에 보다 근접해지도록 최선을 다할 것입니다. 그중에 무엇보다 주님이 말씀하신 '내 교회'의 의미를 깊이 새겨 교회의 중요성을 다시 한 번 다짐하고 교회 사랑을 더욱 고양시킬 것입니다. 행복한교회는 지금 주님이 원하시는 교회의 모습으로 2020비전을 가슴에 품고 나아갑니다.

행복한교회 모든 성도의 가치관 안에서 예수님이 주인 되시지 못한 영역을 찾아 바로잡아 나가는 일에 함께 동참합시다. 행복한교회 모든 모임 활동 안에서 예수님이 주인 되시지 못한 영역을 찾아 바로잡아 나가는 일에 함께 동참합시다. 행복한교회 모든 사역 활동 안에서 예수님이 주인 되시지 못한 영역을 찾아 바로잡아 나가는 일에 함께 동참합시다.

행복한교회 모든 조직 활동 안에서 예수님이 주인 되시지 못한 영역을 찾아 바로잡아 나가는 일에 함께 동참합시다. 행복한교회 모든

교회는 지금 치료 중

활동 안에서 예수님이 주인 되시지 못한 영역을 찾아 바로잡아 나가
는 일에 함께 동참합시다. 마침내 교회가 교회되어지는 역사가 나타
날 줄로 믿습니다. 마침내 주님의 교회가 회복되어져서 하나님이 다
스리시고 통치하시는 역사가 나타나므로 권세 있는 교회, 능력 있는
교회로 다시금 거듭나는 역사가 있기를 바랍니다.

첫번째 이야기, **교회의 태동**

종교개혁과
교회개혁

"너희는 그 은혜에 의하여 믿음으로 말미암아 구원을 받았으니 이것은 너희에게 난 것이 아니요 하나님의 선물이라" (엡 2:8)

오늘은 종교개혁 주일입니다. 종교개혁에 의해 개신교와 가톨릭이 나누어지게 되었습니다. 우리가 믿고 따르는 기독교는 종교개혁의 결과로 이루어진 열매입니다.

종교개혁은 494년 전 1517년 10월 31일 독일의 성직자였던 '마틴 루터'가 비텐베르그 성당 대문에 가톨릭의 부패에 관한 95개 조항의 반박문을 부착한 것을 기폭제로 시작되었습니다. 루터가 95개 조항의 반박문을 내걸게 된 직접적인 발단이 된 것은 면죄부 판매 때문이었습니다.

당시 도미니크 종단의 사제였던 '테첼'이 간교한 방법으로 백성들을 선동하여 이 면죄부를 돈으로 구하면 죄가 용서받고 연옥의 고통에서 벗어나서 천국으로 가게 된다고 유혹했습니다. 이렇게 면죄부를 판 많은 돈은 교황청에 들어가 성 베드로 성당 건축에 사용되고 교황의 사치 및 치부에 사용되었습니다.

여기에 분노한 마틴 루터는 '오직 믿음으로' 구원받는다고 외치면서 95개 조항의 항의문을 내걸었던 것입니다. 당시 교황 '레오 10세'는 루터를 심문하기 위해 의회로 루터를 불렀습니다. 이때 루터가 교황의 소환을 받아 보름스 의회에 서면서 "교황에게나 의회에게나 난 내 신앙을 버릴 수 없다. 그들의 오류가 빈번하며 서로 모순된다는 것은 대낮처럼 분명하기 때문이다. 성경의 증거를 받아 확신하는 나는 결코 반박문을 철회할 수 없다. 내가 여기 섰으니 딴 길은 있을 수 없다. 하나님이여 나를 도우소서"라고 외쳤습니다.

보름스에 가는 것은 생명에도 위험이·있으니 가지 말라고 만류하는 주변 사람들에게 "보름스에 있는 모든 기왓장이 다 마귀가 되어 나를 공격한다 해도 나는 가겠노라"고 당당히 말하였습니다.

이렇게 루터는 생명을 내걸고 가톨릭의 잘못된 것들을 바로 잡기 위해 종교개혁을 감행하였습니다. 루터의 이러한 용감한 행동이 '쯔빙글리'와 '칼빈' 등에게 큰 영향을 주었습니다.

마침내 전 유럽에 새로운 개혁운동이 불길처럼 타 올랐습니다. 그 후 이러한 전통 위에 청교도운동과 미국의 부흥운동 등으로 연결되었고, 오늘 기독교 개신교의 뿌리가 되었습니다.

이 시간 루터가 종교개혁 운동을 시작하면서 내걸었던 중심사상을 살펴보고자 합니다. 루터가 내걸었던 반박문 95개 조항은 다음 3가지로 요약할 수 있습니다. 이를 종교개혁의 3대 원리라고 합니다.

오직 믿음

마틴 루터가 종교개혁을 하면서 가장 크게 강조한 것이 '오직 믿음Sola Fides'입니다. 우리가 구원을 받는 것은 면죄를 사는 데 있는 것도 아닙니다. 고행을 하는 데 있는 것도 아닙니다. 선행을 행하는 데 있는 것도 아닙니다. 신부에게 고해성사를 하는 데 있는 것도 아닙니다. '오직 예수 그리스도를 믿음'으로만 가능하다는 것입니다.

당시 구원관은 매우 잘못되어 있었습니다. 지금도 여전히 가톨릭의 구원관에는 문제가 있습니다. 당시 가톨릭은 구원을 받는 데 '예수 그리스도를 믿는 것만으로는 부족하다, 선행을 하고 고행을 하고 면죄부를 사야 구원받는다'는 잘못된 구원관을 주장했습니다. 이것은 인간의 공적을 강조하는 구원관으로 비성경적이며 매우 잘못된 교리입니다.

당시 교인들은 죄를 지으면 고행을 해야 죄가 없어지는 줄 알았습니다. 그래서 '성계단'을 맨 무릎으로 기어오르면서 모래알이나 유리 조각에 찔려 피를 흘리면서도 한 계단씩 오를 때마다 입을 계단에 맞추었습니다. 지금도 이태리에 가보면 그렇게 하는 것을 볼 수가 있습니다. 그리고 선행을 많이 해야 구원받는 줄로 잘못 알고 있습니다.

마틴 루터는 여기에 강력히 반발해서 이렇게 말씀으로 강조했습니다.

"의인은 오직 믿음으로 말미암아 살리라" (롬 1:17)

구원은 인간의 선행이나 고행과 같은 인간의 공로로 받을 수 있는 것이 아닙니다. 오직 예수 그리스도를 믿음으로만 구원을 받을 수 있습니다.

"너희는 그 은혜에 의하여 믿음으로 말미암아 구원을 받았으니 이것은 너희에게서 난 것이 아니요 하나님의 선물이라 행위에서 난 것이 아니니 이는 누구든지 자랑하지 못하게 함이라" (엡 2:8~9)

"사람이 의롭게 되는 것은 율법의 행위로 말미암음이 아니요 오직 예수 그리스도를 믿음으로 말미암는 줄 알므로 우리도 그리스도 예수를 믿나니 이는 우리가 율법의 행위로써가 아니고 그리스도를 믿음으로써 의롭다 함을 얻으려 함이라 율법의 행위로써는 의롭다 함을 얻을 육체가 없느니라" (갈 2:16)

구원받는 것은 인간의 행위와는 전혀 관계가 없습니다. 오직 예수 그리스도를 믿음으로서만 구원을 받을 수 있습니다. 그렇습니다. 우리의 구원은 예수 그리스도께서 우리 죄를 대속하시고 피 흘려 죽으신 십자가의 공로를 믿음으로 얻게 된 것입니다. 어떤 사람들은 우리가 구원받는 것은 오직 믿음으로 되는 것이니까 아무렇게나 살아도 되지 않느냐는 생각을 할 수도 있습니다.

그러나 이것은 매우 위험한 생각입니다. 구원은 오직 믿음으로 받지만 구원받은 후의 성도의 삶이 더욱 중요합니다. 행함에 따라 하나님의 상급이 다르기 때문입니다. 구원은 예수 그리스도를 믿음으로 받습니다. 그러나 상급은 행함으로 받습니다. 우리의 구원은 믿음으로 받는 줄로 믿습니다. 믿음으로 하나님께 나아가는 것입니다. 믿음이 없으면 하나님을 기쁘시게 할 수도 없습니다.

그리고 하나님께 나아갈 수도 없습니다. 그 어떤 것으로도 구원을 살 수 없습니다. 오직 믿음으로 구원을 얻는 것입니다. 하나님을 믿어야 합니다. 우리 주 예수 그리스도를 믿어야 합니다. 성령을 의지해야 합니다. 하나님께서 은혜의 구원의 선물을 주셔야 합니다. 이런 은혜를 우리가 받았습니다. 거저 받았습니다. 구원은 행위에서 받는 것이 아닙니다. 구원은 고행으로 받는 것이 아닙니다. 이것이 은혜인 것입니다. 우리는 구원의 확신을 갖고 살아가야 합니다.

오직 성경

오직 성경이라는 말씀의 원리입니다. 마틴 루터가 종교개혁을 하면서 강조한 것이 '오직 성경Sola Xcriptura'입니다. 루터는 '성경으로 돌아가야 한다'고 역설했습니다. 종교개혁의 기초는 성경 말씀이었습니다. 교황의 권위도 성경의 권위보다 앞설 수 없습니다. 성경 외의 그 어떤 사람의 사상이나 문헌도 우리의 신앙의 표준이 될 수 없습니다. 오직 성경 말씀만이 우리 신앙의 표준이며 신앙의 대상이 된다는 주장입니다.

가톨릭은 교황의 말을 성경과 같은 권위를 두고 교회의 전통을 신앙의 표준으로 삼았습니다. 그리고 성자의 사상이나 문헌을 성경과 같은 기준을 두고 이를 신앙의 표준으로 삼았습니다. 당시 교회는 일반 교인들에게 성경을 가르치지 않았습니다. 그리고 성경을 소유하는 것조차 허락하지 않았습니다.

성경은 오직 신부만이 소유하고 있었습니다. 또한 성경이 헬라어와 라틴어로 기록되어 있어서 일반 교인들은 읽고 해석할 수 없었습니다. 그러니 성경 말씀을 잘못 해석하고 가르쳐도 일반 백성들은 알 길이 없었습니다.

루터는 이에 대해 잘못을 지적하고 말씀을 바로 가르치고 해석해야 한다는 오직 말씀을 강조하였습니다. 그리고 일반 백성들에게도 성경을 보급하고 쉽게 읽을 수 있도록 하기 위해 성경을 독일어로 번역하였습니다.

개신교는 말씀을 중시합니다. 그래서 예배 시에 말씀을 강조하는 설교시간을 소중하게 여기게 되었습니다. '웨스트 민스터 신앙고백'에 다음과 같은 내용이 있습니다.

"하나님 자신의 영광과 인간의 구원과 신앙생활을 위해 필요한 모든 것에 관한 하나님의 모든 권고는 성경에 명확히 적혀 있거나 아니면 성경에 근거하여 추론될 수 있는 둘 중의 하나이다. 그러므로 성경에는 새로운 계시에 의해서든 인간들의 전승에 의해서든 아무것도 추가될 수 없다."

그렇습니다. 오직 성경 말씀만이 우리 신앙의 표준이며 신앙의 대상입니다. 성경 말씀과 위배되는 그 어떤 것도 우리는 용납할 수 없습니다. '요한 웨슬레'는 나는 오직 성경, 이 한 권의 책의 사람이 되기를 원한다고 성경을 강조했습니다.

그런데 이단들은 다른 계시나 전통에 성경과 같은 권위를 두고 사람들을 미혹합니다. 주의해야 합니다. 우리는 늘 말씀을 사모해야 합니다. 성경을 묵상해야 합니다. 말씀의 훈련을 받아야 합니다. 성경을 알아가야 합니다. 성경이 말씀하는 대로 살아가야 합니다. 오직 성경이 나의 삶의 기초가 되어야 합니다. 기준이 되어야 합니다. 표준이 되어야 합니다. 성경이 멈추라고 하면 멈추는 것입니다. 성경이 가라고 하면 어디든지 가야 합니다.

기독교는 이처럼 성경을 중시합니다. 말씀을 중요시합니다. 귀하게 여깁니다. 소중히 여깁니다. 왜냐하면 성경은 하나님의 말씀이기 때문입니다. 따라서 오직 말씀 따라, 성경 따라 살아가는 모든 성도님들이 되시기를 바랍니다.

오직 은총

세 번째 원리는 오직 은총이라는 은혜의 원리입니다. 루터가 종교개혁을 하면서 강조한 것이 '오직 은혜Sola Gratia'입니다. 루터는 하나님의 은혜를 강조했습니다. 은혜가 무엇입니까? 도저히 받을 자격이 없는 자에게 아무런 대가 없이 거저 주는 것을 은혜라고 합니다. 우리가 구원받은 것이나 복을 받은 것이나 모든 것이 하나님의 은혜로 되었습니다.

당시 교회는 하나님의 은혜보다 인간의 선행을 강조했습니다. 수행과 같은 인간의 공적을 강조했습니다. 그러다 보니 하나님의 은혜가 상실되었습니다. 인간의 의를 자랑했습니다. 그러나 우리의 구원이나 축복은 모두가 다 우리의 노력으로 얻어진 것이 아닙니다. 오직 하나님의 은혜로 받게 된 것입니다.

사도 바울이 "나의 나 된 것은 하나님의 은혜로 된 것이다. 그래서 자랑할 것이 없다"라고 한 말씀의 고백처럼 우리가 예수 믿고 구원받게 된 것은 하나님의 은혜입니다. 이렇게 예배에 참예한 것도 하나님의 은혜입니다. 건강하게 사는 것도 하나님의 은혜입니다. 제가 목사가 된 것도 하나님의 은혜입니다. 모든 것이 하나님의 은혜입니다. 하나님의 은혜가 없이는 아무것도 이룰 수 없습니다.

기독교는 은혜의 종교입니다. 예수 그리스도께서 이 땅에 오신 것은 우리에게 은혜를 주러 오셨습니다. 다른 종교는 인간의 의를 강조하는 율법주의입니다. 유대교나 이슬람교나 불교나 힌두교는 인간의 노력을 강조하는 철저한 율법주의입니다. 그래서 이런 종교는 인간의 수행이나 선행과 같은 인간의 노력을 통해 구원을 받으려고 합니다. 하지만 이런 방법으로 구원받을 육체는 하나도 없습니다. 우리가 구원받은 것은 인간의 노력이 아니라 오직 하나님의 은혜로 받는 것입니다. 은혜가 아니고서는 이 자리에 설 자가 없습니다. 하나도 없습니다. 은혜가 아니고는 하나님께 나아올 수도 없습니다. 하나님의 은혜가 이 쓸데없는 죄인을 하나님의 자녀로 만드신 것입니다. 이 벌레 같은 죄인을 의인으로 삼아주신 것입니다. 이 은혜로만 사는 것입니다. 이 은혜 속에서 날마다 살아가시기를 바랍니다.

사랑하는 행복한교회 성도 여러분!

루터는 이렇게 종교개혁을 하면서 오직 믿음과 오직 성경, 그리고 오직 은혜라는 3대 원리를 가지고 개혁을 이루어갔습니다. 그러했기에 종교개혁은 성공할 수 있었습니다. 루터가 종교개혁을 일으킨 지 494년이 지났지만 아직도 완전한 개혁은 이루어지지 않았습니다.

지금도 루터의 개혁정신이 필요합니다. 현재 교회들이 개혁을 주장하고 있습니다. 그러나 교회가 개혁을 할 때는 정말 조심해야 합니다. 교회를 개혁한다고 하면서 인간적인 방법과 지식으로 잘못하면 오히려 교회에 해를 주고, 교회의 질서를 무너뜨릴 수 있기 때문입니다.

21세기가 아니라 31세기 되어도 교회는 개혁되어야 하는데 그 개혁의 중심사상은 루터가 주장했던 오직 믿음과 오직 성경 말씀, 그리고 오직 은혜라는 3대 원리 아래에서 이루어져야 합니다.

최근에는 일부 자유주의 신학자들이 다른 종교에도 구원이 있다고 주장하는 종교 다원주의가 일어나고 있습니다. 심지어 어떤 이단 종교들은 성경 외에 다른 계시 책을 성경과 같이 여기고 있습니다.

그리고 교회 안에도 인간의 방법이 교회를 지배하고 있습니다. 우리가 구원을 받는 것은 오직 예수 그리스도를 믿음으로 받는다는 신앙원리입니다. 우리 신앙의 표준과 신앙의 대상은 오직 성경이라는 말씀의 원리입니다.

그리고 우리의 구원이나 복은 오직 하나님의 은혜의 원리에서 신앙생활을 해야 합니다. 그리고 교회가 세워져야 합니다. 이처럼 3대 원리는 기독교의 핵심입니다. 우리가 소중히 간직해야 할 신앙의 유산입니다.

저는 종교개혁 주일을 보내면서 우리 한국 교회와 행복한교회가 이러한 개혁 정신을 본받아 날마다 새롭게 부흥 성장해 나가기를 간절히 소원하며 우리 함께 나아가기를 주님의 이름으로 간절히 축원드립니다.

교회의
사명

말씀을 통해서 교회가 해야 할 가장 본질적이고도 으뜸이 되는 사명이 무엇인가를 살펴보면서 하나님이 베푸시는 은혜를 받기 원합니다. 요즈음 흔히 쓰는 말 가운데 '나이아가라 증후군the Niagara Syndrome' 이라는 말이 있습니다. '앤서니 라빈스Anthony Robbins'가 쓴 책《네 안에 잠든 거인을 깨워라Awaken the Giant Within》에 나오는 용어입니다.

그는 인생을 강물에 비유했습니다. 대부분의 사람들은 어디로 가겠다는 구체적인 목표도 없이 그냥 인생의 강물에 뛰어듭니다. 때로는 강줄기가 갈라지는 분기점에 이르러서도 어디로 갈지를 의식적으로 결정하지 못합니다. 우물쭈물하다가 그냥 물줄기가 흐르는 대로 따라서 흘러갈 뿐입니다.

그러다 보면 어느 순간 갑자기 물살이 빨라지고 물살이 심하게 흔들리며 귀청을 때리는 소리에 번쩍 정신이 들게 됩니다. 바로 눈앞에

교회는 지금 치료 중

나이아가라 폭포가 나타난 것입니다. 그제야 한탄하지만 그때는 이미 늦었습니다. 그때는 어쩔 수 없이 물과 함께 폭포 아래로 추락해버리고 맙니다.

실제로 오늘날에도 무심히 배를 타고 가다가 나이아가라 폭포에 떨어져 죽는 사람들의 수가 적지 않다고 합니다.

인생을 이와 같이 사는 사람들이 있습니다. 곧 나이아가라 증후군에 따라 살아가는 사람들이 많이 있는 것이 사실입니다. 대부분의 사람들은 자기가 왜 사는지 모릅니다. 그리고 무엇을 향해 가고 있는지 등에 대해서는 아무런 생각이 없습니다. 그저 물 흐르듯이 흘러가는 세상에 자신의 삶을 내어 맡긴 채로 살아가고 있습니다.

우리의 신앙생활도 이와 같지는 않습니까? 우리가 해야 할 가장 기본적이고 본질적인 사명은 망각해버린 채 주일이 되면 교회에 와서 하나님께 예배를 드리고 속한 부서에서 맡겨진 일에나 힘쓰면 그것으로 우리가 해야 할 일을 다 했다고 생각하면서 살아가고 있지는 않습니까?

이제 말씀을 통해서 교회가 이 땅에 존재하는 목적이 무엇인지 깨닫기를 바랍니다. 우리가 이 땅에서 해야 할 가장 중요한 사명이 무엇인지를 분명히 깨닫게 되기를 바랍니다.

이 말씀은 마태복음의 마지막 부분입니다. 이는 마태복음의 절정에 해당되는 부분입니다. 마태는 본문을 기록하기 위해서 총 28장에 이르는 마태복음을 기록했다고 해도 과언이 아닐 것입니다.

이 말씀은 부활하신 예수님이 승천하시기 전 사랑하는 제자들에게 말씀하신 내용으로 되어 있습니다. 왜 예수님은 승천하시면서 사랑하는 제자들을 하늘나라로 함께 데리고 가시지 않으셨을까요? 예수님이 사랑하시는 제자들을 이 땅에 남겨 두신 이유가 무엇일까요? 이는 그들에게는 이 땅에서 해야 할 사명이 있었기 때문입니다.

그러면 예수님의 제자들이 이 세상에 남아서 해야 될 사명이 무엇이었습니까? 이것이 바로 교회가 이 땅에 존재하는 목적입니다. 이것이 바로 예수님의 제자들인 우리가 이 땅에서 해야 할 사명이기 때문에 우리는 이것을 분명하게 깨달아 알아야 할 것입니다.

교회가 해야 할 본질적인 사명은 무엇입니까? 우선 이 질문에 대한 답변으로써 몇 가지 가능한 견해들을 생각해볼 수 있을 것입니다.

먼저는 교회의 사명은 친교에 있다고 보는 견해입니다. 주로 초신자들이 가질 수 있는 생각입니다. 그들이 즐겨 인용하는 성경은 요한복음 13장 35절일 것입니다.

교회는 사랑의 공동체이기 때문에 성도들 사이에 서로 사랑을 나누면서 어려운 사람이 있으면 서로 돕는 것이 교회가 해야 할 가장 기본적인 사명이라고 보는 견해입니다.

다음, 교회의 사명은 하나님의 말씀을 가르치는 데 있다고 보는 견해입니다. 이는 첫번째 견해보다는 한 단계 위에 있는 견해일 것입니다. 이 견해를 따르는 사람들은 그 근거로 에베소서 4장 11~13절을 제시할 것입니다.

"그가 어떤 사람은 사도로 어떤 사람은 선지자로 어떤 사람은 복음 전하는 자로 어떤 사람은 목사와 교사로 삼으셨으니 이는 성도를 온전케 하여 봉사의 일을 하게 하며 그리스도의 몸을 세우려 하심이라 우리가 다 하나님의 아들을 믿는 것과 아는 일에 하나가 되어 온전한 사람을 이루어 그리스도의 장성한 분량이 충만한 데까지 이르리니"

교회의 사명은 성도들에게 하나님의 말씀을 가르치며 성도들로 하여금 자신들이 받은 은사대로 섬기는 일에 힘쓰도록 만드는 것이라고 보는 견해입니다.

그리고 교회의 사명을 하나님께 예배드리는 데 있다고 보는 견해입니다.

이는 한층 수준이 높은 견해입니다. 이 견해는 교회가 해야 할 사명을 함께 모여서 하나님을 찬양하며 예배를 드림으로 하나님께 영광 돌리는 데 있다고 보는 것입니다.

이에 대한 성경 말씀으로는 에베소서 1장 5~6절을 들 수 있을 것입니다.

"그 기쁘신 뜻대로 우리를 예정하사 예수 그리스도로 말미암아 자기의 아들들이 되게 하셨으니 이는 그가 사랑하시는 자 안에서 우리에게 거저 주시는 바 그의 은혜의 영광을 찬송하게 하려는 것이라"

하나님이 창세전에 우리를 하나님의 자녀로 택하신 것은 우리로 하여금 하나님의 영광을 찬미하며 예배토록 하기 위함이라고 말씀하고 있습니다.

물론 이들 세 가지 견해는 나름대로는 다 일리가 있습니다. 또 나름대로의 성경적 근거도 있습니다. 그러나 이러한 것들이 교회의 본질적인 사명은 될 수가 없습니다. 이러한 것들이 교회의 존재 목적은 될 수 없습니다.

이렇게 생각해보겠습니다. 만일 예수님이 제자들인 우리에게 가장 우선적으로 바라시는 것이 서로 간에 사랑을 나누며 교제하는 것이라면, 예수님은 우리를 이 세상에 남겨두실 이유가 없습니다. 차라리 빨리 하늘나라로 데리고 가시는 것이 더 나을 것입니다. 그곳에서는 완벽한 사랑의 교제를 나눌 수 있기 때문입니다. 그곳에는 미움도 없습니다. 시기도 없습니다. 오직 사랑만이 넘치기 때문입니다.

또 말씀을 배우며 하나님께 찬양하며 예배드리는 일도 마찬가지입니다. 그것이 교회의 본질적 사명이라면 하나님은 하나님의 백성들인 우리를 즉시 하나님의 나라로 데리고 가시는 것이 더 나을 것입니다.

그곳에서는 모두가 하나님의 뜻을 온전히 깨닫고 늘 새 노래로 금거문고를 켜면서 하나님께 찬양을 드리며 예배를 드리기 때문입니다.

따라서 예수님이 이 땅에 교회를 세우시고 존재하게 하신 궁극적인 목적은 다른 데 있습니다. 그것은 한마디로 복음을 전함으로서 잃은 영혼을 구원함에 있습니다. 교회의 본질적인 사명은 전도에 있다는 말씀입니다.

요한복음 20장 21절에서 예수님은 이렇게 말씀하셨습니다.

"예수께서 또 이르시되 너희에게 평강이 있을지어다 아버지께서 나를 보내신 것같이 나도 너희를 보내노라"

왜 하나님이 예수님을 이 세상에 보내셨습니까? 그것은 잃은 자를 찾아 구원하시기 위해서였습니다. 마찬가지로 예수님은 예수님의 제자들인 우리를 세상으로 보내십니다. 그 이유도 잃은 자를 찾아 구원하라고 보내시는 것입니다.

사랑하는 행복한교회 성도 여러분!

교회의 본질적 사명은 한마디로 복음을 전하는 일, 곧 전도에 있습니다. 사랑으로 교제하고 하나님의 말씀을 가르치고 하나님께 예배를 드리는 일은 교회의 본질적인 사명이기보다는 교회의 본질적인 사명을 이루기 위한 준비과정입니다. 또 교회의 본질적인 사명인 전도의 열매로 이루어진 결과로 볼 수 있습니다.

이 말씀을 통해서 교회의 존재 목적과 그 본질적인 사명은 전도하는 일에 있음을 분명히 깨닫게 되기를 바랍니다. 우리는 본문을 세 가지로 나누어서 살펴볼 수 있습니다.

예수님의 권세

　　예수님은 우리에게 전도하라는 지상명령을 주시기에 앞서 자신에게 주어진 권세에 대해서 말씀하셨습니다. 이는 우리에게 절대적인 순종을 요구하시기 위함입니다.

　　예수님은 제자들에게 그들이 해야 할 사명을 주시기에 앞서서 먼저 예수님에게 어떤 권세가 있는지를 말씀하셨습니다. 이는 제자들에게 절대적인 순종을 요구하시기 위함이었습니다.

"열한 제자가 갈릴리에 가서 예수의 지시하신 산에 이르러" (마 28:16)

예수님의 열두 제자 중 가룟 유다는 자기의 갈 길로 갔습니다. 따라서 그를 제외한 열한 제자는 갈릴리로 갔습니다. 그것은 예수님의 말씀에 따라 된 것입니다. 예수님은 부활 전에도 또 부활 후에도 제자들을 갈릴리에서 만날 것이라고 말씀하셨습니다.

"그러나 내가 살아난 후에 너희보다 먼저 갈릴리로 가리라" (마 26:32)

예수님의 무덤에 나타난 천사도 여인들에게 이러한 말을 했습니다.

"또 빨리 가서 그의 제자들에게 이르되 그가 죽은 자 가운데서 살아나셨고 너희보다 먼저 갈릴리로 가시나니 거기서 너희가 뵈오리라 하라 보라

교회는 지금 치료 중

곧 이어 부활하신 예수님이 여인들에게 나타나셔서 같은 말씀을 하셨습니다.

예수님의 열한 제자는 예수님의 명하시던 산에 이르렀습니다. 여기서 그 산이 어느 산인지를 밝히지 않고 있습니다. 갈릴리에는 예수님의 사역과 관련된 많은 산들이 있었습니다. 예수님이 산상수훈을 말씀하신 팔복산이 있었습니다. 또 오병이어로 오천 명을 먹이셨던 산도 있었습니다. 또 예수님이 기도하러 올라가셨던 산도 있었습니다.

또한 예수님이 모세와 엘리야와 더불어서 십자가에 대해 말씀을 나누시던 변화산도 있었습니다. 이처럼 예수님이 명하셨던 산은 제자들이 잘 알고 있는 산이었을 것입니다.

그리고 본문은 예수님과 제자들이 만난 때에 대해서도 말씀을 하고 있지는 않습니다. 부활하신 당일 예수님은 막달라 마리아에게 제일 먼저 나타나셨습니다.

같은 날 예수님은 엠마오 마을로 내려가던 두 제자에게 나타나셨습니다. 같은 날 저녁 예수님은 제자들이 모인 곳에 나타나셨습니다. 그로부터 여드레가 지난 후 예수님은 제자들에게 또다시 나타나셨습니다. 그때 예수님은 도마의 의심을 깨끗이 제거해주셨습니다.

그 후에 제자들은 예수님의 말씀에 따라 갈릴리로 갔을 것입니다. 그들이 갈릴리까지 가는 데는 대략 닷새 정도가 걸렸을 것입니다. 그러니까 그들은 예수님이 부활하시고 난 후 약 보름 정도가 흘렀을 때 갈릴리에 도착한 것입니다.

그때 그들은 즉시 예수님이 명하신 산으로 간 것은 아니었습니다. 베드로를 위시한 몇몇 제자들은 디베랴 바다로 가서 고기를 잡았습니다. 제자들이 고기 잡는 일을 준비하며 정리하는 데 또 닷새 정도가 흘러갔을 것입니다.

그렇게 보면 예수님이 예수님의 명하셨던 산에서 제자들을 만나신 것은 부활하신 후 약 20일 정도가 지났을 때였을 것입니다. 예수님은 부활하신 후 이 땅에 사십일 동안 계셨습니다.

그러고 나서 예수님은 예루살렘에서 가까운 감람산에서 승천하셨습니다. 제자들은 갈릴리에서 예루살렘으로 오는 데 또 다시 닷새 정도가 걸렸을 것입니다. 따라서 예수님이 갈릴리에 있는 어떤 산에서 제자들을 만나신 것은 예수님이 부활하신 후 20일에서 35일 사이였을 것입니다.

그러면 그 장소에는 몇 명이나 있었을까요? 우선 그곳에는 본문에 나타난 열한 제자가 있었을 것입니다. 또 천사와 예수님에게서 갈릴리로 가실 것이라는 말을 들은 여인들도 그곳에 있었을 것입니다. 그 외에 그곳에는 예수님을 믿는 다른 제자들도 많이 있었을 것입니다.

사도 바울은 부활장인 고린도전서 15장 6절에서 이렇게 말씀했습니다.

“그 후에 오백여 형제에게 일시에 보이셨나니 그 중에 지금까지 대다수는 살아 있고 어떤 이는 잠들었으며”

부활하신 예수님은 일시에 오백여 형제들에게 그 모습을 보이셨다고 했습니다. 바로 이 때가 그 경우였을 것입니다. 물론 예수님이 감람산에서 승천하실 때도 많은 사람들이 그곳에 모였습니다. 그러나 사도행전 1장에 의하면 감람산에서 내려와서 마가의 다락방에 모여 기도에 힘쓴 무리의 수는 120명 정도였습니다.

따라서 부활하신 예수님이 일시에 오백여 형제에게 보이신 때는 바로 오늘 본문의 경우였을 것입니다. 그 당시 예수님의 대적들은 대부분 예루살렘에 있었습니다. 따라서 예루살렘에서 멀리 떨어진 갈릴리는 오백 명이나 되는 많은 사람들이 대적들의 방해를 받지 않고 안전하게 모이기에 적합한 장소였을 것입니다.

“예수를 뵈옵고 경배하나 오히려 의심하는 사람들이 있더라” (마 28:17)

그들은 예수님이 명하시던 산에 이르러 예수님을 뵈었습니다. 그

첫번째 이야기, 교회의 태동

들이 예수님의 명에 따라서 그곳으로 갔기 때문에 그들은 부활하신 예수님을 뵈올 수 있었습니다. 그들이 그 장소에 있었기 때문에 예수님을 뵈옵고 경배할 수 있었던 것입니다.

예수님이 부활하시던 날 새벽이었습니다. 막달라 마리아는 예수님의 무덤이 있는 동산에서 부활하신 예수님을 뵈었습니다. 그가 그곳에 있었기 때문입니다.

그러나 열한 제자들은 예수님의 무덤이 있는 동산에서는 부활하신 예수님을 만나 뵙는 축복을 누리지 못했습니다. 왜냐하면 그때 그들은 그곳에 없었기 때문입니다. 그렇지만 이제는 그들이 부활하신 예수님을 뵈었습니다. 그들은 예수님에게서 귀한 사명도 받고 귀한 약속의 말씀도 받게 되었습니다. 그 이유는 예수님의 명대로 그들이 그곳으로 갔기 때문입니다.

사랑하는 행복한교회 성도 여러분!

"주여, 내가 여기 있나이다. 나를 보내소서!"

우리도 이사야 선지자처럼 예수님이 명하시고 예수님이 보내시는 곳이라면 어디든지 가십시다. 우리도 그곳에서 부활하신 예수님을 뵈옵게 될 것입니다. 예수님이 우리에게 주시는 사명을 발견하게 될 것입니다. 예수님이 우리와 함께하심을 확실하게 느끼게 될 것입니다.

"부름 받아 나선 이 몸 어디든지 가오리다 괴로우나 즐거우나 주만 따라 가오리다 어느 누가 막으리까 죽음인들 막으리까 어느 누가 막으리까 죽

교회는 지금 치료 중

“예수를 뵈옵고 경배하나……” 제자들은 예수님을 뵈옵고 경배했습니다. 그들은 예수님을 세계 4대 성인 가운데 한 사람으로 생각하고 존경의 뜻을 표한 것이 아닙니다. 그들은 예수님을 이 땅의 통치자 가운데 한 명 정도로 생각하고 경의를 표한 것도 아닙니다. 그들은 예수님이 자신들의 주요, 자신들의 하나님으로 경배했던 것입니다.

그러나 오늘 본문은 이렇게 말씀하고 있습니다. “……오히려 의심하는 자도 있더라” 그들 가운데는 오히려 의심하는 자도 있었다고 말씀하고 있습니다.

성경은 진리의 말씀입니다. 무엇이든지 사실 그대로를 기술하고 있습니다. 달리 꾸며서 말하지는 않습니다. 그러기에 성경은 일점일획도 틀림없는 하나님의 말씀인 것입니다. 물론 열한 제자는 부활하신 예수님을 이미 몇 차례 뵈었습니다. 여인들도 부활하신 예수님을 뵈었습니다.

그러나 그곳에 모인 오백여 명의 대부분은 지금 부활하신 예수님을 처음 뵙게 되는 것입니다. 한 곳에 오백 명이나 모였으니까 뒤편에 있는 사람들은 예수님의 모습이 분명하게 보이지도 않았을 것입니다.

또 그들 가운데는 의심 많던 도마처럼 혹은 엠마오 마을로 내려가던 두 제자처럼 믿기를 더디 하던 사람들도 있었을 것입니다. 예수님은 이러한 점을 아시고 그들의 의심을 해소시키기 위해 어떻게 하셨습니까?

예수님은 그들 가까이 나아오셨습니다. 제자들은 좀 더 분명하게
부활하신 예수님의 모습을 볼 수 있었을 것입니다. 예수님은 평소에
말씀하시던 음성으로 그들에게 말씀하셨습니다. 예수님의 모습을 보
며 예수님의 음성을 듣게 된 제자들은 그들의 마음에 자리 잡고 있던
모든 의심을 떨칠 수 있었을 것입니다. 그 결과 의심하던 그들도 이제
는 모두 예수님을 경외하는 마음으로 예수님에게 경배했을 것입니다.

예수님이 물 위를 걸어오실 때를 생각해보겠습니다. 처음에 제자
들은 그가 예수님이신 줄을 몰랐습니다. 유령이라고 생각하면서 무서
워했습니다. 그러나 그들은 물 위를 걸어오신 분이 예수님이라는 사
실을 알게 되었을 때 어떻게 했습니까?

마찬가지로 부활하신 예수님을 처음으로 멀리서 보게 될 때 의심
하는 마음이 생길 수도 있었을 것입니다. 그러나 부활하신 예수님이
자신의 모습을 분명히 나타내 보이시며 제자들이 평소에 익히 들었던
그 음성으로 친히 말씀하실 때 그들은 부활하신 예수님을 자신들의
주님이시오, 자신들의 하나님으로 경배하지 않을 수 없었을 것입니

다. 부활하신 예수님은 엎드려 경배하는 제자들을 향해 이렇게 말씀하셨습니다.

"하늘과 땅의 모든 권세를 내게 주셨으니"

성부 하나님이 성자 예수님에게 주신 권세는 절대적 권세입니다. 하늘과 땅의 권세이기 때문입니다. 그리고 예수님에게 주어진 권세는 전적인 권세입니다. 그 권세는 모든 권세이기 때문입니다. 예수님에게는 절대적이고도 전적인 권세가 주어졌습니다.

예수님의 절대적이고도 전적인 권세에 대해서 살펴보겠습니다. 예수님은 인간의 모든 병을 고치셨습니다. 예수님은 죽은 자들도 살리셨습니다. 예수님은 인간의 죄도 사하실 권세가 있으셨습니다. 이처럼 예수님은 인간 세계에서 절대적인 권세를 가지셨습니다.

뿐만 아니라 예수님은 물 위를 걸으셨습니다. 바람과 바다도 잠잠케 하셨습니다. 예수님은 물로 포도주를 만드셨습니다. 보리떡 다섯 개와 물고기 두 마리로 오천 명을 먹이셨습니다. 이처럼 예수님은 자연 세계에 대해서도 절대적인 권세를 가지셨습니다.

그리고 예수님은 귀신을 쫓아내셨습니다. 또한 예수님은 장차 마귀와 그 사자들을 불붙는 유황 못으로 던지실 것입니다. 이처럼 예수님은 영적인 세계에 대해서도 절대적인 권세를 가지셨습니다.

예수님은 인간 세계와 자연 세계, 그리고 영적인 세계의 모든 분야에서 절대적이고도 전적인 권세를 가지신 것입니다. 따라서 마귀가 광야에서 예수님을 시험할 때 했던 말, 곧 자기에게 경배했던 천하를 다스리는 권세를 주겠다고 한 말은 참으로 사악하고 거짓된 말이 아닐 수 없습니다. 왜 그렇습니까? 하늘과 땅의 모든 권세는 이미 성부 하나님에 의해서 성자 예수님에게 주어진 것이기 때문입니다.

왜 예수님은 제자들에게 그들이 이 땅에서 해야 할 사명을 말씀하시기에 앞서 자신에게 주어진 권세에 대한 말씀을 하셨겠습니까? 예수님은 지금 제자들에게, 곧 우리들에게 절대적인 복종을 요구하고 계신 것입니다.

생각해보십시오. 아무런 권세도 없는 자가 명령을 하면 그 명령을 받는 사람이 복종을 하겠습니까? 쉽게 무시해버리고 말 것입니다. 예수님은 우리에게 절대적인 복종을 요구하시기 위해 먼저 자신에게 하늘과 땅의 모든 권세, 곧 절대적이고도 전적인 권세가 있음을 먼저 밝히신 것입니다.

우리에게 말씀하시는 분은 하늘과 땅의 모든 권세를 가지신 예수님이십니다. 예수님은 우리에게 사람을 죽이라고 명령하시지 않으셨습니다. 사람들을 살리라고 우리에게 명령하십니다. 그들에게 영원한 생명을 주는 일을 하라고 우리에게 명령하십니다. 그렇다면 우리는 정말 감격스러운 마음으로 예수님의 명령에 절대 순종해야 할 것입니다.

이런 글을 읽어본 적이 있습니다.

지나가던 배들이 자주 난파를 당하는 아주 위험한 해안이 있었습니다. 그곳에는 자그마한 집이 하나 서 있었습니다. 물에 빠진 사람들을 구조하기 위해서 세워진 집이었습니다. 그곳에는 사람을 구하기 위한 작은 배 한 척이 있을 뿐이었습니다. 그러나 몇몇 헌신적인 구조 대원들은 밤낮없이 그 해안을 살피면서 물에 빠진 사람들이 있으면 자신들의 생명을 아끼지 않고 뛰어들어 그들을 구조했습니다.

많은 사람들이 구조를 받았습니다. 구조를 받은 사람들이나 그 주변에 있는 사람들은 그 일을 귀하게 여기고 함께 동참하기를 바랐습니다. 그들은 그 일을 위해 시간도 내고 물질도 내었습니다. 그 돈으로 새로운 배들을 몇 척 구입했습니다. 전문 인력들도 고용했습니다.

그 결과 해안가에 세워진 인명구조소는 점차 커지게 되었습니다. 그러자 그 일에 참여하던 몇몇 사람들은 현재의 인명구조소가 너무 작고 볼품이 없는 것에 불만을 느꼈습니다.

그래서 그들은 좀 더 편한 장소로 자리를 옮겨 새로운 건물을 지었습니다. 그 안에 좋은 가구들을 들여다 놓았습니다.

이제는 인명구조소가 사람들에게 모임 장소로 인기가 높아지게 되었습니다. 그곳에 모이는 사람들은 자기들끼리 모이는 것을 좋아해서 물에 빠진 사람들을 구조하는 일에는 점차 관심을 기울이지 않게 되었습니다. 그 대신 그들은 그 일을 전담할 사람들을 돈 주고 고용했습니다.

그러던 어느 날 큰 배 하나가 해안에서 좌초되었습니다. 고용된 전문 구조요원들이 달려가서 물에 빠진 사람들을 많이 구조해왔습니다. 그들은 하나같이 물에 빠진 생쥐 꼴을 하고 있었습니다. 그 때문에 아름답게 장식해 놓은 새 건물은 금방 지저분해졌습니다.

그 일이 있은 후 인명구조소의 책임자들 몇 명이 대표로 모임을 가졌습니다. 그들은 자기들의 새 건물을 더럽히지 않도록 새 건물 옆에 샤워실을 만들도록 했습니다. 그리고는 구조를 받은 사람들은 먼저 샤워실에 가서 몸을 깨끗이 씻은 후에 새 건물로 들어오도록 조치를 취했습니다.

그러자 얼마 안 가서 인명구조소와 관련된 사람들이 두 편으로 갈라 졌습니다. 대부분의 사람들은 인명 구조하는 일을 원하지 않았습니다. 그 일은 자기들의 모임과 사교에 방해가 될 뿐이었기 때문입니다. 그러 나 몇몇 사람들은 그곳에 인명구조소가 세워진 목적은 교제하는 데 있 는 것이 아니라 물에 빠진 사람들을 구해내서 살리는 데 있음을 지적하 면서 인명 구조하는 일을 최우선으로 해야 한다고 주장했습니다.

결국 그들은 투표로 결정하기로 했습니다. 그 결과는 이러했습니 다. 물에 빠진 사람들을 구조하는 일을 하고 싶은 사람들은 따로 나가 새로운 인명구조소를 만들어서 그 일을 하라는 것이었습니다. 인명 구조하는 일을 해야 한다고 주장했던 사람들은 어쩔 수 없이 따로 나 와서 자그마한 새 인명구조소를 만들 수밖에 없었습니다.

그런데 세월이 흘러감에 따라서 새로운 인명구조소도 옛날에 겪었 던 그 변화를 똑같이 겪을 수밖에 없었습니다.

그 인명구조소는 하나의 모임장소요 사교클럽으로 전락해버렸습 니다. 또 다시 새로운 인명구조소가 생겨나게 되었습니다. 역사는 그 뒤로도 계속 반복되었습니다. 그래서 오늘날 그 해안에 가보면 수많 은 건물들이 서 있는 것을 보게 됩니다. 지나가던 배들은 계속 난파합 니다. 그래서 많은 사람들이 물에 빠져 허우적거립니다. 그런데 그 주변에 인명구조소는 많이 있지만 인명을 구조하는 일에는 무관심합니다. 그 결과 많은 사람들은 물에 빠진 채 그대로 죽고 맙니다.

사랑하는 행복한교회 성도 여러분!

우리 주변에는 많은 교회들이 있습니다. 그런데 오늘날 대부분의 교회들이 해야 할 본질적인 사명은 잊어버리고 그저 자신들끼리만 모이는 일에 만족을 삼고 살아가고 있습니다. 혹시 우리도 나이아가라 증후군에 따라서 교회가 해야 할 본질적인 사명을 잊어버리고 있지는 않습니까?

교회의 본질적 사명은 잃어버린 영혼을 찾아 구원하는 일, 곧 전도하는 일임을 잊지 맙시다. 이것이 바로 교회가 이 땅에 존재하는 목적입니다. 전도하는 일, 영혼을 구원하는 일에 충실할 수 있는 우리 모두가 되기를 바랍니다.

이 거룩한 사명은 주님이 우리에게 위탁한 권세로 하는 것입니다. 주님의 명령입니다. 그 명령에 우리는 절대적으로 순종해야 합니다. 어떤 세력도 막을 수 없습니다. 방해할 수 없습니다. 그 누구도 거부할 수 없습니다. 부정할 수 없습니다. 그 명령에 절대적으로 순종해야 합니다. 그 명령은 무엇이었습니까? 영혼을 살리는 것입니다. 죽어가는 영혼들을 찾아가서 건져내는 것입니다. 살려내는 것입니다.

교회가 존재하는 목적은 영혼을 구원하는 것입니다. 인명구조소는 물에 빠진 사람들을 건져내는 것입니다. 이것은 단순한 친교단체가 아닙니다. 사교집단이 아닙니다. 물에 빠진 사람들을 구조해내는 것입니다. 교회의 존재 목적과 사명은 죄로 말미암아 죽어가는 영혼들을 건져내는 것입니다. 방황하는 영혼들에게 진리의 길을 제시하는 곳입니다. 하나님의 말씀을 선포하는 곳입니다.

이처럼 교회의 사명을 깨달아 영혼을 건져내는 이 거룩한 사명에 동참함으로 아직도 주님을 알지 못하는 수많은 영혼들을 구원해내는 역사가 있기를 바랍니다.

예수님의 명령

"그러므로 너희는 가서 모든 민족을 제자를 삼아 아버지와 아들과 성령의 이름으로 세례를 베풀고 내가 너희에게 분부한 모든 것을 가르쳐 지키게 하라 볼지어다 내가 세상 끝날까지 너희와 항상 함께 있으리라 하시니라" (마 28: 19~20)

이 말씀을 우리는 'the Great Commission', 곧 예수님의 '지상 대명령'이라고 부릅니다. 여기서 '그러므로'라는 접속사로 시작하고 있습니다.

무슨 뜻이겠습니까? 예수님은 지금 하늘과 땅의 모든 권세를 가지신 분으로서 우리에게 명령하십니다. '그러므로' 우리는 예수님의 명령에 절대적으로 복종해야 한다는 것입니다.

마태복음 19장에 나오는 내용입니다. 젊고도 부유한 관원이 있었습니다. 그는 예수님에게 영생을 얻는 길이 있다고 보고 예수님에게

교회는 지금 치료 중

와서 이렇게 물었습니다.

"선생님이여, 내가 무슨 선한 일을 하여야 영생을 얻으리이까?"

예수님은 그에게 이렇게 대답하셨습니다.

"네가 생명에 들어가려면 계명들을 지키라"

그러면서 예수님은 그 젊은 관원이 익히 알고 있는 계명들을 말씀해주셨습니다. 그러자 청년은 이렇게 되물었습니다.

"이 모든 것을 내가 지키었사오니 아직도 무엇이 부족하니이까?"

그때 예수님은 이렇게 대답하셨습니다. 마태복음 19장 21절입니다.

"예수께서 이르시되 네가 온전하고자 할진대 가서 네 소유를 팔아 가난한 자들에게 주라 그리하면 하늘에서 보화가 네게 있으리라 그리고 와서 나를 따르라 하시니"

그러자 그 청년은 어떻게 했습니까?

"그 청년이 재물이 많으므로 이 말씀을 듣고 근심하며 가니라" (마 19:22)

사랑하는 행복한교회 성도 여러분!

이 청년의 문제가 무엇이었습니까? 그는 예수님을 자신의 그리스도요, 자신을 구원해주실 분, 곧 자신의 Savior로는 믿고 싶었습니다. 그러나 그는 예수님의 명령에 순종하기를 거부함으로써 예수님을 자신의 주主, 곧 자신의 Lord로 모시는 일에는 실패하고 말았습니다.

우리는 어떻습니까? 우리도 혹시 이 부자 청년처럼 예수님이 우리의 죄를 용서해주시고 우리를 구원해 주시기만을 원하고 있지는 않습니까?

그렇다면 우리는 예수님의 참 제자가 될 수 없습니다. 우리가 그렇게만 바란다면 우리도 부자 청년처럼 이런 저런 사정과 형편 때문에 결국은 예수님을 떠나게 될 것이기 때문입니다.

우리는 사도신경에서 이렇게 고백합니다.

"전능하사 천지를 만드신 하나님 아버지를 내가 믿사오며 그 외아들 우리 주 예수 그리스도를 믿사오니"

예수님은 먼저 우리의 주가 되셔야 합니다. 그리할 때 예수님은 우리의 그리스도가 되시는 것입니다. 예수님은 우리의 주로서 또 하늘과 땅의 모든 권세를 가지신 분으로서 우리에게 무엇을 명령하셨습니까?

예수님의 지상 대명령 속에는 여러 개의 동사가 나옵니다. 그 가운데 주 동사는 '제자를 삼아'입니다. 이것만 명령형으로 기록되어 있습니다. 그 외의 동사들, 곧 '가서'라든지 '세례를 주고'라든지 '가르쳐 지키게 하라'는 동사는 모두 분사형으로 기록되어 있습니다. 이것들은 제자를 삼으라는 명령을 달성하기 위해 요구되는 조건들입니다.

예수님이 우리에게 내리신 지상 명령의 핵심은 "모든 족속으로 제자를 삼아라"는 것입니다. 이것이 바로 교회가 해야 할 본질적인 사명입니다. 물론 교회가 해야 할 사명들은 여러 가지입니다. 교회에서는 예배도 드려야 합니다. 말씀도 가르쳐야 합니다. 사랑의 교제도 이루어져야 합니다. 나눔도 있어야 합니다. 지역을 품고 나아가야 합니다. 그들의 고통과 아픔을 같이 느끼고 동참해야 합니다.

그러나 이러한 사명들은 우리가 하늘나라에 가면 더 잘 완벽하게 이루어질 수 있을 것입니다. 따라서 하나님이 교회를 이 땅에 존재하게 하시고 우리를 하늘나라로 불러 가시지 않고 아직도 이 땅에 남겨 두신 것은 우리가 해야 할 또 다른 사명, 가장 본질적인 사명이 있기 때문입니다.

그것이 바로 모든 족속으로 예수님의 제자를 삼는 복음 전파의 사명인 것입니다. 예수님은 우리에게 '모든' 족속으로 제자를 삼으라고 명령하셨습니다. 왜 그렇습니까? 예수님은 하늘과 땅의 '모든' 권세를 가지신 분이십니다. 따라서 예수님이 아니면 그 어떤 족속이라도 구원을 얻을 수 없습니다.

"다른 이로써는 구원을 받을 수 없나니 천하 사람 중에 구원을 받을 만한 다른 이름을 우리에게 주신 일이 없음이니라 하였더라" (행 4:12)

따라서 복음은 남녀노소를 불문하고, 지위고하를 막론하고 모든 사람에게 전해져야 합니다. 이 세상의 그 어떠한 사람이라도 예수님으로 말미암지 않고서는 구원을 얻을 수 없기 때문입니다. 예수님은 우리들에게 모든 족속으로 '제자를 삼아라'고 명하셨습니다. 제자를 삼는다는 것이 무슨 뜻입니까? 언뜻 생각하면 '제자' 라고 하면 예수님을 처음 믿는 초신자보다는 좀 더 수준이 높은 개념처럼 여겨지기 쉽습니다.

다시 말해서 교회가 실시하는 어떤 특별한 제자훈련이나 양육과정을 거쳐야 예수님의 제자라고 불릴 수 있는 것처럼 여겨집니다. 그러나 이것은 잘못된 생각입니다. 누구든지 회개하고 예수를 믿고 구원을 받으면 그 순간 그는 예수님의 제자가 되는 것입니다.

"예수께서 제자를 삼고 세례를 베푸시는 것이 요한보다 많다 하는 말을 바리새인들이 들은 줄을 주께서 아신지라" (요 4:1)

예수님이 자기를 믿고 따르는 자들을 일정기간 훈련시키시고 난 뒤에 비로소 그들을 예수님의 제자로 삼으신 것이 아닙니다. 누구든지 예수님을 믿고 구원함을 받으면 그는 그 길로 예수님의 제자가 된 것입니다. 초대교회의 사역에서도 우리는 이 사실을 알 수 있습니다.

"또 여러 말로 확증하며 권하여 이르되 너희가 이 패역한 세대에서 구원을 받으라 하니 그 말을 받는 사람들은 세례를 받으매 이 날에 신도의 (제자의) 수가 삼천이나 더하더라" (행 2:40~41)

그들이 특별한 제자훈련을 받고서 예수님의 제자들이 된 것은 아닙니다. 누구든지 믿고 구원함을 받으면 그 시로 예수님의 제자가 되는 것입니다. 따라서 모든 족속으로 제자를 삼으라고 하신 말씀의 뜻은 누구에게든지 복음을 전해서 예수님을 믿고 구원함을 얻게 하라는 뜻입니다.

따라서 본문의 말씀과 같은 내용을 마가복음 16장 15~16절에서는 이렇게 기록하고 있습니다.

누구든지 예수 그리스도 밖에 있다가 예수 그리스도 안으로 들어오면 그 순간 그는 예수님의 제자가 됩니다. 우리는 사도신경을 통해서 우리의 신앙을 고백했습니다.

우리는 예수님을 우리의 주요, 우리의 그리스도로 고백하기 때문에 이미 예수님의 제자가 된 것입니다. 누구든지 예수님의 제자가 되면 그 순간 그에게는 귀중한 사명이 주어집니다. 바로 모든 족속으로 제자를 삼아야 하는 사명입니다. 예수님은 베드로와 그 형제 안드레를 예수님의 제자로 부르시면서 이렇게 말씀하셨습니다.

우리에게는 사람을 낚는 어부로서의 사명, 곧 모든 족속으로 제자를 삼아야 할 사명이 있습니다. 이것이 바로 예수님이 우리를 예수님의 제자로 삼으신 목적이요, 하나님이 우리를 하늘나라로 데리고 가시지 않고 아직도 우리를 이 땅에 남겨 두신 목적입니다. 이것은 하늘과 땅의 모든 권세를 가지신 예수님이 우리에게 말씀하신 지상명령이기 때문에 여기에 우리의 이견이 들어가서는 안 됩니다. 우리는 그저 절대적으로 복종할 따름입니다.

그러면 우리가 모든 족속으로 예수님의 제자를 삼기 위해서 해야 할 일들은 무엇입니까? 예수님은 본문에서 세 가지를 말씀하셨습니다.

"그러므로 너희는 가서 모든 민족으로 제자를 삼아 아버지와 아들과 성령의 이름으로 세례를 베풀고 내가 너희에게 분부한 모든 것을 가르쳐 지키게 하라" (마 28:19~20上)

모든 족속으로 제자를 삼기 위해서 우리가 해야 할 세 가지 사항이 있습니다.

첫째, 가라go입니다.

둘째, 세례를 주라baptize입니다.

셋째, 가르치라teach입니다.

1. "너희는 가서"입니다

가만히 앉아서 오는 사람을 기다리지 말고 한 마리의 잃은 양을 찾아다니는 심정으로 세상 속으로 들어가라는 말씀입니다.

타락한 인간은 자기 스스로 하나님을 찾을 수가 없습니다. 그리고 아담과 하와가 선악과를 먹고서 타락했을 때를 생각해보십시다.

"하나님, 어디 계십니까? 저희가 선악과를 따먹고 죄를 범했습니다. 그러니 어서 오셔서 우리의 죄를 용서해주십시오."

그러면서 그들이 하나님을 찾았습니까? 아닙니다. 정반대였습니다. 아담과 하와는 하나님을 찾지 않고 오히려 하나님의 낯을 피하여 숨었습니다. 하나님이 아담의 이름을 부르시며 그를 찾으신 것입니다.

성경의 마지막 장에 있는 요한계시록 22장 17절입니다.

"성령과 신부가 말씀하시기를 오라 하시는도다 듣는 자도 오라 할 것이요 목마른 자도 올 것이요 또 원하는 자는 값없이 생명수를 받으라 하시더라"

이처럼 처음부터 끝까지 죄인들을 부르시고 찾으시는 분은 언제나 하나님이십니다. 죄인들은 스스로의 힘으로는 하나님을 찾아 나올 수

첫번째 이야기, 교회의 태동

없기 때문입니다. 그래서 하나님은 독생자 예수 그리스도를 이 세상에 보내셨습니다.

또한 예수님은 우리를 세상으로 보내시는 것입니다. 그러므로 우리는 잃어버린 양들을 찾아가야 합니다. 기도로 찾아갑시다. 전화로 찾아갑시다. 편지로 찾아갑시다. 두 발로 찾아갑시다. 이는 하늘과 땅의 모든 권세를 가지신 예수님이 우리에게 명하신 것이기 때문입니다.

2. "아버지와 아들과 성령의 이름으로 세례를 주고"입니다

세례는 예수님과의 연합을 의미합니다.

"무릇 그리스도 예수와 합하여 세례를 받은 우리는 그의 죽으심과 합하여 세례 받은 줄을 알지 못하느냐 그러므로 우리가 그의 죽으심과 합하여 세례를 받음으로 그와 함께 장사되었나니 이는 아버지의 영광으로 말미암아 그리스도를 죽은 자 가운데서 살리심과 같이 우리로 또한 새 생명 가운데서 행하게 하려 함이니라" (롬 6:3~4)

세례를 받은 사람은 예수님의 죽으심과 합하고, 예수님의 장사되심과 합하며, 그리고 예수님의 다시 사심과도 합하게 되는 것입니다. 물론 형편상 세례를 받지 못할 경우도 있습니다.

예를 들면 십자가상의 한 강도를 생각해보겠습니다.

그는 세례를 받지는 못했습니다. 그렇지만 그는 분명히 구원을 받았습니다. 그러나 이런 특별한 경우를 제외하고는 세례를 받아야 합

교회는 지금 치료 중

니다. 이는 하늘과 땅의 모든 권세를 가지신 예수님이 명하신 것이기 때문입니다. 예수님은 이렇게 말씀하셨습니다.

> "누구든지 사람 앞에서 나를 시인하면 나도 하늘에 계신 내 아버지 앞에서 저를 시인할 것이요 누구든지 사람 앞에서 나를 부인하면 나도 하늘에 계신 내 아버지 앞에서 저를 부인하리라"

생각해봅시다. 믿는 형제들 앞에서 자신의 신앙을 고백하며 세례를 받지 않는 사람이 어찌 불신자들 앞에서 자신의 신앙을 담대하게 고백할 수 있겠습니까? 따라서 예수님을 믿는다고 하면서도 세례를 받지 않으면 그의 믿음의 순수성을 의심할 수밖에 없습니다.

세례는 교회가 임의로 제정해서 베푸는 예식이 결코 아닙니다. 하늘과 땅의 모든 권세를 가지신 예수님이 우리에게 명령하셨기에 우리가 그 명령에 순종해서 베푸는 거룩한 예식입니다. 그래서 성경을 보면 복음을 듣고 믿기로 작정한 사람은 그 즉시 세례를 받는 모습을 보게 됩니다.

> "그 말을 받는 사람들은 세례를 받으매 이 날에 신도의 수가 삼천이나 더하더라" (행 2:41)

> "명하여 예수 그리스도의 이름으로 세례를 베풀라 하니라 그들이 베드로에게 며칠 더 머물기를 청하니라" (행 10:48)

세례는 우리 믿음의 외적인 표현입니다. 따라서 예수님을 믿고 따르는 예수님의 제자라면 누구라도 예수님의 명령에 순종해서 세례를 받아야 하는 것입니다.

3. "내가 너희에게 분부한 모든 것을 가르쳐 지키게 하라" 입니다

우리말 성경은 '가르쳐 지키게 하라'고 번역이 되어 있어 '지키게 하라'는 말이 강조되고 있습니다. 그러나 이를 헬라어 원문대로 번역하면 '지키도록 가르치라'입니다. 다시 말해서 '가르치라'는 단어에 강조점이 있다는 뜻입니다.

일찍이 예수님은 요한복음 14장 26절에서 이렇게 말씀하셨습니다.

"보혜사 곧 아버지께서 내 이름으로 보내실 성령 그가 너희에게 모든 것을 가르치고 내가 너희에게 말한 모든 것을 생각나게 하시리라"

예수님이 말씀하신 그대로 성경의 기자들은 성령님의 감동에 따라 예수님이 분부하신 모든 것을 성경에 기록해 놓았습니다.

"모든 성경은 하나님의 감동으로 된 것으로 교훈과 책망과 바르게 함과 의로 교육하기에 유익하니 이는 하나님의 사람으로 온전하게 하며 모든 선한 일을 행할 능력을 갖추게 하려 함이라" (딤후 3:16~17)

우리가 예수님의 뜻에 순종하며 살기 위해서는 먼저 예수님이 우

리에게 분부하신 것이 무엇인지를 분명하게 알아야 할 것입니다. 그 래서 교회는 성령의 감동으로 기록된 성경을 부지런히 가르치며 배우 는 것입니다.

하나님은 아무도 멸망치 않고 모든 사람이 구원에 이르기를 원하 십니다. 하나님은 이를 위해 독생자 예수 그리스도를 이 땅에 보내셨 습니다. 마찬가지로 예수님은 우리를 세상으로 가라고 말씀하셨습니 다. 또 아버지와 아들과 성령의 이름으로 세례를 주라고 말씀하셨습 니다. 그리고 예수님이 우리에게 분부한 모든 것을 지키도록 가르치 라고 말씀하셨습니다.

이 모든 것의 궁극적인 목적은 무엇입니까? 모든 족속으로 제자를 삼기 위한 것입니다. 이것이 바로 교회의 본질적 사명입니다. 그러므 로 이제부터 우리의 모든 시선은 언제나 제자를 삼는 일, 곧 복음을 전 함으로써 영혼을 구원하는 일에 초점이 맞추어져야 할 것입니다.

사랑하는 행복한교회 성도 여러분!

예수님이 우리에게 내리신 지상 명령의 핵심은 '모든 족속으로 제 자를 삼아라' 는 것입니다. 이것이 바로 교회가 해야 할 본질적인 사명 입니다. 예수님은 우리를 세상으로 보내셨습니다. 그러므로 우리는 잃어버린 양들을 찾아가야 합니다. 기도로 찾아가야 합니다. 전화로 찾아가야 합니다. 편지로 찾아가야 합니다. 두 발로 찾아가야 합니다. 이는 하늘과 땅의 모든 권세를 가지신 예수님이 우리에게 명하신 것 이기 때문입니다.

첫번째 이야기, 교회의 태동

그래서 그들에게 세례를 주어 하나님의 자녀로서 믿음으로 살게 해야 합니다. 말씀대로 가르치고 권면해서 그 말씀대로 순종하여 지켜나갈 수 있도록 해야 합니다. 이것이 주님의 명령입니다. 이 명령을 우리에게 주셨습니다. 땅에 묻어 두어서는 안 됩니다. 우리 가슴에 품고 땅 끝까지 달려가야 합니다. 아직까지 주님을 알지 못하는 수많은 영혼들에게 달려가야 합니다. 찾아가야 합니다. 왜냐하면 주님의 명령이기 때문입니다. 이처럼 주님의 거룩한 대 명령을 준행함으로 행복한교회가 교회로서의 사명을 잘 감당할 수 있는 역사가 있기를 바랍니다.

예수님의 약속

"……볼지어다 내가 세상 끝날까지 너희와 항상 함께 있으리라 하시니라" (마 28:20 下)

이것은 예수님의 약속임과 동시에 분명한 사실이기도 합니다. 예수님이 탄생하실 때 주의 사자가 요셉에게 나타나서 무엇이라고 말했습니까?

"보라 처녀가 잉태하여 아들을 낳을 것이요 그의 이름은 임마누엘이라 하리라 하셨으니 이를 번역한즉 하나님이 우리와 함께 계시다 함이라" (마 1:23)

예수님은 임마누엘이십니다. 예수님은 우리와 함께 하시기 위해 이 땅에 오셨습니다. 마태복음 18장 20절에서 예수님은 같은 내용의 말씀을 하셨습니다.

"두세 사람이 내 이름으로 모인 곳에는 나도 그들 중에 있느니라"

예수님은 승천하시기 전에 또다시 같은 내용의 말씀을 하셨습니다.

"볼지어다 내가 세상 끝날까지 너희와 항상 함께 있으리라"

'볼지어다'라는 말은 무엇인가 중요한 말씀이 주어질 때 우리의 주의를 환기시키기 위해 쓰이는 감탄사입니다. 예수님은 우리에게 중요한 말씀을 하시기를 원하시는 것입니다.

예수님의 말씀에서는 '내가'라는 일인칭 대명사가 강조되고 있습니다. 우리가 예수님의 명령에 순종해서 복음을 전할 때 예수님은 어떻게 하십니까? 하늘 보좌에 앉으신 채로 가만히 지켜보고만 계십니까? 그렇지 않으면 천사 가운데 하나를 우리에게 붙여주십니까? 아닙니다. 사망의 권세를 깨치시고 부활하신 예수님! 하늘과 땅의 모든 권세를 가지신 예수님! 세세토록 영광과 존귀를 받으실 예수님은 우리와 함께하십니다.

사실 우리가 우리 자신의 힘만으로 모든 족속으로 제자를 삼아야 한다면 우리는 매우 곤혹스러울 것입니다. 우리의 연약함을 우리는 너무나도 잘 알기 때문입니다. 그러나 하늘과 땅의 모든 권세를 가지신 예수님이 우리와 함께하시며 친히 역사하십니다. 그래서 예루살렘에서 시작된 복음은 온 유대와 사마리아를 거쳐 이제는 땅 끝까지 전파가 될 수 있었던 것입니다.

예수님은 '세상 끝날까지' 우리와 함께하시겠다고 말씀하셨습니다. 그날은 예수님이 구름을 타시고 영광 가운데 다시 오시는 날입니다. 옛 하늘과 옛 땅은 사라지고 새 하늘과 새 땅이 도래하는 날입니다. 그날까지 예수님은 예수님의 모든 제자들과 함께 계십니다.

갈릴리에서 부활하신 예수님을 뵈옵고 경배했던 오백여 제자들은 이미 다 세상을 떠났습니다. 물론 예수님은 그들과도 함께하셨습니다. 뿐만 아니라 예수님은 그 뒤에도 예수님을 믿고 따르며 예수님의 말씀에 순종하는 모든 제자들과도 함께하셨습니다.

예수님은 지금 우리와 함께하십니다. 그리고 예수님은 앞으로도 세상 끝 날까지 예수님의 명령에 순종해서 복음을 전하는 이들과 함께하시는 것입니다. 예수님은 우리와 '항상' 함께 있으리라고 말씀하셨습니다. 예수님은 언제나 우리 곁에 계셔서 우리를 지키시고 우리를 통해서 아름다운 전도의 열매가 맺히도록 역사하십니다.

미국의 유명한 부흥사였던 'D. L. 무디'는 대규모의 전도 집회를 통해서 수십 만 명을 예수님의 제자로 삼은 사람으로 잘 알려져 있습니다. 그러나 그는 개인적으로 전도하는 일에도 소홀함이 없었습니다. 그는 하루에 한 사람에게 반드시 복음을 전한다는 목표를 세웠습니다.

그러던 어느 날 그는 이런저런 일을 하느라고 아무에게도 전도하지를 못했습니다. 그날 밤 그는 잠자리에 들었지만 그날 해야 할 책임을 완수하지 못했다는 자책감 때문에 잠이 오지를 않았습니다. 그래서 무디는 다시 옷을 입고 거리로 나갔습니다.

그는 밤중에 길거리에 서서 전도해야 할 대상자를 찾고 있었습니다. 그때 누군가 그의 앞으로 어슬렁거리면서 다가왔습니다. 그의 입에서는 술 냄새가 역하게 풍겨왔습니다. 그는 술주정꾼이었습니다. 무디는 그에게 복음을 전해야겠다고 생각을 하면서 조심스럽게 물었습니다.

"당신은 예수님을 아시나요?"

그러자 그 술주정꾼은 무턱대고 화를 내면서 시비를 걸려고 했습니다. 무디는 어쩔 수 없이 쫓기다시피 집으로 되돌아왔습니다. 그로부터 약 3개월 정도가 흘렀습니다. 누군가가 문을 두드렸습니다. 무디가 나가보니 예전의 그 술주정꾼이었습니다. 그 술주정꾼은 이렇게 고백했습니다.

"그날 밤 선생님이 제게 예수님을 아느냐고 물으셨지요? 제가 그 당시에는 술에 취해서 무턱대고 화를 내었습니다. 그러나 그때부터 그 말이 내 귓전에서 계속 맴돌며 떠나지를 않았습니다. 선생님 제가 어떻게 하면 예수님을 믿을 수 있습니까?"

무디는 그에게 복음을 전하면서 그를 교회로 인도했습니다. 우리는 예수님의 말씀에 순종해서 복음의 씨를 뿌리기만 하면 됩니다. 그러면 그 나머지는 예수님이 우리와 함께하시면서 역사하시는 것입니다. 우리 앞에 어떤 불신자가 있습니다. 그는 분명 우리가 전도해야 할 대상입니다. 우리는 이러한 마음으로 전도할 수 있을 것입니다.

"오 주님! 주님은 하늘과 땅의 모든 권세를 가지고 계십니다. 지금 저는 주님의 명령에 순종해서 이 분에게 복음을 전하려고 합니다. 제가 이 분에 대해 관심을 기울이는 것보다 주님이 이 분을 더 사랑하시지 않습니까? 저는 단지 주님의 도구로 쓰일 뿐입니다. 그러하오니 하늘과 땅의 모든 권세를 가지신 주께서 이 분의 마음을 여시고 이 분을 감동시켜서 믿음으로 구원을 받게 하시옵소서."

사랑하는 행복한교회 성도 여러분!

예수님은 우리에게 약속하셨습니다. 우리와 항상 함께 있겠다고 말씀하셨습니다. 항상 우리와 동행하신다고 말씀하셨습니다. 항상 우리를 지켜주신다고 말씀하셨습니다. 이처럼 예수님은 지금도 살아 계셔서 우리와 함께하시기 때문에 우리를 통해서 반드시 아름답고도 풍성한 전도의 열매를 맺게 하실 것입니다. 이 은혜가 우리 모두에게 있기를 바랍니다. 그리하여 우리를 통해서 믿고 구원을 받는 자의 수가 날마다 더해가기를 바랍니다. 특별히 올 한해에는 한 사람이 한 영혼씩 전도해서 우리 모두가 하나님께 큰 영광을 돌릴 수 있기를 바랍니다.

사랑하는 행복한교회 성도 여러분!

교회의 사명이 무엇입니까? 혹시 이 시간 행복한교회가 해야 할 본질적인 사명을 잊어버리고 있지는 않습니까? 교회의 본질적 사명은 잃어버린 영혼을 찾아 구원하는 일, 곧 전도하는 일임을 잊지 맙시다.

이것이 바로 교회가 이 땅에 존재하는 목적입니다. 전도하는 일, 영혼을 구원하는 일에 충실할 수 있는 우리 모두가 되기를 바랍니다.

이 거룩한 사명은 주님이 우리에게 위탁한 권세로 하는 것입니다. 주님의 명령입니다. 그 명령에 우리는 절대적으로 순종해야 합니다. 어떤 세력도 막을 수 없습니다. 방해할 수 없습니다. 그 누구도 거부할 수 없습니다. 부정할 수 없습니다. 그 명령에 절대적으로 순종해야 합니다. 그 명령은 무엇이었습니까? 영혼을 살리는 것입니다. 죽어가는 영혼들을 찾아가서 건져내는 것입니다. 살려내는 것입니다. 교회가 존재하는 목적은 영혼을 구원하는 것입니다.

교회의 존재 목적과 사명은 죄로 말미암아 죽어가는 영혼들을 건져내는 것입니다. 방황하는 영혼들에게 진리의 길을 제시하는 곳입니다. 하나님의 말씀을 선포하는 곳입니다. 이처럼 교회의 사명을 깨달아 영혼을 건져내는 이 거룩한 사명에 동참함으로써 아직도 주님을 알지 못하는 수많은 영혼들을 구원해내는 역사가 있어야 합니다.

이처럼 예수님이 우리에게 내리신 지상 명령의 핵심은 "모든 족속으로 제자를 삼아라"는 것입니다. 이것이 바로 교회가 해야 할 본질적인 사명입니다. 예수님은 우리를 세상으로 보내셨습니다.

그러므로 우리는 잃어버린 양들을 찾아가야 합니다. 기도로 찾아가야 합니다. 전화로 찾아가야 합니다. 편지로 찾아가야 합니다. 두 발로 찾아가야 합니다. 이는 하늘과 땅의 모든 권세를 가지신 예수님이 우리에게 명하신 것이기 때문입니다. 그래서 그들에게 세례를 주어 하나님의 자녀로서 믿음으로 살게 해야 합니다. 말씀대로 가르치고 권면해서 그 말씀대로 순종하여 지켜나갈 수 있도록 해야 합니다.

이것이 주님의 명령입니다. 이 명령을 우리에게 주셨습니다. 땅에 묻어 두어서는 안 됩니다. 우리 가슴에 품고 땅 끝까지 달려가야 합니다. 아직까지 주님을 알지 못하는 수많은 영혼들에게 달려가야 합니다. 찾아가야 합니다. 왜냐하면 주님의 명령이기 때문입니다. 이처럼 주님의 거룩한 대 명령을 준행함으로 행복한교회가 교회로서의 사명을 잘 감당할 수 있는 역사가 있기를 바랍니다.

예수님은 우리에게 약속하셨습니다. 우리와 항상 함께 있겠다고 말씀하셨습니다. 항상 우리와 동행하신다고 말씀하셨습니다. 항상 우리를 지켜주신다고 말씀하셨습니다. 이처럼 예수님은 지금도 살아 계셔서 우리와 함께하시기 때문에 우리를 통해서 반드시 아름답고도 풍성한 전도의 열매를 맺게 하실 것입니다. 이 은혜가 우리 모두에게 있기를 바랍니다. 그래서 우리를 통해서 믿고 구원을 받는 자의 수가 날마다 늘어나는 역사가 있는 행복한교회가 되기를 바랍니다.

교회는
세상의 소망

"그러나 너희는 택하신 족속이요 왕 같은 제사장들이요 거룩한 나라요 그의 소유가 된 백성이니 이는 너희를 어두운 데서 불러 내어 그의 기이한 빛에 들어가게 하신 이의 아름다운 덕을 선포하게 하려 하심이라" (벧전 2:9)

이 세상에서 가장 어리석은 결정은 포기하기로 하는 것입니다. 공부와 진학을 포기하는 학생은 절망입니다. 사업을 포기하는 기업인은 절망입니다. 결혼이나 가정을 포기하는 부부도 절망입니다. 아버지이기를 포기하거나 자식이기를 포기하는 가족들은 절망입니다. 믿음이나 사랑을 포기하는 사람들도 있습니다. 하나님을 포기합니다. 구원을 포기합니다. 은혜 받기를 포기하는 그리스도인들을 유혹하는 사탄의 치명적인 공격력은 절망입니다.

절망은 가장 무서운 전염병입니다. 염려하고 걱정한다고 해서 되는 일은 아무것도 없습니다. 소망은 힘을 주고 단결시키며 가진 능력을 몇 배로 증가시킵니다. 소망이란 앞으로 달려가는 것이지 뒤를 돌아보며 달려가는 것이 아닙니다.

좋은 강철을 만들려면 뜨거운 용광로의 공정을 거쳐야 합니다. 좋

첫번째 이야기, **교회의 태동**

은 포도주가 되기 위하여 포도송이들은 여지없이 짓밟혀야 합니다. 좋은 강철이 된다는 희망을 가질 때 용광로는 두려운 대상이 아닙니다. 좋은 포도주가 된다는 희망이 확실할 때 보기 좋은 포도송이가 부서지는 것에서도 의미를 찾게 됩니다. 소망은 모든 고통을 이깁니다. 그래서 어두움을 광명이 되게 합니다. 기독교에서는 이것을 부활의 신앙이라고 말합니다.

날마다 낳고 죽고 결혼하고 헤어지고 먹고 싸우고 세상은 그렇게 흘러갑니다. 따라서 여기에만 붙들려 사는 사람은 머지않아 자기 인생이 송두리째 흔들리고 있음을 깨닫게 될 것입니다. 흔들리지 않는 나라에 사는 사람은 멀리 내다보고 넓게 바라봅니다. 적어도 백년쯤은 내다보고 삽니다. 내일 이사할지라도 오늘 한 그루의 사과나무를 심는 자세가 꿈을 갖는 삶의 원칙입니다. 이러한 하나님의 나라의 원칙이 인류 복지의 열매를 맺게 합니다.

오늘날 많은 사람들은 큰 어려움과 고난이 오면 직면하지 않고 피하려고 합니다. 신앙생활과 결혼 생활, 그리고 직장생활 심지어 자신의 생명을 너무 쉽게 포기하고 좌절하며 절망합니다.

'슈바이처Albert Schweitzer' 박사는 "성공의 비결은 전 생애를 통해서 소망을 잃지 않는 데에 있다"고 했습니다. 절망하지 않고 반드시 소망이 이루어질 것을 믿고 끝까지 소망을 붙든 사람은 성공합니다. 그러나 도중에 소망을 놓친 사람은 실패한다는 것입니다.

프랑스의 수학자요 사상가인 '파스칼'은 선천적으로 허약한 몸과 과도한 연구로 건강을 잃었습니다. 그는 종종 심한 복통과 두통이 있었고 결핵성 복막염 환자였습니다. 파스칼의 39년 인생 중 건강을 제대로 유지한 것은 2년에 불과했습니다. 그럼에도 불구하고 그는 세계적인 과학자요 수학자요 사상가가 되었습니다. 그는 절망적인 상황에서도 낙담하지 않았기 때문입니다.

"내가 찾고 구하는 것은 하나님뿐입니다. 육체의 병이 영혼의 약이 되었습니다. 내가 아는 지식은 단 하나입니다. 그것은 주님을 따르는 것은 선이요, 주님을 거역하는 것은 악입니다"라고 파스칼은 말했습니다.

파스칼은 건강이 극도로 악화된 상태에서 생각이 떠오를 때면 메모를 해두었는데 그는 5년간 924개의 주옥같은 짧은 글을 남겼고, 이것이 바로 그 유명한 《팡세》입니다.

성경에 나오는 하나님의 사람들은 고난과 절망의 상황 중에 소망을 환경이나 사람에게 두지 않고 하나님께 둔 사람들입니다. 소망을 어디에 두느냐에 따라 인생의 방향과 질이 달라집니다. 여러분은 어디에다가 소망을 두고 사십니까?

소망이 필요한 시대

초대교회의 지도자 중 가장 중요한 인물은 베드로와 요한과 바울을 들 수 있습니다. 사람들은 사도 바울을 가리켜 특별히 '믿음의 사도'라고 합니다. 그리고 사도 요한을 '사랑의 사도'라고 합니다. 또 베드로는 '소망의 사도'라고 합니다.

이 시대는 소망이 필요한 시대입니다. 풍요로움이 있지만 꿈을 잃어가는 사람들이 많아졌습니다. 사람들은 당장 눈앞에 보이는 것들에 집착하기 때문에 소망에 가치를 두지 않습니다. 소망이 없으면 사람들은 현실에 집착하게 됩니다. 그래서 쾌락에 빠져듭니다. 육신의 욕망에 빠져듭니다.

하나님께서 우리에게 주신 가장 큰 복 중 하나가 소망입니다. 믿는 자에게 참 소망이야말로 고난을 이기는 용기와 힘의 근원이 됩니다.

'단테'는 작품《신곡》에서 '이곳에서는 일체 희망을 버려라'는 말로 지옥을 표현합니다. 희망이 없는 삶이야말로 바로 지옥입니다. 지옥 같은 삶은 고난이 있는 삶이 아니라 소망이 없는 삶입니다. 고난 가운데서도 소망을 잃지 않고 믿음으로 나아가면 고난은 우리를 절대로 무너뜨릴 수 없습니다.

고난 자체가 우리를 무너뜨리는 것이 아닙니다. 고난이 닥쳐왔을 때 절망이 우리를 무너뜨리고 마는 것입니다. 우리가 절망하는 것은 악한 세력에게 패배하는 것입니다.

필요한 것은 돈과 명예가 아니라 내일입니다. 내일! 즉 그것은 미래의 문제요, 소망의 문제입니다. 인간은 그가 아는 만큼 사는 것이 아닙니다. 인간은 그가 가진 만큼 사는 것도 아닙니다. 인간은 그가 바라는 만큼 사는 것입니다. 얼마나 아느냐, 얼마나 가졌느냐에 행복이 걸려 있는 것이 아닙니다. 그가 얼마나 소망을 가지고 있느냐에 따라서 행복은 좌우되는 것입니다. 어떠한 소망을 지니고 사느냐에 따라서 행복은 좌우되는 것입니다.

예수님께서는 "너희는 세상의 소금이라 너희는 세상의 빛이라"라고 말씀하셨습니다. 이 말씀은 참으로 깊고 풍부한 의미를 지니고 있으며 두고두고 성찰의 대상으로 삼아야 합니다. '이 세상의 소망으로서의 교회의 사명'을 잘 표현하는 말씀임에 틀림이 없을 것입니다. 오늘날 이 사회에서 교회가 세상의 소망이라고 자신 있게 외칠 수 있을지는 매우 의심스럽게 되었음을 인정해야 할 것 같습니다.

그럼에도 불구하고 주님으로부터 교회에 주어진 이 세상의 소망이 되어야 할 사명은 취소되지 않았고 변경될 수도 없는 것입니다. 더구나 갈수록 더 부패하고 암울해가는 이 세상에서 소금과 빛으로서의 교회의 사명은 더욱 절실해질 수밖에 없는 것입니다.

교회는 이 세상으로부터 불러내심을 받고 다시 이 세상 속으로 보내심을 받는 하나님의 백성을 가리키는 말입니다. 이 세상 속으로 소망의 메시지를 안고 보내심을 받으며 이 세상 가운데 흩어져 소망을 잃은 심령들에게 소망의 불을 지펴야 하는 것이 교회입니다.

사랑하는 행복한교회 성도 여러분!

요즈음 급변하는 세상으로 인해 이 땅의 백성은 많이 절망하고 크게 불안해하며 깊이 상심하고 있습니다. 이제 교회가 이 세상에 소망을 주는 교회로 거듭나 이 사회로부터 잃어버린 신뢰와 사랑과 존경을 되찾는 계기가 되어야 할 것입니다.

첫번째 이야기, 교회의 태동

소망은 절망해서는 안 된다는 언어

소망이라는 말은 사람들의 마음을 설레게 합니다. 아직 절망해서는 안 된다는 표지로 준 생명의 언어이기 때문입니다. 그래서 이 소망은 절망적인 삶의 정황을 넘어서는 새로운 현실과 미래를 기대하게 합니다. 그렇다면 이 현실에 의미를 심어주며 다가올 미래가 확실하게 기대하며 기다릴 수 있는 것인지를 누가 그리고 어떻게 보증합니까?

우리의 현실과 미래가 우연을 넘어선 필연적인 것임을 보여주기 위해서는 이를 보증해주는 누군가의 말씀이 필요합니다. 사람의 언어에도 현실을 넘어설 미래를 향한 기대와 희망이 있습니다. 그러나 인간의 언어로 만들어진 약속은 곧 인간의 연약함과 허무함처럼 그냥 무너집니다. 인간은 단지 피조물이며 한정된 시간에 머무르는 존재에 불과하기 때문입니다.

따라서 우리의 현실이 새로운 의미로 부딪쳐 오며 미래까지 연결해줄 그 무엇인가가 필요합니다. 그것은 다름 아닌 믿음의 사람들에게 주는 하나님의 말씀입니다.

하나님의 말씀은 우리에게 약속으로 주어지며 그 약속은 단지 미래에 있을 수도 있는 희망사항이 아닙니다. 미래를 오늘이라는 현실속에서 여는 하나님의 사건으로 다가옵니다. 이 약속은 세상을 도피하기보다는 세상을 넘어서서 새로운 미래를 소망하며 오늘의 현실을 하나님의 사건으로 창출합니다. 우리의 주님이신 예수 그리스도가 말씀하시고 약속하신 분이기 때문입니다.

　세상의 소망은 예수 그리스도입니다. 왜 교회가 세상의 소망일까요? 교회가 세상의 소망인 것은 교회가 바로 세상의 소망이신 예수 그리스도의 몸이고, 예수 그리스도의 지상적 현존이기 때문입니다. 또한 교회만이 세상을 살리는 예수 그리스도의 복음을 갖고 있기 때문입니다.

　또한 예수 그리스도께서 건설하기 원하셨던 하나님 나라의 선취적 공동체이기 때문입니다. 예수가 없는 공동체는 소망이 없습니다. 예수가 없는 교회는 소망이 없습니다. 예수가 없는 가정은 소망이 없습니다. 왜냐하면 예수님이 소망이시기 때문입니다. 그래서 교회는 예수님으로 말미암아 소망의 빛을 드러내야 합니다. 그러므로 행복한교회는 이 땅의 소망인 줄로 믿습니다.

　사랑하는 행복한교회 성도 여러분!
　소망은 절망을 이기는 힘입니다. 교회가 소망이 있어야 합니다. 공동체가 소망이 있어야 합니다. 우리의 소망은 예수 그리스도이십니다. 교회만이 세상을 살리는 예수 그리스도의 복음을 갖고 있습니다. 소망이 있으면 절망은 사라집니다.

복음을 전하는 교회

교회는 예수 그리스도의 복음을 선포하는 공동체입니다. 예수 그리스도를 고백하고, 증언하고, 그분의 복음을 선포하지 않는 공동체는 교회가 아닙니다. 세상 속에서 교회만이 가지고 있는 가장 존귀한 교회의 사명은 예수 그리스도를 증거하고, 예수 그리스도의 복음을 선포하는 것입니다.

예수 그리스도를 증거하고 예수 그리스도의 복음을 선포하는 것은 세상에 빛을 밝히는 것입니다. 세상에 소망을 주는 가장 결정적인 교회의 행위입니다. 왜냐하면 세상의 소망과 세상의 생명은 오직 예수 그리스도 안에만 있기 때문입니다. 예수 그리스도의 복음 선포와 운명적으로 깊이 묶여 있기 때문입니다.

예수 그리스도의 복음을 선포한다는 것은 인간과 세상이 예수 그리스도 없이는 비참하고 망할 수밖에 없습니다. 예수 그리스도 안에서는 다시 살 수 있고 희망을 얻을 수 있습니다. 기쁨과 생명의 세계가 열린다는 것을 선포하는 것입니다.

예수 그리스도의 복음을 선포한다는 것은 하나님께서 우리 편이심을 선포하는 것입니다. 우리와 함께 계시고 우리에게 생명과 기쁨과 희망의 미래를 여시는 분이심을 선포하는 것입니다. 세상의 기쁨은 기쁨의 근원이신 예수 그리스도로부터 옵니다. 세상의 구원은 흔들리지 않는 반석이요, 산성이신 하나님으로부터 옵니다.

사랑하는 행복한교회 성도 여러분!

교회의 목적은 하나님의 나라에 대한 봉사입니다. 교회는 하나님의 나라를 건설하고 성장시키기 위해 존재합니다. 예수께서 전하신 복음의 핵심도 하나님의 나라였습니다. 이처럼 복음을 전하는 교회가 소망이 있습니다. 세상에는 소망이 없습니다. 세상에는 절망만 있습니다. 그러나 소망이신 예수님이 계시는 교회는 소망이 있습니다. 복음이 소망입니다. 따라서 복음을 전해야만 합니다.

교회의 과제

교회가 세상 속에 행해야 할 세상적 책임 첫 번째는 가난한 이웃에 대해 책임을 지는 것입니다. 성경이 말하고 있는 이웃 사랑은 가난하고 소외된 이웃을 사랑하는 데서부터 출발합니다. 가난하고 소외된 이웃을 사랑하는 것은 이웃 사랑이 참으로 실현되고 있는가를 판단하는 시금석입니다. 잘 살고 화려하고 아름다운 사람끼리 사랑하는 것은 이방인들도 할 수 있는 사랑입니다.

하나님의 백성인 교회는 자기들끼리 사랑하고 문안하는 이방인들의 사랑의 차원을 넘어야 합니다. 가난하고 소외된 이웃을 사랑하고 이들에 대해 책임을 져야 합니다. 가난한 자와 소외된 자를 살리는 기쁨이 없는 교회는 참 교회가 아닙니다. 하나님께서 원하시는 사랑의 공동체는 이 나눔의 정신이 참으로 구현될 때 이루어질 수 있을 것입니다.

세상을 살리는 교회의 기도

교회가 세상의 소망인 이유는 교회가 세상을 살리는 예수 그리스도의 복음을 선포하기 때문입니다. 그리고 하나님 나라를 세우는 일꾼을 길러내기 때문입니다. 세상 속에서 악과 어두움을 몰아내면서 하나님 나라를 세우는 일을 하는 것 외에도 교회가 세상을 살리기 위해 기도하는 공동체라는 점이 강조되어야 합니다.

교회가 국가를 위해 할 수 있는 가장 큰 봉사는 국가를 위해 기도하는 것이라고 가르쳤습니다. 국가가 무신적 사상에 사로잡히고 흑암의 힘에 의해 지배당해 악마적 국가가 되는 것을 방지하는 가장 큰 힘은 국가를 향한 교회의 끊임없는 기도입니다. 기도는 역사를 바꾸고 민족의 운명을 바꿉니다.

교회는 세상을 살리는 것이 기도라는 것을 유념하고 깨어 기도하는 공동체로 세상 속에 존재해야 합니다. 세계적으로 일어나는 테러와 전쟁을 위해 교회는 기도해야 합니다. 환경의 재난으로 죽어가는 이 땅을 바라보며 교회는 기도해야 합니다. 경제위기와 마약과 수많은 악으로 어두워져 가는 이 땅을 바라보며 교회는 기도해야 합니다.

세계의 생명과 지구의 생명이 크게 위협당하는 21세기에 교회가 참으로 세상의 빛과 소망으로 존재하려면 교회의 깨어 있는 기도는 절대적입니다. 세상 속에 기도하는 교회가 있다는 것이 세상의 빛이요, 소망인 것입니다.

교회는 세상을 살리기 위해 존재하는 공동체입니다. 교회가 세상

교회는 지금 치료 중

을 살리기 위해서는 먼저, 교회는 예수 그리스도의 복음을 선포해야 합니다. 세상은 예수 그리스도 없이는 망할 수밖에 없습니다. 세상을 살리시는 분은 인간이 아니고 하나님이십니다. 예수 그리스도 안에 계시된 자비의 하나님만이 세상을 살릴 수 있습니다.

우리말 중에 '어제'와 '오늘'과 '내일'이라는 말이 있습니다. 자세히 살펴보면 어제와 오늘은 우리말인데 반하여 내일來日은 한자어입니다. 來日에 해당하는 우리말이 없어진 셈입니다. 기독교의 중심 개념에 믿음, 사랑, 소망이라는 것이 있습니다. 이 개념 중에서도 믿음이나 사랑은 우리말인데 반하여 소망所望은 한자어입니다. 所望에 해당하는 우리말이 실종되어 버렸습니다. 우리는 설상가상으로 내일未來과 더불어 소망所望도 없는 상태인 것입니다. '내일'이 없고 '소망'도 없는 민족! 생각만 해도 소름이 끼치는 일이라고 생각합니다.

정치판에 내일이 보이지 않습니다. 경제의 앞날에 내일은 불투명합니다. 교육계에 스승과 제자의 질서가 사라진 지 이미 오래입니다. 이 사회에 내일이 없고 이 땅에 사는 자부심도 없습니다. 농촌에도 내일이 없습니다. 도시에도 살벌한 생존경쟁에서 낙오된 자의 신음소리가 들립니다. 우리나라의 이혼율이 드디어 세계 1위에 올라섰다는 소식은 우리를 우울하게 만듭니다. 자살율도 덩달아 오르며 이 또한 세계 최고를 육박하고 있습니다. 자식이 부모를 살해하고 아동학대가 심각한 상태에 와 있습니다. 우리의 내일未來은 어디에서 찾아야 하겠습니까?

이제 이 민족이 마지막으로 기대를 걸어야 할 곳은 교회입니다. 교회는 이 세상의 마지막 소망이 되어야 합니다. 교회가 소망을 잃어버리면 이 민족의 앞날은 암담하기만 합니다. 지금 기독교는 재력도 있습니다. 인력도 있습니다. 좋은 아이디어도 있습니다. 훌륭한 지도자도 많이 있습니다. 모든 힘을 결집하여 내일이 없는 사회를 향하여 내일의 꿈을 심어주고, 소망을 상실한 인간들에게 그리스도 안의 소망을 소개해야 합니다.

그러나 "이 민족과 사회에 교회는 소망을 줄 수 있는가?" 하는 물음에 자신 있게 답할 수 없음을 안타깝게 생각합니다. 우리의 교회는 현 상황에서 무엇이 잘못되었는가에 대한 반성을 해야 하며, 새로운 각오로 교회 본연의 모습으로 돌아와 세상의 소망이 되어야 합니다.

머리 위에 덮인 구름이 아무리 검고, 부는 바람이 아무리 억세어도 십자가를 바라보고 승리의 날을 바라볼 수 있기를 바랍니다. 나의 인생이 아무리 짧아 보이고 허무해 보여도 자포자기 하지 말아야 합니다. 아무렇게나 달려가지 말아야 합니다. 사는 것이 고생스럽고 이루어지는 성과가 너무 적어도 낙심하지 말아야 합니다. 결코 포기하지 말아야 합니다. 내 육체가 시들어 가고 죽는 날이 가까워 옴을 실감할지라도 흔들리지 말아야 합니다. 변하지 말아야 합니다. 훈장을 달고 싶고 갈채를 듣고 싶어도 조금만 참고 말없이 걸어가신 예수님을 바라보시기 바랍니다. 활동무대가 좁게 느껴지고 숨이 막히며 속한 땅이 비록 자갈밭이라 할지라라도 움츠리지 맙시다. 불평하지 마시기 바랍니다.

기독교의 소망이란 무엇입니까? 그것은 바라보는 것이 아니고 부딪히는 것입니다. 모세가 홍해에 부딪쳤습니다. 소년 다윗이 골리앗에 부딪쳤습니다. 예수님께서 십자가에 부딪쳤습니다. 아브라함이 광야에 도전하는 것은 절망적인 몸부림이 아닙니다. 그것은 확실한 소망을 가졌기 때문입니다. 성경은 이것을 믿음이라고 부릅니다. 믿음은 불꽃같이 고요한 소망입니다.

우리는 자녀 때문에 낙심합니다. 생활 수입이 적다고 낙심합니다. 직장을 잃었다고 사업에 실패했다고 소망을 잃고 절망하며 산다면 그 절망이 죄가 된다는 것입니다. 낙심하고 절망하는 것은 하나님의 살아 계심을 믿지 않는 것입니다. 하나님의 능력과 은혜와 사랑을 깨닫지 못하는 것입니다. 그것은 하나님께 소망을 두지 않기 때문입니다.

"악인은 그의 환난에 엎드러져도 의인은 그의 죽음에도 소망이 있느니라"(잠 14:32)

언제나 주께 소망을 두고 주님과 함께 살아가십시오. 우리의 삶에 은총과 사랑으로 하나님께서 함께하실 것입니다. 언제나 주께 소망을 두고 주님만을 바라보십시오. 우리의 어려움과 환난을 이길 수 있는 힘을 하나님께서 주실 것입니다. 언제나 주께 소망을 두고 주님과 같이 걸어가십시오. 우리의 길을 진리로 하나님께서 인도하실 것입니다. 생명으로 하나님께서 인도하실 것입니다. 의로 하나님께서 인도하실 것입니다.

언제나 주께 소망을 두고 주님을 찬양하십시오. 우리의 마음에 위로와 평화와 기쁨이 충만하게 하실 것입니다. 언제나 주께 소망을 두고 주님께 기도하십시오. 하나님께서 우리 삶의 사막에 강을 내실 것입니다. 하나님께서 반석에서 물을 내실 것입니다. 언제나 소망을 주께 두고 주님을 전하십시오. 우리의 영혼에 생명의 충만한 능력이 흘러나오게 하실 것입니다. 주님은 신실하심으로 지금까지 여기까지 우리를 이끄셨습니다.

사랑하는 행복한교회 성도 여러분!

이제 한국의 교회는 말씀에 굳게 서서 민족과 운명을 함께하며 하나님께 영광을 돌리는 새 역사를 만들어 나가야 하겠습니다. 교회는 말씀하시는 대로 택함 받은 족속입니다. 왕 같은 제사장입니다. 거룩한 나라입니다. 그의 백성입니다.

그러므로 교회는 사회보다 더 정의로워야 합니다. 더 정직해야 합니다. 더 깨끗해야 합니다. 교회는 돈에 눈이 멀어서도 안 됩니다. 권력에 아부해서도 안 됩니다. 오히려 어두운 세상을 밝히는 등불이어야 하고 부패한 것을 치유하는 소금이어야 합니다. 이기적인 사랑이 많은 이 세상에서 참된 주님의 사랑을 실천하고 본을 보여야 하겠습니다. 말씀대로 우리의 착한 행실이 하나님의 영광을 드러내는 결과를 가져와야 하겠습니다.

이렇게 할 때 교회 안의 모든 부정적인 요소들이 자취를 감추게 될 것입니다. 세상을 향하여서는 예전의 종교적 권위를 되찾을 수 있을 것입니다.

교회는 지금 치료 중

그리하여 민족이 교회를 다시 신뢰하고 의지하며, 교회는 민족을 사랑하고 바르게 인도하는 길잡이가 될 것입니다. 교회를 통하여 민족지도자들이 배출되며 민족지도자들이 교회를 어머니로 생각하는 교회 본연의 모습을 되찾기 위하여 함께 기도하며 뜻을 모을 수 있기를 간절히 소원합니다.

새 성전을 지으리라

오늘날 사람들이 가장 민감하게 반응하는 문제는 물가입니다. 아무리 정치를 잘하는 정치인이라고 하더라도 물가가 뛰기 시작하면 마음이 불안해집니다. 그 이유는 물가가 국민 생활의 기초이기 때문입니다. 이 기초가 흔들려 버리면 어떤 정부도 국민의 지지를 얻을 수 없습니다.

마찬가지로 신앙을 제대로 가진 사람들에게 있어서 가장 민감한 문제는 교회관입니다. 교회가 바로 서고 있느냐? 잘못되고 있느냐? 하는 것입니다. 만약 교회가 어지럽고 부패하면 마음이 불안해집니다.

그리고 타락한 사상이 교회를 오염시키고 있으면 마음이 불안해집니다. 진정한 그리스도인은 이런 모습을 보면 불안해집니다. 왜냐하면 자신의 존재 근거가 파괴되고 있다는 것을 알기 때문입니다.

예수님 당시에 진정한 하나님의 백성에게 가장 두려운 문제는 성

교회는 지금 치료 중

전이었습니다. 그 당시 하나님의 성전은 더 이상 더럽혀질 수 없을 정도로 더럽혀져 있었습니다. 대제사장들은 말할 것도 없고 많은 제사장들이 돈을 주고 제사장이 되었습니다.

그리고 헤롯이 유대인들의 환심을 사려는 목적 아래 화려한 성전을 46년에 걸쳐 개축하고 있었습니다. 그러나 헤롯은 다른 이방신을 위해서도 성전을 지어서 바쳤습니다.

그리고 하나님의 성전 안에서는 유월절 특수로 짭짤한 재미를 보고 있었습니다. 유월절이 되면 전 세계에서 백만 명 이상의 유대인들이 성전에 몰려왔습니다. 그들은 성전에서 하나님께 제사를 드렸습니다. 아마도 이것은 로마의 평화가 가져다주는 선물인 것 같습니다.

로마의 평화는 사회적 안정과 여행의 안전을 보장해주었으므로 그동안 꼼짝도 못하던 유대인들이 예루살렘에 몰려들기 시작했습니다. 그 결과 성전 당국에 막대한 이권과 수입을 안겨다주었습니다.

진정한 신앙을 가진 사람들에게는 "과연 하나님의 성전이 이렇게 타락해도 될까?" 하는 두려운 마음이 있었습니다. 하지만 아무도 입을 떼지 못했습니다. 그 이유는 성전을 향하여 저주한 자는 죽음을 면치 못한다는 것을 잘 알고 있었기 때문입니다.

마찬가지로 교회가 타락하면 일반 사람이 어떻게 할 수 없습니다. 교회는 이 세상보다 더 높은 권위를 가지고 있기 때문입니다. 그래서 세상이 교회를 개혁하지 못합니다. 교회 스스로 회개하고 개혁을 하든지 아니면 하나님께서 심판하시든지 둘 중 하나입니다.

예루살렘 성전도 마찬가지였습니다. 가장 높은 권위를 가지고 있었기 때문에 아무도 성전을 향하여 책망이나 저주의 말을 할 수 없었습니다. 이 때 예수님께서는 이제 형성된 얼마 되지 않는 작은 공동체 무리를 이끌고 예루살렘 성전에 올라가셔서 그 성전을 심판하는 모습을 보여주셨습니다. 물론 예수님께서는 성전을 직접 파괴하시지는 않았습니다. 그러나 주님이 보여 주신 행동은 분명히 성전을 심판하시는 모습이었습니다. 예수님께서는 이 거짓된 성전을 헐고 새로운 성전을 세우겠다는 뜻을 분명히 나타내셨습니다.

본문의 말씀을 통해 새 성전의 의미를 바로 알고 바른 예배와 신앙으로 살아가시는 성도님들이 다 되시기를 예수님의 이름으로 축원합니다.

노怒하시는 예수님

예수님께서 성전을 성결케 하신 사건을 마태, 마가, 누가의 공관복음서에서 말씀합니다. 똑같이 그리스도께서 십자가에 죽으시기 위하여 마지막으로 올라가셨던 유월절에 행하신 것으로 기록되어 있습니다.

"유대인의 유월절이 가까운지라 예수님께서 예루살렘으로 올라가셨더니" (요 2:13)

유대인의 유월절에는 많은 유대인들이 각 지방에서 예루살렘으로 모여들었습니다. 유월절은 이스라엘의 오순절, 장막절과 함께 3대 절기의 하나입니다. 이스라엘 민족이 출애굽을 기념하는 일주간의 성대한 제사 기일입니다. 이 절기는 지금 부활절 일주일 전이 해당됩니다.

유월절의 어린 양의 뜻은 무엇입니까? 그 뜻은 출애굽 당시에 애굽에서 장자를 치는 마지막 재앙이 임했을 때입니다. 유월절에 어린 양의 피가 문설주에 발라져 있는 유대인의 집만은 재앙이 넘어갔습니다.

그리고 그 집은 죽음을 면하게 되었던 것입니다. 따라서 유월절에 그리스도께서 예루살렘에 올라가서 성전을 깨끗케 하심은 하나님의 어린 양이신 그리스도의 구원의 그림자였던 것입니다.

"그리스도께서 대답하여 이르시되 너희가 이 성전을 헐라 내가 사흘 동안에 일으키리라" (요 2:19)

본래 성전에는 법궤를 안치했습니다. 그리고 하나님 여호와께 예배와 기도의 집으로 지은 것이었습니다. 그러나 본문의 말씀처럼 변해버렸습니다. 장사의 소굴과 허식으로 충만하게 만들었습니다. 거만과 시기가 가득했습니다. 싸움과 도둑의 소굴이 되고 말았던 것입니다.

이를 본 예수님은 분노할 수밖에 없었던 것입니다. 그래서 예수님은 이 성전을 헐라 사흘 만에 다시 짓겠다고 하셨습니다. 46년 공사가 진행되어도 완성하지 못한 이 성전을 사흘 만에 다시 짓겠다. 이렇게 말씀하신 예수님을 제자들은 이해할 수 없었습니다. 다만 예수님 자신이 성전임을 주께서 십자가에 죽으시고 삼일 만에 부활하신 후에야 이해할 수 있었습니다.

예수님께서는 하나님의 성전으로써 대표된 유대의 성전이 형식주의와 외식의 소굴로 더럽혀짐을 보고 견딜 수 없었습니다. 즉, 예수님께서도 진노와 분노를 참지 못해 채찍을 만들어 성전에서 장사의 무리를 내쫓았습니다. 예수님께서 노하셨던 것입니다. 우리는 보통 예수님은 분노하지 않는다고 생각합니다.

그것은 인간적 사랑과 하나님의 사랑을 혼돈하기 때문입니다. 하나님의 사랑은 진노의 사랑도 포함되는 것입니다. 기독교는 사랑의 종교이므로 예수님은 자비와 사랑, 그리고 인자와 용서 또한 눈물의 구주라고만 생각하는 것이 일반화되어 있습니다.

그러나 기독교는 사랑의 종교임에는 틀림없으나 용서와 사랑과 눈물, 자비와 연민만의 종교가 아닙니다. 예수님께서 약한 듯이 보인 것은 예수님에게서 비상하게 강한 부분이 있기 때문입니다. 예수님의 사랑은 하나님의 사랑입니다. 즉, 하나님의 사랑은 엄격한 사랑입니다. 그리고 강하고 굳은 사랑이기도 합니다.

성경을 읽고서 예수님의 사랑은 연약한 자라고 아는 것은 큰 오해 중의 오해입니다. 예수님은 노했습니다. 예수님은 종종 분노했습니다. 예수님은 처음부터 예루살렘 성전 앞에서 "아버지 집에 장사 집을 만들지 말라"고 책망했습니다.

이 말씀이 마태복음 21장에는 더 강하게 기록되어 있습니다. "하나님의 집에 강도의 굴혈을 만드는도다" 여기 예수님은 결코 힘이 없는 구주가 아니십니다. 실로 여호와의 집을 위한 열심이 예수님을 분노케 하셨던 것입니다. 예수님의 분노하심은 마가복음 3장 5절에도 볼 수 있습니다.

"그들의 마음이 완악함을 보시고 탄식하사 노하심으로 그들을 둘러 보시며 이르시되"

또한 제자들의 믿음 없는 것을 보시고 분노한 것을 우리는 마가복음 9장 19절을 통해 볼 수 있습니다.

"믿음이 없는 세대여 내가 얼마나 너희와 함께 있으며 얼마나 너희에게 참으리요"

예수의 분노함은 수제자 베드로에게도 예외는 아닙니다. 마가복음 8장 33절에 베드로를 향하여 말씀하셨습니다.

"사탄아 내 뒤로 물러가라 네가 하나님의 일을 생각하지 아니하고 도리어 사람의 일을 생각하는도다"

이렇듯 예수님은 많은 경우에 노하셨습니다. 하나님의 성전이 더럽혀지는 것을 보면서 분노하지 않는 것은 잘못입니다. 기독교는 죄를 미워합니다. 하나님은 사랑이십니다. 그러므로 하나님께서는 사랑인 동시에 죄를 불살라 버리십니다. 이처럼 불을 사용하시는 하나님이시라는 것을 우리는 기억해야 합니다.

나훔서 1장 3절의 말씀처럼 벌해야 할 자를 결코 용서하지 않으시는 분이 하나님이십니다. 그러나 신앙을 통해 의롭게 된 자는 용서해 주십니다. 따라서 하나님의 사랑에는 조건이 있다는 사실을 우리는 알 수 있습니다.

예수님께서도 분명히 말씀하셨습니다.

 (눅 12:10)

우리는 죄인을 사랑해야 합니다. 그러나 그들의 죄는 미워해야 합니다. 다시금 그 죄가 자리를 잡지 아니하도록 해야 합니다. 이 예수님의 뜻을 이해하지 못하는 많은 무리들은 오해합니다. 그들에게 죄를 깨우치고 회개를 촉구하면 화를 냅니다. 그리고 '몰인정하다', '무정하다', '무자비하다', '노하는 자'라는 이름으로 비방합니다. 그렇다 하더라도 우리는 죄인을 사랑하되 죄는 미워해야 합니다.

사랑하는 행복한교회 성도 여러분!

예수님의 분노하심에는 분명한 목적이 있었습니다. 하나님의 사랑은 한없이 넓고 깊으십니다. 그러나 죄에 대해서는 단호하게 거절하십니다. 하나님의 성전이 더럽혀지고 타락해졌습니다. 이것을 바라본 우리 예수님은 분노하셨습니다. 예수님은 개혁하시기를 원하셨습니다. 하나님의 성전이 깨끗하기를 원하셨습니다. 이것을 타협하고 반항하는 무리들에게는 가차 없이 분노하셨습니다. 예수님의 분노는 자기감정을 이기지 못해서 나오는 분노가 아닙니다. 예수님의 분노는 의를 위하여 나오는 분노였습니다.

이제 저와 여러분도 그리고 교회도 세속과 타협하지 않아야 합니다. 불의와 함께하지 않아야 합니다. 끊임없는 노력으로 정화해 나아가는 교회가 되어야 합니다. 이런 공동체가 되시기를 예수님의 이름으로 축원합니다.

이 성전을 헐라

유대인들은 예수님이 하신 것을 분명히 보았습니다. 그러나 그들은 예수님이 하나님의 아들이심을 인정치 않고 거부했습니다. 이것을 안 예수님의 입에서는 무시무시한 예언의 말씀을 하십니다.

"예수께서 대답하여 이르시되 너희가 이 성전을 헐라 내가 사흘 동안에 일으키리라" (요 2:19)

이스라엘 백성에게 가장 무서운 예언은 성전 파괴에 대한 예언이었습니다. 그들에게 이것보다 더 듣기 싫고 두려운 예언이 없었습니다. 예수님만 성전 파괴를 예언했던 것은 아닙니다. 미가 선지자가 있었습니다. 예레미야 선지자가 있었습니다. 예레미야 선지자가 성전 파괴를 예언했습니다.

그러자 사람들이 그를 죽이려고 했습니다. 그러나 하나님의 도움으로 가까스로 목숨을 건질 수 있었습니다. 유대인들에게 가장 두려운 것은 성전이 파괴되는 것이었습니다. 그것은 그들이 또 다시 하나님으로부터 버림을 받음을 의미합니다. 그리고 영원히 방황하는 자들이 될 것입니다.

예수님께서는 단순히 성전이 이방 세력에 의하여 파괴될 것이라고 예언하시지 않았습니다. 이번에 성전을 허무는 자들은 이방인들이 아닙니다. 유대인들 자기 자신이라고 하십니다. 그들 스스로 하나님의 성전을 파괴할 것입니다. 예수님께서는 이 파괴된 성전을 사흘 만에 다시 일으켜 세운다는 것입니다.

이것에 대하여 요한은 어떻게 주석을 달고 있습니까?

"그러나 예수는 성전된 자기 육체를 가리켜 말씀하신 것이라" (요 2:21)

물론 유대인들이 눈에 보이는 이 성전을 허물 리는 없을 것입니다. 그러나 그들은 참 성전 되신 예수님의 육체를 파괴시켜 죽음에 이르게 할 것이라는 의미였습니다. 또한 유대인들은 예수님의 육신이 성전인 줄은 모를 수밖에 없습니다.

그들의 대답을 보십시오.

이들은 자기 손으로 부술 것이라는 말은 생각도 하지 않았습니다. 단지 이 으리으리한 성전 자체가 부서질 것이라는 말씀에 조롱을 퍼붓고 있습니다. 46년 동안에 지어진 이 성전이 어떻게 부서져서 사흘 만에 지어질 수 있느냐는 것입니다. 그들은 눈에 보이는 건물만 생각하고 있었습니다. 자기들은 결코 이 성전을 허물지 않을 것이라는 것입니다.

그러나 예수님을 배척한 것이 자기들의 성전을 허문다는 것을 몰랐습니다. 그들은 이제 버림받을 것입니다. 그 이유는 분명하게 눈앞에 나타난 하나님의 말씀을 거부했기 때문입니다. 말씀대로 나타나신 하나님의 아들을 영접하지 않았기 때문입니다. 그들은 더 이상 하나님 앞에 서 있을 수 없습니다. 이제 이들은 그 자리에서 쫓겨날 것입니다. 그들이 그렇게 자랑하던 건물도 아무 쓸모없이 되고 말 것입니다.

그들의 말에는 '네가'라는 말이 강조되어 있습니다. "어떻게 네가 짓 것이"라는 뜻입니다. "네가 아무리 목수라고 해도 어떻게 이 큰 성전을 사흘 안에 지을 수 있겠느냐?"는 뜻입니다. 그러나 예수님은 사흘 만에 다시 부활하셨습니다. 그리고 새로운 성전을 지으셨습니다.

사랑하는 행복한교회 성도 여러분!

유대인들은 눈에 보이는 건물만 바라보았습니다. 그들은 눈앞에

147

있는 새 성전이신 예수님을 알지 못했습니다. 예수님의 죽으심도 알지 못했습니다. 예수님의 십자가도 알지 못했습니다. 예수님의 부활도 알지 못했습니다. 예수님이 성전이십니다. 영원히 없어지지 않는 새로운 성전이십니다. 영원히 변치 않는 새로운 성전입니다.

그 성전 안에 들어가면 은혜가 있습니다. 그 성전 안에 들어가면 죄 용서함이 있습니다. 그 성전 안에 들어가면 구원하심이 있습니다. 친히 새로운 성전이 되신 예수 그리스도 안으로 들어가므로 은혜의 예배가 활짝 열릴 줄로 믿습니다.

인간들의 냄새가 풍기는 타락한 성전이 아닙니다. 하나님의 은혜와 축복이 넘치는 새로운 성전인 예수로 말미암아 감격이 넘치는 예배가 되시기를 예수님의 이름으로 축원합니다.

새 성전

예수님은 죽음에서 부활하신 후 망치와 못으로 집짓는 일을 하시지 않았습니다. 예수님께서 하신 것은 한 공동체를 세우는 일이었습니다. 예수님을 '주Lord'라고 고백하는 무리가 한 다락방에 모여서 기도할 때 그들 위에 성령이 불같이 부어졌습니다.

에스겔 때 성전을 떠나셨던 성령입니다. 그러나 이제 예수를 믿는 이들 위에 충만하게 부어주셨습니다. 그리고 이들을 충만하게 하셨습니다. 그리고 이 성령의 부으심은 이방인들에게도 이루어졌습니다.

요엘 선지자가 "마지막 때에 남종과 여종에게 내 신을 부어 주겠다"고 예언하신 그대로 이방인들에게까지 하나님의 거룩한 성령은 부어졌습니다. 그리고 그들로 하나님의 성전을 삼으셨습니다. 주님은 잿물 대신 성령의 불을 부으셔서 새로운 레위인들을 정결케 하신 것입니다. 예수님께서는 처음부터 성전을 지으시는 데 목적을 두셨습니다.

예수님이 원하셨던 성전이 무엇입니까? 예수를 '주'라고 고백하는 자들로 이루어진 성령의 공동체입니다. 이방인들에게도 성령이 부어져서 남종이나 여종이나 모두 예언하는 그 공동체를 말하는 것입니다.

바울 사도는 고린도전서 3장 16절에서 무엇이라고 말씀하고 있습니까? 고린도교회가 성령이 거하시는 성전이라고 말씀하고 있습니다. 그러나 그들은 이방인들이요 더러운 자들이었습니다. 그럼에도 불구하고 이들은 그 안에 성령이 계시는 성전이 된 것입니다.

이제 성전이 어디에 있습니까? 바로 이 세상 한 가운데서의 고린도교회처럼 예수님을 주로 믿는 신실한 자들의 공동체가 성전인 것입니다. 그것이 바로 구약의 성전과 같다는 것입니다. 구약 시대에 하나님께서 성전에 계셨습니다. 이와 같이 구약의 성전과 같다는 것입니다. 구약 시대에 하나님께서 성전에 계시며 그곳에서 그들을 만나주셨습니다. 그곳에서 그들의 죄를 용서하셨습니다. 그곳에서 하늘의 신령한 은혜로 채워주셨던 것처럼, 신약의 교회인 믿는 자들의 공동체가 바로 그 성전이라고 말씀하셨습니다.

이것은 구약 시대처럼 돌이나 나무나 천막으로 지어진 성전이 아닙니다. 한 사람 한 사람으로 구성된 주님의 피로 값 주고 산 성전인 것입니다.

그런데 우리는 이 세상에서 단 하루라도 죄를 짓지 않고는 살 수 없습니다. 그런 죄인들이 하나님의 성령을 우리들 가운데 어떻게 모실 수 있을까요? 그것은 예수 그리스도의 십자가 보혈을 믿는 것입니다. 그 보혈이 우리들의 죄를 덮기 때문에 성령을 모실 수 있습니다.

원칙적으로 우리 인간들은 성령을 모실 수 없습니다. 그러나 예수 그리스도의 보배로운 피가 우리 죄를 덮기 때문에 우리 가운데 하나님의 성령이 거하실 수 있는 것입니다.

구약 이스라엘의 그 놀라운 축복이 오늘 신약 교회에 계승된 것을 그대로 믿으시기를 바랍니다. 우리의 모임이 구약의 성전입니다. 저와 여러분이 구약의 성전인 줄로 믿습니다.

그리고 그 성전에서 이루어지던 일들이 우리의 예배를 통하여 이루어질 수 있다는 사실을 믿으시기를 바랍니다. 하나님께서 그 백성과 동행하시면서 온 세상을 다스리는 일이 우리 믿는 자들의 공동체를 통하여 이루어진다는 것을 믿으시기를 바랍니다.

사랑하는 행복한교회 성도 여러분!

바울 사도는 하나님의 성전을 더럽히는 자를 주께서 멸하실 것이라고 예언했습니다. 하나님께서는 구약 성전을 더럽히는 자들을 멸망시키셨습니다. 다른 향불을 드린 아비후 같은 자는 죽임을 당했습니다. 마찬가지로 오늘 자신의 더러운 행실이나 거짓된 가르침으로 하나님의 성전을 더럽히는 자들을 주님은 멸하실 것입니다.

예전에는 어떻게 해서든지 교회 건물을 지으려고 많은 애를 썼습니다. 물론 한자리에 모일 수 있는 건물이 없으면 불편한 점이 많습니다. 그러나 더 중요한 것은 한 사람 한 사람이 더 거룩해지는 것입니다. 하나님의 말씀에 더욱 순종하는 것입니다. 하나님과의 관계에 있어서 신뢰를 회복하는 것입니다. 주님의 피로 값 주고 산 영혼들이 든든히 세워져 나가는 것입니다. 하나님을 뜨겁게 사랑하고 섬기는 능력 있는 삶을 살아가는 것입니다.

신실한 사랑이 없는 성도는 생명을 잃어버린 성도입니다. 우리는 빨리 신실한 사랑을 회복해야 합니다. 우리는 정직을 되찾아야 합니다. 우리는 생명을 되찾아야 합니다. 우리는 복음을 되찾아야 합니다. 진리를 보고서도 인정하지 않는다면 그 사람은 성전을 파괴하는 자입니다. 그는 스스로 자기 손으로 주님 손에 못을 박는 자입니다. 하나님께서는 그를 버려서 하나님 앞에 서 있지 못하게 할 것입니다.

성령으로 나의 더러운 탐욕을 씻어 달라고 기도하십시오. 그래야 새로운 성전에서 하나님을 모시고 살 수 있습니다. 우리는 하나님의 성전이 이 세상의 것으로 채워지기를 바라서는 안 됩니다. 우리는 하나님의 음성을 들어야 합니다. 그리고 우리 안에 있는 죄성을 치료받아야 합니다. 그리고 새로운 능력으로 채워져야 합니다. 세상을 이기는 새로운 지혜를 받아야 합니다. 이것은 바로 영혼을 살리는 샘물과 같습니다. 사람들은 샘이 커야 좋은 물이 나오는 것으로 생각합니다. 그러나 이것은 규모와는 아무 상관이 없는 것입니다. 영혼을 살리는 생수가 흘러 나와야 합니다.

다시 말해서 우리 공동체 모임 안에 성령이 함께하셔야 합니다. 그래야 치료의 역사가 나타납니다. 그래야 변화의 역사가 나타납니다. 동네 뒷산에는 샘물도 있고, 그냥 빗물이 고였다가 나오는 곳도 있습니다. 사람들은 아무도 빗물이 나오는 곳에는 가지 않습니다. 왜냐하면 맛이 찜찜하고 먹을 수 없기 때문입니다.

사랑하는 행복한교회 성도 여러분!

우리는 하나님의 피로 값 주고 산 거룩한 성전입니다. 우리는 하나님의 피로 값 주고 산 거룩한 교회입니다. 우리는 하나님의 피로 값 주고 산 거룩한 공동체입니다.

예수 그리스도께서 죽으시고 사흘 만에 살아나셔서 부활하심으로 우리에게 새로운 성전을 지어주셨기 때문입니다. 성령이 거하시는 새 창조의 성전이 우리들입니다. 이제는 더 이상 더럽히지 맙시다. 이제는 더 이상 세속과 타협하지 맙시다. 이제는 정결하게 살아야 합니다. 예수님의 죽으심이 헛되지 않게 저와 여러분의 삶에서 새로운 피조물로서 그리고 새로운 성전으로서 신령과 진정으로 예배하며 살아가시기를 예수님의 이름으로 축원합니다.

교회는 지금 치료 중

계속되는 특별새벽기도에 참석하여 주신 모든 성도님들께 진심으로 감사의 말씀을 드립니다. 우리는 '교회를 교회되게'라는 주제로 계속 새벽마다 말씀을 붙잡고 기도하고 있습니다. 이제 부흥회와 함께 일주일 남았습니다. 내일부터라도 오셔서 기도하시기를 바랍니다. 그래서 교회를 위해 기도하고 나라를 위해 기도함으로 다시 한 번 교회가 교회되어지는 놀라운 역사가 행복한교회를 통해서 일어나기를 예수님의 이름으로 축원합니다.

어떤 교회가 이상적인 교회인가?

어떤 교회가 이상적인 교회일까요? 이 땅 위에 있는 교회 중에 어떤 교회가 가장 이상적인 교회일까요? 우리는 그 대답을 쉽게 찾을 수 없을 것입니다.

교회는 천국이라고 말들을 합니다. 예! 맞습니다. 그러나 좀 더 깊숙이 들어가서 보면 달리 말할 수 있습니다. 교회는 병원이라고 말할 수 있습니다. 죄악의 몹쓸 병들을 안고 찾아온 것이 교회입니다. 죄로 말미암아 썩어져 가는 몸을 이끌고 찾아온 것이 교회입니다. 교회는 그들을 치료해주어야 합니다. 교회는 그들을 고쳐주어야 합니다. 교회는 그들을 회복시켜주어야 합니다. 이것이 교회의 사명입니다. 따라서 교회는 천국도 되지만 병원도 되는 것입니다.

예수 믿고 처음 신앙생활을 할 때는 모든 것이 그냥 좋았습니다. 모든 사람이 나에게 잘해주고 어디에 이런 사람들이 있을까 싶을 정도로 사람들이 좋아 보입니다. 예수 믿는 것이 좋습니다. 교회 다니는 것이 좋습니다. 그냥 모든 것이 좋습니다.

그런데 점점 신앙생활을 하다 보면 달라집니다. 이제 사람들의 약점이 보이기 시작합니다. 성도들의 약점들이 보이기 시작합니다. 교회의 약점들이 보이기 시작합니다. 공동체들의 허물이 보이기 시작합니다. 목회자의 약점까지도 보이기 시작합니다. 심지어 하나님도 약점이 있다고 생각합니다. 왜냐하면 우리가 기도할 때마다 즉시 응답하시고 축복하셔야 하는데 때로는 응답이 없습니다. 축복이 없습니다. 그럴 때 우리는 실망합니다. 하나님을 의심합니다.

교회 안에서도 보면 자기들끼리만 똘똘 뭉쳐 있습니다. 그래서 좀처럼 그곳에 파고 들어갈 틈을 주지 않습니다. 예수 믿는 사람들은 모두 정직하게 사업을 하는 줄로 알았습니다. 그런데 사업하는 것을 보면 안 믿는 사람들과 별로 다를 바가 없습니다.

교회에서는 서로 미워하는 사람이 없을 줄 알았습니다. 그런데 그것도 아닙니다. 교회 안에서도 미움이 있습니다. 교회 안에서도 시기가 있습니다. 교회 안에서도 질투가 있습니다. 때로는 안 믿는 사람보다 더 심하게 싸웁니다. 한 치의 양보도 없이 싸웁니다. 피 흘리기까지 하는 싸움입니다. 영적인 흑암의 권세와 싸워야 하는데 육적인 형제끼리 서로 싸웁니다.

이런 모습을 보며 염증을 느끼면서 나는 그런 교회 가지 않겠다고 말합니다. '집에서 내가 예배를 드리면 되지' 하면서 집에서 식구들끼리 모여서 예배를 드립니다. 결국에는 흐지부지하다가 예배를 그만둡니다. 그러면서 하는 말이 "나는 마음으로 예수를 믿는다"고 말합니다.

어떤 사람들은 이상적인 교회를 찾아다니기 위해 이곳저곳을 기웃거립니다. 좋은 교회라고 소문난 교회를 다 찾아다닙니다. 세상에는 과연 이상적인 교회가 있을까요?

성경을 통하여 이상적인 교회를 한번 찾아봅시다. 어떤 교회가 이상적인 교회입니까? 성경에는 여러 교회가 등장하는데 그중에서도 에베소교회는 이상적인 교회가 될 수 있는 소질을 가장 많이 갖춘 교회입니다.

이상적인 교회는 위치가 좋아야 합니다. 에베소는 바로 소아시아 지역의 교통 중심지입니다. 또한 이상적인 교회가 되려면 지역의 문화 수준도 높아야 되는데 에베소교회는 이 조건도 만족시킵니다. 이

155

곳은 문물의 중심지일 뿐만 아니라 애굽에 있는 피라미드와 더불어서 7대 불가사의 중의 하나인 다이아나 신전이 있는 지역입니다.

또 이상적인 교회가 되려면 누가 그 교회를 창립했느냐는 것도 중요합니다. 에베소교회는 사도 바울이 창립한 교회입니다. 이상적인 교회가 될 수 있는 조건들을 여러 모로 갖추고 있는 셈입니다. 그러나 창립을 아무리 잘했어도 제자훈련이 안 되어 있으면 소용이 없습니다. 그런데 사도 바울은 에베소교회 성도들을 3년간 훈련시켰습니다.

사도 바울은 직책이 사도이기 때문에 한 곳에 머물러 목회를 하는 사람과는 다릅니다. 복음이 들어가지 않은 곳에 가서 교회를 세우고 거기에 목사를 세운 뒤에는 그곳을 떠나야 했습니다.

그런데 웬일인지 에베소교회에서는 3년 동안 머물면서 제자훈련을 시켰습니다. 그 제자훈련 장소 이름이 두란노입니다. 이처럼 성경에서 이상적인 교회를 찾는다면 에베소교회가 이상적인 교회가 될 수 있는 가장 좋은 조건들을 갖추고 있다고 볼 수 있습니다.

그런데 에베소교회가 이상적인 교회입니까? 성경을 자세히 살펴보면 이상적인 교회가 아니라는 것은 금방 알 수 있습니다. 여기서 우리는 에베소교회가 기대하는 것과는 너무 다른 모습을 보며 놀라지 않을 수 없습니다.

"그런즉 거짓을 버리고 각각 그 이웃과 더불어 참된 것을 말하라 이는 우리가 서로 지체가 됨이라" (엡 4:25)

교회는 지금 치료 중

이 말씀은 에베소교회가 거짓말쟁이들이 모인 교회라는 뜻입니다. 공부를 잘하고 있는 자녀에게는 공부 잘하라는 말을 안 합니다. 평소 세 끼 잘 찾아 먹는 딸에게는 친정어머니가 끼니 거르지 말라는 편지를 쓰지 않습니다. 무엇인가 하지 않을 때에 하라고 합니다. 거짓말을 하지 말라는 말씀을 해야 했다는 것은 거짓말쟁이가 있었다는 것을 뜻합니다.

"분을 내어도 죄를 짓지 말며 해가 지도록 분을 품지 말고 마귀에게 틈을 주지 말라" (엡 4:26~27)

에베소교회 성도들 중에 분을 내고 혈기 부리는 사람들이 많았다는 뜻입니다.

"도적질하는 자는 다시 도적질하지 말고 돌이켜 가난한 자에게 구제할 수 있도록 자기 손으로 수고하여 선한 일을 하라" (엡 4:28)

도적질하는 자는 다시 도적질하지 말라고 했습니다. 이 말은 에베소교회는 도둑놈들이 모인 교회라는 뜻입니다. 도둑놈들이 없으면 도둑질하지 말라는 이야기를 왜 합니까?

"무릇 더러운 말은 너희 입 밖에도 내지 말고 오직 덕을 세우는데 소용되는 대로 선한 말을 하여 듣는 자들에게 은혜를 끼치게 하라" (엡 4:29)

첫번째 이야기, 교회의 태동

무릇 더러운 말은 입 밖에도 내지 말라고 했습니다. 이것이 바로 성경이 나타나는 이상적인 교회의 모습입니다. 에베소교회에는 상소리를 많이 하든지 음담을 좋아하는 사람들이 많았던 것 같습니다. 이 말은 즉, 우리가 생각하는 이상적인 교회는 없다는 것입니다.

어린 시절 소풍을 갔을 때 이런 경험을 하지 않았습니까? 점심때 식사를 하기 위해 좋은 자리를 찾습니다. 멀리서 보면 좋은 자리인 것처럼 보여서 그곳을 갑니다. 그러나 막상 가보면 무언가 좋지 않는 구석이 보입니다.

그래서 또 좋은 자리일 것 같은 곳을 찾아갑니다. 그러면 또 다른 좋지 않는 점이 보입니다. 그래서 주변을 돌다가 보면 나중에 처음에 선택한 그 자리까지 돌아옵니다. 사실 흠 잡힐 곳이 없는 이상적인 교회는 이 세상에 한곳도 없습니다.

우리들이 생각하는 이상적인 교회는 '성인聖人'이 모인 곳입니다. 그러나 그리스도께서 생각하시는 이상적인 교회는 '죄인'들이 모인 곳입니다. 사람들이 교회에 와서 실망하는 이유가 무엇입니까? 그리고 교회를 떠나는 이유가 무엇입니까? 그것은 교회에서 천국을 기대하기 때문에 실망합니다. 그러나 이상적인 교회는 천국이 아니라 병원입니다.

교회에는 교만한 사람들이 모입니다. 교회에는 이기적인 사람들이 모입니다. 교회에는 혈기 많은 사람들이 모입니다. 교회에는 술, 담배, 노름에 중독된 사람들이 모입니다. 교회에는 욕쟁이들이 모여 있는 곳입니다. 교회에는 싸움꾼들이 다 모여 있는 곳입니다. 그러나 이런 사람들이 교회에서 하나님의 사랑으로 치료 받는 장소가 이상적인 교회입니다.

우리는 교회에 대한 개념을 바꿔야 합니다. 교회는 천국이 아닙니다. 교회는 병원이라는 것을 깨달아야 합니다. 그렇기 때문에 교회에 와서 이기적인 사람을 만났을 때 놀라지 말아야 합니다. 교회에 와서 교만한 사람을 만나도 마음 상하지 말아야 합니다. 교회에서 건방진 사람을 만나도 기분 상하지 말아야 합니다. 교회에서 세속적인 사람들을 만났을 때도 놀라지 말아야 합니다. 병원에 그런 사람들이 모인 것은 당연하기 때문입니다.

사랑하는 행복한교회 성도 여러분!

이상적인 교회는 천국이 아닙니다. 교회는 병원입니다. 만일 성도님들이 인간적으로 볼 때 이상적인 교회를 발견하셨다면 성도님들은 그 교회에 가서는 안 됩니다. 왜냐하면 성도님들이 그 교회로 다 가시면 행복한교회는 누가 섬기겠습니까? 그리고 성도님들 때문에 그 교회의 이상적인 모습이 깨어지고 말 것이기 때문입니다. 그렇기 때문에 행복한교회에서 치료받고 영성이 회복되어지는 은혜가 있기를 소원합니다.

교회는 천국이 아니라 병원입니다. 우리는 이것을 분명하게 인식해야 합니다. 그러므로 서로서로 치료를 해주어야 하는 것이 교회입니다. 내가 남을 위해 해주어야 할 일이 있습니다. 또 내가 나 자신을 위해서 해야 할 일이 있습니다.

어떻게 하면 치료받는 분위기를 만들어 주느냐가 내가 남을 위해서 할 수 있는 일입니다. 어떻게 하면 내가 치료를 받느냐 하는 것이 내가 나를 위해서 해야 할 일입니다. 병자들만 잔뜩 모여 있고 치료가 이루어지지 않는 곳은 병원이 아니지 않습니까? 만약에 그런 병원이 있다면 누가 그 병원에 가서 치료를 받으려고 하겠습니까? 교회는 병원이기 때문에 반드시 치료의 역사가 일어나야 합니다. 병원에 들어온 사람들은 이 병원에서 모든 영역에 치료를 받고 건강을 회복해야 합니다.

행복한교회는 각종 죄악의 질병으로 인하여 고통하고 신음하는 사람들이 찾아와서 치료받고 회복되어지는 현장인 줄로 믿습니다. 누구나 올 수 있습니다. 병들어 신음하는 사람들도 올 수 있습니다. 인생의 갈 길을 몰라 헤매이던 사람들도 올 수 있습니다. 누구나 오면 치료의 하나님께서 회복시켜 주실 줄로 믿습니다. 이런 회복의 역사와 치료의 역사가 날마다 임하는 영적 병원 같은 교회가 되기를 바랍니다.

그렇게 하기 위해서는 어떻게 해야 합니까?

다른 사람을 용납

회복의 역사와 치료의 역사가 날마다 임하는 영적 병원 같은 교회가 되기 위해서는 다른 사람을 용납해야 합니다.

바울은 교회가 병원이 되기 위해서 우리가 남에게 해줄 수 있는 것이 무엇인지 다음과 같이 말합니다.

교회는 지금 치료 중

교회가 치료 역사가 일어나는 참된 병원이 되기 위해 제일 먼저 필요한 것은 인자한 마음입니다. 그리고 불쌍히 여기는 마음입니다. 또한 용서하는 마음입니다. 모든 사람을 용납하는 분위기가 교회에서는 절대 필요합니다. 어떤 사람이라도 교회는 용납하고 받아들여야 합니다. 그래야만 교회에서 치료가 이루어질 수 있습니다.

병원의 예를 들어봅니다. 얼굴에 마비 증세가 있어서 병원에 입원한 사람이 밥을 먹을 때 밥알을 흘린다고 해서 흉보는 사람이 있습니까? 한 사람도 없습니다. 마비 증세를 치료받고자 병원에 왔기 때문에 밥알을 흘리는 것은 당연합니다.

마찬가지로 어떤 사람이 자신의 교만한 마음과 이기적인 마음을 좀 바꾸어 보려고 교회에 왔는데 그런 사람을 교만하다고, 이기적이라고 흉보아서는 안 됩니다. 오히려 병원에서처럼 용납해야 합니다. 술, 담배를 끊고 나쁜 것을 청산하기 위해 교회에 왔는데 나쁜 짓을 한다고 흉을 보면 되겠습니까?

일본 야쿠자 중에 한국 교포가 있었습니다. 일본 여자하고 결혼하였는데 한국 목사님을 통하여 변화를 받았습니다. 그런데 이 사람이 교회 생활을 하면서 과거의 성품이 남아 있어서 교회에서 자기와 뜻이 맞지 않으면 종종 그 사람을 데리고 나가 자기의 과거 실력을 보이려고 했습니다. 그런 사람도 결국에는 목사가 되었습니다.

사람이 맹장 수술을 받았습니다. 무슨 수술을 받든지 수술 받은 사람에게 가장 필요한 것이 무엇입니까? 방귀가 나오는 것입니다. 방귀 나왔다는 소리 듣는 것만큼 기쁜 일이 없습니다. 수술 받은 환자에게 방귀가 나왔다는 것은 무엇입니까? 이제 내 장기가 정상적으로 돌아가고 있다는 것입니다. 그래서 기뻐하는 것입니다. 방귀 나왔다고 기뻐하는 곳이 병원입니다. 그런데 그 병원에서 방귀가 나왔다고 상식이 없다며 야단치지 않습니다. 교양이 없다고 지적하지 않습니다. 서로 축하해줍니다. 서로 격려해줍니다.

교회도 영적인 병원이기 때문에 모든 사람들을 용납해야 합니다. 아직 변하지 않은 모습을 흉보지 말고, 조금이라도 변한 모습을 칭찬해주어야 합니다. 교회는 공사 중입니다. 성도는 공사 중입니다. 인격이 공사 중입니다. 신앙이 공사 중입니다. 믿음이 공사 중입니다. 말씀이 공사 중입니다. 삶이 공사 중입니다. 죄악으로 병든 심령이 공사 중입니다. 얼마 후에는 이런 사람도 변화가 될 것입니다.

순장 사역을 새롭게 하면서 가장 고민스러웠던 것은 순장들의 모습을 바라보면서 이런 상태로 어떻게 교구 사역을 할 것인가? 하는 것이었습니다. 리더들이 제자훈련 사역 훈련을 통해 많이 변한 것은 사실이지만, 아직까지 갖추지 못한 것이 너무 많고 안 된 것이 많다는 것입니다.

솔직하게 고백하면 이런 사람에게 어떻게 천하보다 귀한 영혼을 맡기겠는가 하는 생각이 들었습니다. 리더라고 할 수 있는 순장이, 그렇다면 구역장은 어떻겠습니까? 훨씬 더 하지 않겠습니까?

전체의 목자인 나는, 그러면 온전하게 준비가 되었는가? 아닙니다. 제가 목회를 시작할 때 처음부터 준비되어 목회를 했는가? 솔직히 아니라고 대답할 수밖에 없습니다. 분명한 것은 내가 예수 믿고 교회 생활을 하면서 너무나 많이 변화되고 바뀌었다는 것입니다. 여기까지는 누군가 나를 용납해주었기 때문이라는 것을 깨닫습니다.

자식을 키우면서 때로는 너무너무 속이 상해서 저 녀석이 자식이라고 내가 키우나 싶을 때도 있습니다. 저만 그렇습니까? 여러분의 자녀들은 말도 아주 잘 듣고 잘 자랍니까? 그렇지 않을 것입니다. 그 자녀들의 행실을 다 정죄한다면 자녀들은 내 앞에서 사라졌을 것입니다. 그런데 자녀들이 그냥 내 앞에 있습니다. 그것은 용납하고 있다는 증거입니다. 우리가 자식을 사랑하기 때문에 또 그 자식을 용납할 수밖에 없지 않습니까?

행복한교회도 어떤 의미에서는 에베소교회 못지않은 좋은 교회입니다. 제자훈련으로 쌓아가는 교회이고 어느 교회보다 예배 분위기가 좋습니다. 말씀 앞에서 순수한 교회이고 나름대로 순종하려고 애를 씁니다. 상당히 괜찮은 교회임에는 틀림이 없습니다.

그럼에도 불구하고 또 약점을 찾으려고 하면 얼마든지 찾을 수 있는 교회입니다. 장로님들은 모든 성도들을 사랑하고 용납해주어야 합니다. 그리고 권사님들은 순장사역을 하면서 앞으로 더 많은 사람들을 용납해야 합니다. 많은 사람을 용납한 만큼 큰 사람이 되고 더 많은 사람들을 맡겨 주실 줄 믿습니다. 성도들끼리도 용납의 분위기가 형성되어야 합니다.

우리 인간은 모두가 용납 받아야 하고 용납해주어야 합니다. 앞으로 순장 사역을 해 나가면 알겠지만 정말 다른 사람이 모여서 함께 하나님의 가족이 되어 모임을 가지고 교제한다는 것은 결코 쉬운 일이 아닙니다. 그러나 하나님의 가족이고, 하나님이 사랑하는 사람이기 때문에 용납해주어야 합니다.

성경은 이것을 줄기차게 요구하고 있습니다.

"믿음이 강한 우리는 마땅히 믿음이 약한 자의 약점을 담당하고 자기를 기쁘게 하지 아니 할 것이라" (롬 15:1)

"믿음이 연약한 자를 너희가 받되 그의 의견을 비판하지 말라" (롬 14:1)

"형제들아 사람이 만일 무슨 범죄한 일이 드러나거든 신령한 너희는 온유한 심령으로 그러한 자를 바로잡고 너 자신을 살펴보아 너도 시험을 받을까 두려워하라" (갈 6:1)

서로라는 말이 많이 나옵니다. 우리 사람들은 서로 용납하면서 살아야 합니다.

사랑하는 행복한교회 성도 여러분!

우리 모두는 하나님의 가족들입니다. 주 안에서 형제자매들입니다. 그렇기 때문에 서로 용납해주어야 합니다. 용납해줄 때 치유의 역

교회는 지금 치료 중

사가 일어납니다. 변화가 일어납니다. 교회는 병원이기 때문에 끊임없이 다른 사람을 향하여 용납해주는 삶을 살아가야 합니다.

적극적으로 긍정하며 살라

자신도 모든 것을 긍정하면서 적극적으로 살아가야 합니다. 하나님의 병원에서 치료를 받으려면 남을 향해서는 용납을 해야 하고 나 자신을 향해서도 긍정적으로 살아가야 합니다.

바울은 언제든지 하지 말라고 한 다음에는 반드시 하라고 말합니다. 사람의 마음은 비뚤어져 있어서 하지 말라고 하면 더 하고 싶어집니다. 바울은 이 원리를 알고 있었습니다. 그래서 하지 말라고 말한 즉시 하라고 말하는 것입니다.

"도적질하는 자는 다시 도적질하지 말고 돌이켜 가난한 자에게 구제할 수 있도록 자기 손으로 수고하여 선한 일을 하라" (엡 4:28)

돌이켜 빈궁한 자에게 구제할 것이 있기 위하여 제 손으로 수고하여 선한 일을 하라고 말합니다. 이제부터는 '남의 것 훔치지 않겠다'에서 한 걸음 더 나아가 옛날에는 남의 것을 빼앗았지만 이제는 열심히 수고해서 남에게 베풀겠다고 결심하라는 것입니다.

29절에도 "무릇 더러운 말은 입 밖에도 내지 말고"라고 말한 즉시 "덕을 세우는 데 소용되는 대로 선한 말을 하여"라고 말합니다. 우리가 치료받기 위해서는 하지 말라에서 멈추지 말고 하라까지 이르러야 합니다. 치료받기 위해서는 부정적인 부분에서 긍정적인 부분으로 옮겨가야 합니다.

하지 말라가 아니라 해야 된다고 초점을 바꿔야 합니다. 어떤 결심이든지 간에 무엇이든지 간에 그것을 긍정적인 표현으로 바꿔보십시오. 겸손해야겠다고 생각하는 분들은 자신을 낮추려 하지 말고 남을 높이려고 하십시오. 이것이 진짜 겸손입니다. 남을 나보다 높이면 내가 겸손해지는 법입니다.

예를 들면 구역에서 구역장이나 순장들의 지도가 시원찮고 교사가 성경을 가르치는 것이 너무 시시한 것 같아도 정말 존경하는 마음으로 담임목사가 가르치는 것 같이 받아들이면 내가 겸손해질 수 있고 많은 것을 배울 수가 있습니다.

자녀 교육에 있어서도 나는 이제부터 잔소리 좀 하지 말아야겠다고 결심하였다면 이것도 긍정적인 것으로 바꾸어야 합니다. 잔소리 대신 칭찬을 많이 해주어야겠다고 하면 저절로 잔소리를 하지 않게 되고 자녀들이 치료가 되어집니다.

나 자신도 마찬가지입니다. 열등의식이 많고 상처가 많은 사람들은 이제 그런 부정에서 벗어나야 합니다. 나를 향해서 긍정을 해야 합니다. 그리스도 예수 안에서 나는 할 수 있다. 나는 모든 사람을 사랑으로 품을 수 있다고 생각해야 합니다.

나의 삶에서 나는 할 수 없다, 못한다는 말을 하면 안 됩니다. 누구 때문이라고 생각해서도 안 됩니다. 좋지 않는 사고와 생각과 가치관에서 벗어나야 합니다. 나에게서 할 수 있는 것을 헤아리고 찾아야 합니다. 그렇게 해서 자신의 한계를 극복하고 자꾸만 변화되어야 합니다.

저의 삶을 돌아보니 저는 너무너무 많이 변화되었습니다. 어떻게 변화되었는가? 학교에서 변화된 것이 아닙니다. 교회 생활을 통해서 변화되었습니다. 예배를 드리다가 변화를 받았습니다. 말씀을 듣다가 변화를 받았습니다. 말씀을 전하다가 변화를 받았습니다. 말씀을 가르치다가 변화를 받았습니다. 기도하다가 변화를 받았습니다. 만약 내가 교회가 아니었다면 내 인생이 어떻게 되었을까? 생각해보면 너무나 끔찍합니다. 세상에 교회만큼 인생을 올바르게 변화시켜주는 곳이 없구나 하는 생각을 하게 됩니다.

하나님께서 교회를 영적인 병원으로 만들어주셨습니다. 육적인 병이 났을 때 병원에 가서 고침을 받는 것처럼 영적인 병은 교회에서 고침을 받습니다.

특히 앞으로 우리 행복한교회는 2020비전과 제자훈련, 구역 모임을 통해서 많은 변화가 있을 것을 확신합니다. 말씀이 있고, 성령의 임재가 있는 현장에서 변화가 되는 것은 너무나 당연한 일입니다. 변화는 사실 알고 보면 너무나 당연한 일입니다. 내가 변화가 없다는 것은 교회 생활을 제대로 하고 있지 않는다는 증거입니다.

우리는 어떤 자입니까? 그리스도 예수 안에서 새로운 사람들입니다.

167

과거의 모든 구습을 따르는 것은 다 벗어버리고 오직 심령으로 새롭게 될 수 있기를 바랍니다. 하나님을 따라 의와 진리의 거룩함으로 지으심을 받은 새사람으로 거듭날 수 있기를 바랍니다.

이것이 바로 하나님의 사람으로서 해야 할 일입니다. 앞으로 교회 생활을 하고 구역 생활을 하면서 하나님의 사랑을 경험하고, 하나님의 가족으로서 성도의 사랑을 경험하고, 영육에 치유함을 받으며 계속해서 새사람이 되어지는 축복을 경험할 수 있기를 바랍니다.

사랑하는 행복한교회 성도 여러분!

이상적인 교회는 천국이 아닙니다. 교회는 병원입니다. 만일 성도님들이 인간적으로 볼 때 이상적인 교회를 발견하셨다면 성도님들은 그 교회에 가서는 안 됩니다. 성도님들 때문에 그 교회의 이상적인 모습이 깨어지고 말 것이기 때문입니다.

교회는 천국이 아니라 병원입니다. 우리는 이것을 분명하게 인식해야 합니다. 그러므로 서로서로 치료를 해주어야 하는 것이 교회입니다. 내가 남을 위해 해주어야 할 일이 있습니다.

또 내가 나 자신을 위해서 해야 할 일이 있습니다. 어떻게 하면 치료받는 분위기를 만들어주느냐가 내가 남을 위해서 할 수 있는 일입니다. 어떻게 하면 내가 치료를 받느냐 하는 것이 내가 나를 위해서 해야 할 일입니다. 병자들만 잔뜩 모여 있고 치료가 이루어지지 않는 곳은 병원이 아니지 않습니까? 교회는 병원이기 때문에 반드시 치료 역시 일어나야 합니다. 병원에 들어온 사람들은 이 병원에서 모든 면에 치료를 받고 건강을 회복해야 합니다.

우리 모두는 하나님의 가족들입니다. 주 안에서 형제자매들입니다. 그렇기 때문에 서로 용납해주어야 합니다. 용납해줄 때 치유의 역사가 일어납니다. 변화가 일어납니다. 교회는 병원이기 때문에 끊임없이 다른 사람을 향하여 용납해주는 삶을 살아가야 합니다.

그리고 적극적으로 긍정하며 살아야 합니다. 자신도 모든 것을 긍정하면서 적극적으로 살아가야 합니다. 하나님의 병원에서 치료를 받으려면 남을 향해서는 용납을 해야 하고, 나 자신을 향해서는 긍정적으로 살아가야 합니다.

마침내 행복한교회를 통해 치료의 역사가, 회복의 역사가 나타나므로 건강한 교회, 건강한 성도로서 승리의 삶을 살아가시기를 바랍니다.

그리고 이 시대를 주도적으로 이끌어갈 수 있는 능력 있는 성도님들이 다 되시기를 예수님의 이름으로 축원합니다.

행복한 공동체

멋있는 교회
행복한 성도

행복한교회는 앞으로 이 시대에 가장 멋있고 행복한 교회가 되도록 힘을 모으는 귀한 시간이 되기를 바랍니다. 그래서 가장 멋있는 교회, 그리고 행복한 성도라는 내용으로 말씀을 드릴 때에 은혜 되시기를 바랍니다.

교회가 얼마나 필요한가에 대하여, 우리 민족의 지도자 중 한 분이 경찰서 100개 짓는 것보다 교회 하나를 짓는 것이 낫다고 하였습니다. 이 말은 교회 하나가 경찰서 100개 이상의 몫을 하고 있다는 생각을 그렇게 말한 것이라고 사료됩니다. 교회는 많을수록 좋다는 이론입니다. 왜 그렇습니까? 교회가 그 시대에 맞는 사명을 다하기 때문입니다.

그러나 오늘날에는 교인들까지도 '교회가 많다'라고 말합니다. 교회가 많은 것이 아니라, 교회가 교회 구실을 하지 못한다는 데 문제가 있습니다. 그럼에도 불구하고 누가 무슨 말을 하여도 교회는 이 땅에

교회는 지금 치료 중

존재하여야 합니다.

할 수 있는 대로 많은 교회가 세워져야 합니다. 왜 그렇습니까? 교회가 소망이기 때문입니다. 교회가 혹 부패하고 사람들에게 실망을 준 일이 있다고 하더라도 교회는 희망을 줍니다. 미국이 9·11테러사건이 났을 때에 찾아간 곳이 어디였습니까? 교회였습니다. 교회는 우리 민족의 희망입니다. 이 민족의 소망은 교회입니다. 이 민족의 소망인 행복한교회는 어떤 교회가 되어야 멋있는 교회가 될 수 있을까요?

연애당이 된 교회

1960년대에는 교회 안에서 청년 남녀가 사랑을 하게 되면 소문이 났습니다. 그래서 교회를 연애당이라고 말했습니다. 젊은 그리스도인들은 연애당이라는 말을 듣게 되면 하나님의 영광을 가리우는 게 아닐까 해서 사랑하지 못하는 이들이 있었습니다.

연애가 무엇입니까? 사랑의 관계를 맺는 것입니다. 초대교회가 그러하였습니다. 연애하였습니다. 연애하기에 교제하였습니다. 교제라 함은 서로 만나는 것부터 시작합니다.

본문에서 말하는 '교제'는 '코이노니아'라는 단어인데 희생적인 사랑으로 섬기는 것을 의미합니다. 사랑한다는 말은 웬만하면 할 수 있습니다. 사랑하기에 약간 희생하여 물질적으로 도울 수도 있습니다. 그러나 한 가지를 포기하여야 할 경우에 그것을 포기하고 사랑할 수 있어야 진정한 사랑입니다.

　독일의 위대한 실존주의 철학자 '칼 야스퍼스'는 하이델베르크 대학에 다니던 시절에 같은 대학의 아름다운 유태인 여자 '게르투르 마이어'를 만났습니다. 그녀를 본 순간 한눈에 반했고, 그녀 역시 소문난 천재인 야스퍼스를 본 순간 사랑에 빠지고 말았습니다. 그 둘은 졸업을 하고 결혼하였습니다.

　야스퍼스는 모교의 교수가 되었습니다. 모든 이들이 그들을 부러워하였습니다. 그런데 얼마 지나지 않아서 불행이 찾아왔습니다. '히틀러' 정권이 들어서고 유태인을 탄압하기 시작합니다. 대학당국에서 야스퍼스를 불렀습니다. 선생의 아내가 유대인이기에 계속 해서 교수로 재직하려면 아내와 이혼을 하던지 대학 교수직을 내놓으라는 것입니다. 그는 교수직을 버리고 사랑하는 아내를 택하였습니다. 그 후에도 수많은 시련이 닥쳐옵니다. 저술 활동도 제재 받습니다. 그때 그의 아내는 "나를 버리고 교수로 돌아가요"라고 하였지만, 그는 화를 내면서 아내를 위로하였습니다. 이것이 교제라는 단어에 해당하는 말입니다.

　바울은 교회와 우리와의 관계를 부부라고 말합니다. 즉, 교회는 예수님의 신부이고 신랑은 예수라고 말하였습니다. "그리스도께서 교회를 사랑하사 자신을 주셨다"라고 말합니다. 신랑이 신부를 볼 때 사랑스럽게 봅니다.

　이 같이 우리 주님은 교회를 사랑하십니다. 신부가 완벽하기에 사랑하는 것이 아닙니다. 신랑은 자기의 신부이기에 사랑합니다. 사랑 받는 신부인 교회는 아름다움을 잃지 않아야 합니다.

어느 남편이 아내와 살 수 없다고 이혼하자고 하였습니다. 그 말을 듣고 아내 되는 사람이 화장을 하고 이혼하자는 남편을 만나 마지막 인사를 하려고 하였습니다. 아무리 이혼을 한다고 하여도 그래도 수 년을 같이 살았는데 인사라도 하려고 남편을 만났습니다. 남편이 화장한 아내를 보니 너무 예뻤다고 합니다.

그래서 하는 말이 "여보 잠깐, 그렇게 예쁜데 전에는 왜 그렇게 추하게 그리고 험하게 보였단 말이요. 나하고 삽시다." 그랬다는 말이 있습니다. 우리는 영적으로 예쁘게 화장해야 합니다. 주님의 사랑을 받을 수 있도록 예쁘게 보여야 합니다. 주님께서는 신부인 교회를 사랑하셨으니 우리도 사랑하여야 합니다. 왜 그러합니까? 교회는 주님의 교회입니다.

마태복음 16장 18절을 보십시오. 베드로가 바른 신앙고백을 하였을 때 우리 주님은 기뻐하시면서 "내가 반석 위에 내 교회를 세우리니"라고 하십니다. 어느 교회이든 교회는 주님의 교회입니다. 사람은 주인이 될 수 없습니다. 주님의 교회를 우리는 사랑하기 때문에 필요에 따라 나누어주었습니다(행 2:45). 나누어 가지려고 하기에 문제가 생깁니다. 나누어주려고 해야 합니다. 무엇인가 주려고 하면 문제는 생기지 않습니다.

어느 분이 시금치를 한 묶음 가지고 오셨습니다. 무엇이라고 주십니까? "이것은 무공해에요. 목사님이 생각나서 잡수시라고 가져왔습니다." 주고 싶다는 것입니다. 주는 데 아깝지 아니합니다. 여기에서 헌신이 있게 되고 충성도 나옵니다. 받고자 하는 마음이 주고자 하는 마음으로 바뀝니다. 얻고자 하는 마음에서 베풀고자 하는 마음으로 바뀝니다.

사랑하면 그 상대가 필요한 것이 무엇인지 알면 그대로 줍니다. 주고 싶어 못 견딥니다. 내가 갖고 있는 것 중에 좋다고 느껴지면 내가 갖지 아니하고 줍니다. 이것이 사랑입니다. 사랑하여 준 것으로 행복하고 만족합니다. 우리는 주님을 사랑합니다. 그래서 주님의 교회를 위하여 헌신하고 드립니다. 주님을 사랑하는 연애당이 되도록 해야 합니다.

주님과 연애한다는 말입니다. 연애당이라고 한다면 사랑하는 사람이 자주 만나야 합니다. 만나는 것이 그렇게 좋습니다. 시간이 없어서 못 만난다는 말을 하였다면 연애하는 사람이 아닙니다. 주님과 연애하면 매시간 나오게 됩니다. 예배를 드리는데 '바쁘다. 시간이 없다'라고 한다면 주님과 연애하는 것이 아닙니다. 만나면 할 말이 그렇게 많습니다. 한 말 또 합니다. 그리고 그 말을 다음에 다시 합니다. 그래도 좋습니다. 행복합니다. 이것이 사랑이고 연애입니다.

우리 모두가 우리 신랑 예수님을 진정으로 사랑하는 귀한 분들이 되시기를 바랍니다. 우리 모두가 주님과 연애하는 귀한 분들이 되시기를 바랍니다.

교회에서 주님과 연애하는 장소로 만들기 위해서는 그리스도인들이 극복하여야 할 몇 가지가 있습니다.

1. 관념화의 신앙입니다

마음으로는 믿는데 실생활에서는 믿지 않고 있다는 말입니다. 그리고 머리로는 믿는데 실생활에서는 믿지 않고 있다는 말입니다. 교회 안에서는 '주여, 주여'가 나오는데 육신의 생업 현장에서는 '나여, 나여'입니다. 예배드릴 때에는 감사하였는데 세상에 나와서는 온갖 불평을 다 하고 불만으로 가득 차 있습니다. 교회 안에서 찬양할 때에는 잘했는데 교회 밖에 나가면 온갖 욕설을 합니다. 관념적인 신앙생활을 하기 때문입니다.

2. 현실도피입니다

어려운 일이 생기면 슬슬 꽁무니를 뺍니다. "십자가를 질 수 있나?" 주가 물어보실 때 "죽기까지 따르오리" 고백합니다. 자기에게 닥치면 피하여 멀리 도망가 있습니다. 세상 사람이 다 잘못된 것 같이 보이고 자기 자신만 가장 정당하다고 생각합니다.

3. 극단적인 이기주의입니다

남을 위해 희생이나 주님께 헌신을 말하지만 자기에게 좋으면 다 좋다고 말합니다. 다른 사람을 배려하지 아니합니다. 윤리학자 '리처드 니버'는 신앙생활을 하는 이들의 윤리생활을 말하면서 사람들을 세 종류로 분류하여 말하였습니다.

1) Man the maker

자기중심적으로 살며 행동하는 데 무엇인가 만들어가는 사람입니다. 나 때문에 다른 사람이 방해를 받지 않게 하여야 한다는 생각도 없습니다.

2) Man the citizen

자기가 시민 전체의 일원이라고 생각하고 의무와 법을 잘 지키는 사람입니다. 시민의식으로 살아가는 이들입니다.

3) Man the Responser

그는 항상 반응을 하면서 살아갑니다. '나는 그 사람으로부터 후대를 받았으니 책임 있게 보상해야지, 하나님의 사랑을 많이 받았으니까 하나님께 감사하면서 살아야지.' 그런 생각을 하는 사람입니다.

사랑하는 행복한교회 성도 여러분!

교회를 사랑의 공동체라 하였습니다. 사랑이 없으면 동네 사랑방만도 못합니다. 사랑 때문에 연애당이 되었다면 오늘의 교회가 하나님 사랑으로 연애당이 되게 하여야 합니다. 주님을 뜨겁게 사랑해야 합니다. 날마다 만나야 합니다. 서로 이야기를 많이 해야 합니다. 그래야 서로 깊어지는 것입니다. 서로의 삶을 나눌 수 있는 것입니다. 거기에 사랑이 싹트는 것입니다. 신뢰가 쌓이는 것입니다.

이제 행복한교회는 연애당입니다. 어떤 연애당입니까? 주님과 깊은 교제를 나누는 사랑이 있는 연애당입니다. 언제든지 달려와서 만나는 장소가 되어야 합니다. 늘 찾아와서 만나는 장소가 되어야 합니다.

체육관 같은 교회

체육관에서 무엇을 합니까? 운동을 합니다. 운동을 하는 이유는 건강을 위해서입니다. 교회가 영적인 체육관이 되어야 합니다. 거룩한 운동을 하여야 합니다. 초대교회를 보십시오. 운동을 많이 하였습니다.

1. 기도운동입니다

사도행전 2장 42절에 보면 "기도하기를 전혀 힘쓰니라"라고 하였습니다. 교회는 우리 주님이 말씀하신대로 만민이 기도하는 집입니다. 그래서 교회에 오면 먼저 기도부터 합니다. 교회에 들어오면 "하나님 안녕하셨어요?"라는 식으로 기도하는 이들이 있습니다. 우리가 기도할 때는 두 가지를 조심해야 합니다. 하나는 형식적인 기도입니다. 이 기도가 응답되리라고 하는 것이 아니라 기도해야 하기 때문에 하는 것입니다. 이것이 형식입니다.

그리고 다른 하나는 믿지 않고 하는 기도입니다. 이 기도가 응답되리라 믿고 하는 기도가 되어야 합니다. 기도할 때에 개인기도와 대중기도를 구분할 줄 알아야 합니다. 개인기도는 자기가 마음대로 할 수 있는 기도입니다. 개인기도는 길수록 좋습니다. 오래 할수록 좋습니다. 그러나 대중기도는 짧을수록 좋습니다.

어느 모임에서 아이스크림을 갖다 놓고 기도하는데 대표기도 한 분이 얼마나 기도가 길었는지 '아멘' 하고 나니까 먹을 것이 없었습니다. 왜 그렇습니까? 다 녹았기 때문입니다. 대중기도는 상황에 맞는 기도를 하면 됩니다. 개인기도는 자기가 필요한대로 해야 합니다. 개인기도 중에서 중보기도를 하여야 합니다. 자기 자녀와 가족을 위하여 계속적으로 기도하여야 합니다. 교회를 위하여, 불신자들을 위하여, 계속적으로 기도하여야 합니다.

기도할 때에 문이 열립니다. 기도하다가 문제가 해결됩니다. 기도할 때에 변화가 일어납니다. 주변 사람이 변화되기도 하지만 먼저 자신이 변화됩니다. 모든 것이 아름답게 이루어집니다. 기도운동이 강하게 진행되는 교회는 건강합니다.

2. 모이는 운동입니다

세상에는 모임도 많습니다. 동호회, 계모임, 운동하는 모임 등이 있습니다. 교회에서 모임을 갖는 것은 무엇 때문입니까? 먼저 예배를 위하여 모입니다. 잘 모이는 교회는 부흥합니다. 모이는 운동이 일어나야 합니다. 말세의 징조 중의 하나가 악을 도모하기 위해서는 잘 모이지만, 하나님께서 기뻐하시는 일을 위해서는 잘 모이지 않는다는 것입니다. 모이기를 피하는 자들이 있다고 하였습니다.

초대교회 사람들은 잘 모였습니다. 모이는데 날마다 모였다고 하였습니다. 모이는데 예배하기 위하여 모였습니다. 모이는 목적이 분명해야 합니다. 예배를 잘 드리기만 하면 그 교회는 부흥한다는 말이 사실입니다. 모일 때에 기적이 나타납니다.

모여서 하나님이 기뻐하시는 예배를 잘 드리는 운동이 일어나야 합니다. 주일성수의 개념을 잘 모르시는 분들이 계십니다. 구약에서는 제사입니다. 신약에서는 예배입니다. 제사는 안식일에 드렸습니다. 제사를 드리는데 안식일에는 아무 일도 할 수 없습니다. 우리는 신약 시대에 살고 있습니다. 예배드리면 안식일을 지키는 것입니다. 주일은 예배드리는 날입니다.

살아 있는 예배를 준비해야 합니다. 그리고 은혜로운 예배를 위하여 준비하여야 합니다. 목회자도 준비해서 나와야 합니다. 그리고 성도님들도 준비하여 나오셔야 합니다. 예배는 하나님 앞에 경건하게 드려야 합니다. 모이는 운동이 일어나야 합니다. 예배 잘 드리는 운동이 일어나야 합니다.

3. 부흥운동을 해야 합니다

믿는 자가 날마다 더하여졌다고 하였습니다. 이는 부흥운동이 일어나고 있었다는 말입니다. 어떻게 부흥이 있게 되었습니까? 전도하였습니다. 전도하여야 믿는 자가 많이 나타납니다. 복음을 전하는 것은 참으로 위대한 사명을 감당하는 것입니다. 예수께서 십자가에서 죽으신 목적을 달성하는 일이 전도입니다. 우리 주님의 신실한 부탁이었습니다. "땅 끝까지 이르러 내 증인이 되라"고 하셨습니다. 이것이 유언이었고 소원이셨습니다.

마귀의 작전은 "교회에 다녀도 기도는 하지 말라. 다른 일은 열심히 해도 전도는 하지 말라"고 유혹하는 것입니다. 전도운동이 일어나야 합니다. 이 운동을 하는 사람이 진정으로 헌신하는 분입니다.

전도하는 운동을 위하여 우리은 몇 가지 다짐을 하여야 합니다.

첫째, '전도는 하면 된다'는 의식을 가져야 합니다. 하려고 하지 않기에 할 수 없습니다. 전도하려고 하면 모두 전도 대상자로 보입니다.

둘째, '전도는 쉽다'라는 의식의 변화를 가져와야 합니다. 전도는 어렵다고 생각하는 것 때문에 전도를 못하는 것입니다.

셋째, '전도는 달란트이다'라는 생각을 하여야 합니다. 달란트 비유에서 한 달란트 받은 종이 책망과 부끄러움과 버림을 받습니다. 이유는 자기 하나만 지키려 하였고, 계획도 실천도 하지 아니하였기 때문입니다.

넷째, 영혼을 사랑하는 마음에서 해야 합니다. 한 영혼이 천하보다 귀하다고 하였습니다. 초대교회를 보십시오. 전도의 열정이 죽음도 막지 못했습니다. 감옥이나 핍박은 아무것도 아니었습니다. 그리고 선교운동이 있어야 합니다. 아직도 이 지구촌에는 예수를 모르고 죽어가는 사람들이 많습니다. "땅 끝까지 이르러 내 증인이 되라"고 하신 것이 선교명령입니다.

4. 교육운동입니다

가르침을 받아야 합니다. 교육이 중요합니다. 우리나라의 발전은 여러 가지 요인이 있겠지만 그중의 하나는 높은 지성을 갖추게 되고 뜨거운 교육열이 있기 때문이라고 말합니다. 교회도 배우는 운동이 일어나야 합니다. 모든 분들이 배워야 합니다. 그래야 영적으로 성장합니다. 성숙해집니다. 하나님을 섬기는 법을 배워야 합니다. 봉사하는 것을 배워야 합니다. 이런 운동이 일어나면 건강한 교회가 됩니다.

사랑하는 행복한교회 성도 여러분!

교회는 체육관과 같아야 합니다. 체육관에서 운동을 하듯이 우리는 교회에 와서 운동을 해야 합니다. 어떤 운동입니까? 기도운동입니다. 서로 기도해야 합니다. 개인이 기도해야 합니다. 공동체가 기도해야 합니다. 민족과 족속을 위해 기도해야 합니다. 자녀들을 위해 기도해야 합니다. 교회를 위해 기도해야 합니다. 또한 모여 예배해야 합니다. 모이기를 힘써야 합니다. 모여서 신령과 진정으로 예배를 드려야 합니다. 예배가 살면 내가 사는 것입니다. 예배에 실패하면 내가 실패합니다.

그리고 전도운동이 일어나야 합니다. 전도는 주님의 명령입니다. 내가 하기 싫든 좋든 해야 합니다. 왜냐하면 주님의 명령이기 때문입니다.

그리고 교회는 교육운동이 일어나야 합니다. 영적인 말씀운동이 일어나야 합니다. 훈련을 받아야 합니다. 영적으로 무장하는 훈련을 받아야 합니다. 그래야 승리하는 삶을 살 수 있습니다.

가정 같은 교회

원래 교회를 집이라 하였습니다. 집이란 가정을 의미합니다. 가정이란 관계 속에서 이루어집니다. 남이라도 관계를 맺어서 아버님이 되고 며느리가 됩니다. 모였다고 가정이 아니라 관계가 이루어져야 가정입니다. 관계는 친밀한 관계입니다. 사랑의 관계입니다. 끊을 수 없는 관계입니다. 교회가 그러해야 합니다. 가족들이 모였을 때 나는 누구라고 하는, 소위 계급 이야기가 없습니다. 각자 자기의 위치에서 사명을 다함으로 만족합니다.

부모가 자녀를 사랑합니다. 자녀들은 부모를 공경합니다. 가족들은 다른 이들을 비판하거나 비난하지 않습니다. 웬만하면 칭찬합니다. 누가 자기 며느리를 헐뜯으면 시어머니는 가만히 있지 않습니다. 우리는 서로를 모르고 있습니다. 우리는 한형제요 자매입니다. 주님 앞에 설 때까지 한가족으로 천국의 한가족으로 주님 앞에 모일 수 있는 일원입니다.

유럽의 외딴 들판에 여관을 짓고 생활하는 모녀가 있었습니다. 어머니는 그곳에서 어렸을 때 집을 떠난 아들을 기다립니다. 가난과 고독에 시달린 모녀는 어느 날 이상한 범죄를 저지르기 시작하였습니다. 부유하게 보이는 남자 손님에게 독약을 먹여 살해한 후 강물에 시체를 던진 것입니다.

어느 날 말쑥한 차림의 한 청년이 여관을 찾았습니다. 모녀는 그 청년에게 독약을 먹이고 시체를 강물에 던졌습니다. 그리고 지갑에서 돈을 빼내는데 신분증을 보니 바로 자기가 그렇게 기다리며 찾던 자기 아들이었습니다.

청년은 고향을 떠난 후 크게 성공하여 어머니와 여동생을 만나러 귀향하던 길이었습니다. 여인은 아들을 던져버린 강물에 뛰어들었고 오빠를 죽인 여동생은 "범죄는 무서운 고독일 뿐"이라고 외치면서 자살했습니다.

이 이야기는 '알베르 카뮈'의 소설 《오해》의 줄거리입니다. 우리는 같은 믿음의 형제와 자매를 오해하고 있지 않습니까? 우리는 영원한 하나님 나라의 한가족입니다. 사랑하여야 합니다. 자랑하여야 합니다.

영국 런던 대학의 '데니스가보르'라는 사람은 1917년 노벨물리학상을 받은 사람입니다. 그는 윤리지수EQ라는 개념을 처음 제창하였습니다. 그의 말에 의하면 윤리지수가 130을 넘으면 사람들은 자기를 희생시켜가면서 남을 위해 봉사한다고 합니다. 100~110이 되면 바른 환경에 책임을 진다고 합니다. 100~90 이하가 되면 나쁜 짓을 서슴없이 한다고 말합니다. 70~80은 잔인하거나 범죄적인 행동을 한답니다.

행복한교회의 윤리지수는 얼마입니까? 서로를 위해 봉사하고 다른 이들을 사랑할 수 있는 높은 지수를 가져야 합니다. 그래야 가족입니다. 가족끼리는 서로 협력합니다. 도와주려고 합니다. 공회당 교회가 아니라 가정같은 교회가 되어야 합니다. 가정은 삶의 시작이고 마지막입니다. 교회가 바로 이래야 합니다. 이 시대에 주님의 뜻을 다하는 교회가 되어야 합니다. 이 시대에 주님의 뜻을 가장 멋있고 매력 있게 행하는 교회가 되어야 합니다. 그리고 우리 모두는 행복한 신앙생활 하면서 주님을 기쁘시게 하는 삶이 되어야 합니다.

사랑하는 행복한교회 성도 여러분!

교회를 사랑의 공동체라 하였습니다. 사랑이 없으면 동네 사랑방

만도 못합니다. 사랑 때문에 연애당이 되었다면 오늘의 교회가 하나님 사랑으로 연애당이 되게 하여야 합니다. 주님을 뜨겁게 사랑해야 합니다. 날마다 만나야 합니다. 서로 이야기를 많이 해야 합니다. 그래야 서로 깊어지는 것입니다. 서로의 삶을 나눌 수 있는 것입니다. 거기에 사랑이 싹트는 것입니다. 신뢰가 쌓이는 것입니다.

이제 행복한교회는 연애당입니다. 어떤 연애당입니까? 주님과 깊은 교제를 나누는 사랑이 있는 연애당입니다. 언제든지 달려와서 만나는 장소가 되어야 합니다. 늘 찾아와서 만나는 장소가 되어야 합니다.

또한 교회는 체육관과 같아야 합니다. 체육관에서 운동을 하듯이 우리는 교회에 와서 운동을 해야 합니다. 어떤 운동입니까? 기도운동입니다. 서로 기도해야 합니다. 개인이 기도해야 합니다. 공동체가 기도해야 합니다. 민족과 족속을 위해 기도해야 합니다. 자녀들을 위해 기도해야 합니다. 교회를 위해 기도해야 합니다.

또한 모여 예배해야 합니다. 모이기를 힘써야 합니다. 모여서 신령과 진정으로 예배를 드려야 합니다. 예배가 살면 내가 사는 것입니다. 예배에 실패하면 내가 실패합니다. 그리고 전도운동이 일어나야 합니다. 전도는 주님의 명령입니다. 내가 하기 싫든 좋든 해야 합니다. 왜냐하면 주님의 명령이기 때문입니다.

그리고 교회는 교육운동이 일어나야 합니다. 영적인 말씀운동이 일어나야 합니다. 훈련을 받아야 합니다. 영적으로 무장하는 훈련을 받아야 합니다. 그래야 승리하는 삶을 살 수 있습니다.

그리고 가정은 삶의 시작이고 마지막입니다. 교회가 바로 이래야 합니다. 이 시대에 주님의 뜻을 다하는 교회가 되어야 합니다. 이 시대에 주님의 뜻을 가장 멋있고, 매력 있게 행하는 교회가 되어야 합니다.

그리고 우리 모두는 행복한 신앙생활 하면서 주님을 기쁘시게 하는 삶이 되어야 합니다. 마침내 행복한교회는 이처럼 멋있는 교회, 멋있는 성도로서 날마다 승리하는 믿음의 역사가 있기를 예수님의 이름으로 축원합니다.

행복한 교회
행복한 성도

(행 2:42)

신앙생활을 하게 되었다는 것은 세 가지 축복의 만남을 의미합니다.

1. 하나님과의 만남입니다.

2. 하나님 말씀과의 만남입니다.

3. 좋은 사람들과의 만남입니다.

사람이 한 평생을 살아가면서 좋은 사람들과 함께 살아갈 수 있는 것만큼 복이 없다고 생각합니다. 그런 면에서 저는 우리 성도들을 만나서 함께 신앙생활을 하게 된 것이 큰 복이라고 생각합니다. 좋은 장로님들과 함께 신앙생활을 할 수 있게 된 것이 참으로 감사합니다. 좋은 권사님들과 함께 신앙생활을 할 수 있게 된 것이 참으로 감사합니다. 좋은 집사님들과 함께 신앙생활을 할 수 있게 된 것이 참으로 감사합니다. 좋은 성도님들과 함께 신앙생활을 할 수 있게 된 것이 참으로 감사합니다.

교회는 하나님이 주신 행복이 넘치는 곳입니다. 그것은 환경이나 시대를 초월하여 행복이 넘치는 곳입니다. 그래서 어떤 분은 교회는 잔칫집과 같다고 하였습니다. 하나님께서 이 땅에 처음으로 시작하셨던 예루살렘교회의 모습을 살펴보면서 함께 은혜를 나누기를 원합니다.

말씀생활

사도행전 2장 42절 말씀을 보면 "이들은 사도의 가르침을 받았다"고 했습니다. 교회의 기초는 하나님의 말씀이며 또한 성도의 신앙생활도 말씀이 중심이 되어야 합니다. 초대교회 성도들은 하나님의 말씀에 은혜 받은 삶이 있었습니다. 교회는 말씀에 은혜가 있어야 합니다. 이를 위해 초대교회는 말씀에 관심을 기울였습니다.

오순절 성령의 충만함을 받고 하나님의 말씀을 충만히 받은 초대교회가 사도행전 6장에 보면 말씀을 전하는 사도들이 하나님의 말씀에 은혜가 식어지기 시작했습니다. 이유는 초대교회의 사람들이 늘어남으로 여러 가지 일에 바쁜 나날을 보내다 보니까 하나님의 말씀을 연구하고 전하는 데 시간을 들이지 못했던 것입니다.

그래서 사도들이 성도들에게 우리가 말씀 전하는 일을 제쳐두고 공궤를 일삼는 것이 마땅치 않다고 하면서 교회의 여러 가지 일들을 도와줄 일곱 집사를 선택하게 된 것입니다.

그리고 기도하는 일과 말씀 전하는 일에 전무하게 됩니다. 이렇게 한 결과 하나님의 말씀이 왕성하게 되었습니다. 그리고 제자의 수가 많아졌다고 했습니다. 교회는 말씀에 은혜가 있어야 합니다.

그러므로 목회자는 말씀생활과 기도생활에 게으르면 안 됩니다. 그리고 성도들도 하나님의 말씀이 잘 전해질 수 있도록 협력하고 기도해주어야 합니다. 또한 초대교회는 말씀에 은혜가 있었을 뿐 아니라 말씀을 받는 일에도 열심을 냈습니다.

데살로니가교회가 환란과 핍박 중에도 믿음의 역사와 사랑의 수고와 소망의 인내를 가지고 풍성한 삶을 누리는 행복한교회가 될 수 있었던 것은 데살로니가전서 2장 6절에 데살로니가교회는 하나님의 말씀을 기쁨으로 받았으며 2장 13절에는 하나님의 말씀을 사람의 말로 아니하고 하나님의 말씀으로 들어 그들 속에 하나님의 말씀이 역사하였기 때문이라고 했습니다. 성도의 신앙 성장은 말씀생활을 통해서 이루어질 수 있습니다.

에스겔 47장에 보면 성전 문지방 밑에서 흐르는 물로 인해서 물이 발목에 오르고 무릎에 오르고 허리에 오르고 헤엄칠 만한 물이 되었다는 것은 무슨 뜻입니까? 이는 신앙생활이 말씀에 은혜를 받아야 영적 발목에 힘이 와서 교회 오는 것이 즐겁고 힘이 있게 되는 것입니다.

그리고 무릎에 올랐다는 것은 말씀에 은혜를 받으면 기도생활이 시작될 수 있다는 것입니다. 또한 허리에 올랐다는 것은 말씀에 은혜를 받아야 봉사에 힘이 있을 수 있다는 말씀입니다.

히브리서 4장에서 "하나님의 말씀은 살았고 운동력이 있으며" 디모데후서 3장에는 "하나님의 말씀은 하나님의 사람으로 온전하게 한다"고 했습니다. 시편 19편에 보면 "하나님의 말씀은 우리의 영혼을 소성케 하고 지혜롭게 하고 마음을 기쁘게 하고 순결하게 하며 눈을 맑게 한다"고 했습니다.

이사야 55장에 보면 "하나님의 말씀을 사모하면 우리의 영혼이 살고 풍성하게 될 것이라"고 하셨습니다. 말씀의 은혜가 있는 교회가 되기 위해서 기도하고 말씀을 사모하여 영혼이 행복한 교회가 되어야 합니다.

사랑하는 행복한교회 성도 여러분!

행복한교회는 말씀이 살아 있는 교회인줄로 믿습니다. 언제나 말씀이 선포되는 교회입니다. 말씀은 살아 있습니다. 말씀에는 운동력이 있습니다. 말씀에는 권세가 있습니다. 우리는 말씀을 사모해야 합니다. 그 말씀을 나에게 적용하며 살아가야 합니다. 그 말씀에 순종하며 살아가야 합니다. 오직 말씀이 삶의 전체인 것입니다. 말씀 따라 살고 말씀 따라 죽는 것입니다. 말씀이 가치관입니다. 말씀이 생명입니다.

물고기가 물을 떠나 살 수 없듯이 우리들은 말씀을 떠나 살 수 없는 하나님의 유전자를 가지고 태어난 사람들입니다. 이처럼 행복한교회가 말씀의 회복운동이 일어나서 다시 한 번 교회가 교회다워지는 역사가 있기를 바랍니다.

서로 교제

초대교회는 서로 사랑의 교제를 하는 곳이었습니다. 말씀에 보면 떡을 떼며 교제했다고 했습니다. 떡을 떼었다는 것은 성찬을 하면서 교제했다는 말씀입니다. 성만찬을 했다는 것은 주님의 십자가를 생각하면서 주님의 심정으로 서로 사랑하기를 힘썼다는 말씀입니다.

예수님께서 이 땅에 오셔서 구원의 길을 열어놓으시고 사람들에게 새 계명을 주셨습니다. 그것이 요한복음 13장 34절의 말씀입니다. 예수님의 사랑을 생각하면서 예수님의 사랑을 실천하기를 힘쓰는 곳이 교회입니다. 사랑의 교제를 상실한 것은 교회 생활이 아닙니다.

그러므로 교회에 들어오면 복 받은 사람이 되려고 해야 하는데 예수님께서 말씀하신 복을 받으려고 해야 합니다. 그것은 주는 것입니다. 왜냐하면 예수님은 주는 것이 받는 것보다 복이 있다 하셨기 때문입니다.

"범사에 여러분에게 모본을 보여준 바와 같이 수고하여 약한 사람들을 돕고 또 주 예수께서 친히 말씀하신 바 주는 것이 받는 것보다 복이 있다 하심을 기억하여야 할지니라" (행 20:35)

교회 생활을 하면서 받으려고만 하는 사람은 그 교회에서 물질의 부요를 떠나서 제일 가난한 사람입니다. 자신의 희생을 주려고 하는

교회는 지금 치료 중

사람이 가장 복이 있는 사람입니다. 마음을 주려고 하는 사람이 가장 복이 있는 사람입니다. 물질을 주려고 하는 사람이 가장 복이 있는 사람입니다. 정성을 주려고 하는 사람이 가장 복이 있는 사람입니다. 대접하려고 하는 사람이 가장 복이 있는 사람입니다.

"주라 그리하면 너희에게 줄 것이니 곧 후히 되어 누르고 흔들어 넘치도록 하여 너희에게 안겨 주리라 너희의 헤아리는 그 헤아림으로 너희도 헤아림을 도로 받을 것이니라" (눅 6:38)

초대교회에 복 있는 사람 중 대표가 요셉이라는 사람입니다. 그는 자신의 밭을 팔아 교회의 어려운 사람을 위해서 나누는 일을 했습니다. 사도행전 4장 34절에 보면 이로 인해서 교회 안에 핍절한 자가 없었다고 했습니다. 이 말은 교회 안에 어려운 사람을 서로 돌보는 일을 했다는 것입니다.

요즘에 많은 그리스도인들이 오해하고 있는 것이 있습니다. 그것은 혼자 교회의 교제 안에 있으면서 자신이 교인이라고 하는 것과 자신의 삶이 하나님이 기뻐하시는 삶을 살고 있다는 것입니다.

바울은 이러한 것에 대해서 고린도전서 12장 13절에 분명하게 말씀하고 있습니다.

"우리가 유대인이나 헬라인이나 종이나 자유자나 다 한 성령으로 세례를 받아 한 몸이 되었고 또 다 한 성령을 마시게 하셨느니라"

예수를 믿고 성령 받은 그리스도인이라면 한 몸 된 교회의 교제 안에 살아야 한다는 것입니다. 그리고 그 안에서 사랑으로 하나가 되려고 해야 한다는 것입니다. 이것이 고린도전서 12장에서 바울이 말하고 있는 몸으로서의 교회입니다.

그러므로 성도는 몸과 같은 교회 안에서 사랑으로 하나가 되어야 합니다. 성도는 몸과 같은 교회 안에서 사랑으로 섬기며 주려고 하는 사랑의 맛을 내는 삶을 살아야 합니다. 이것이 교회의 원동력입니다. 이렇게 신앙적 삶을 살아갈 때 교회는 천국이 되는 것입니다.

사랑하는 행복한교회 성도 여러분!

예수님의 사랑을 생각하면서 예수님의 사랑을 실천하기를 힘쓰는 곳이 교회입니다. 사랑의 교제를 상실한 것은 교회 생활이 아닙니다. 행복한교회는 교제를 회복해야 합니다. 서로 삶을 나누는 모습이 있어야 합니다. 아는 사람끼리 모여서 즐기는 것이 아닙니다. 누구나 서로 같은 짐을 지고 도와야 합니다. 예배시간에 인사하며 같은 마음을 가지고 예배에 동참해야 합니다. 그리고 예배 후 식사시간에 서로 인사하며 맛있게 교제하며 식사를 해야 합니다. 거기에는 웃음이 있고 행복이 흘러 넘쳐날 줄로 믿습니다.

기도의 행복

내가 부를 때 응답하는 사람이 있다는 것이 행복

이라는 것을 아십니까? 저는 얼마 전에 목회자 세미나에서 응답이란 말을 해석하는 말씀에 은혜를 받은 적이 있습니다. 응답이란 말은 하나님은 언제나 우리가 부를 때 응답하시는 분이시라는 것입니다.

초대교회 성도들은 함께 모여 기도하기를 힘쓰는 삶을 살았습니다. 그리고 개인적으로 기도하는 삶을 살았습니다. 이 일로 인해서 그들은 하나님의 능력을 경험하고 살았습니다. 그들이 기도할 때 하나님은 그들의 능력이 되어주셨습니다.

사도행전 4장에 보면 베드로가 잡혔다가 협박 속에 풀려났을 때 그들은 기도했습니다. 그리고 하나님은 그들에게 성령의 충만함을 주셨습니다. 그래서 그들은 능력 있게 하나님의 말씀을 전할 수 있었습니다. 기도할 때 그들의 안내자가 되어주셨습니다. 그들이 기도할 때 하나님은 그들을 하나님의 사역의 장소로 끊임없이 인도해주셨습니다.

교회는 기도의 행복이 있는 곳입니다. 행복한교회 중보기도자들이 늘 기도합니다. 얼마 전에 중보기도 하는 분들의 기도제목을 보니까 하나님은 그들의 기도에 응답하고 계신 것을 보았습니다. 교회는 성도들의 영적 우물입니다. 세상에서 갈하고 힘이 들 때 기도하여 하나님의 도우시는 새 힘을 얻는 곳입니다. 이들의 교회 생활은 행복이 넘치는 생활이었습니다. 이렇게 행복한 교회생활은 이들로 하여금 교회에 모이기를 힘쓰게 했습니다.

그리고 교회에 모일 뿐 아니라 가정마다 돌아가면서 기쁨으로 성도의 교제가 이어지게 되었습니다. 저는 행복한교회가 이런 교회가 되기를 원합니다. 하나님의 말씀이 충만하여 성도들이 은혜를 받는 것입니다.

그리고 서로 그리스도의 사랑이 넘쳐서 서로 섬기는 것입니다. 또한 서로에게 사랑을 주면서 서로 돕는 은혜가 있는 교회가 되는 것입니다. 그리고 기도가 끊어지지 않는 교회가 되어야 합니다.

그래서 기도가 계속 됨으로 기도의 간증이 넘치는 교회가 되어야 합니다. 이로 인해서 교회에 모이는 것이 기쁨이고, 가정마다 구역식구들이 한 주일에 한번 모여 서로 사랑의 교제를 나누면서 책임지는 교회가 되기를 바랍니다.

이런 교회를 이루고 살 때 이들의 생활은 찬송이 넘치는 삶이었습니다. 어디를 가든지 삶의 형편이 어떠하든지 찬송하는 삶이 이어졌습니다. 그러다 보니 항상 기뻐하는 삶이 이어졌던 것입니다. 감사하게 되는 삶이 이어졌던 것입니다. 사랑하게 되는 삶이 이어졌던 것입니다. 은혜가 넘치는 삶이 이어졌던 것입니다. 이들의 이런 삶은 사람들의 부러움을 샀습니다.

사람의 세상살이가 풍랑이 넘치는 바다와 같아서 어떤 때는 잔잔하다가도 어떤 때는 풍랑이 일어납니다. 초대교회 성도들은 삶의 풍랑이 일어도 언제나 하나님의 말씀에 은혜가 있었습니다.

그리고 파도가 잔잔해도 언제나 하나님의 말씀에 은혜가 있고 기도에 힘이 있어서 은혜생활을 하였습니다. 왜냐하면 그들의 삶이 이 땅에 목표가 있지 않았기 때문입니다. 그들의 삶은 하늘나라에 있었습니다. 그들의 삶은 하나님의 말씀을 따라 범죄하지 않았습니다. 그들의 삶은 힘이 있고, 소망 중에 살았기에 사람들의 칭찬이 있었습니

교회는 지금 치료 중

다. 그리고 이들의 이런 은혜생활 중에 주님께서 구원받는 사람의 수를 날마다 더하시는 은혜가 있었다고 했습니다.

이런 행복이 넘치는 교회가 행복한교회인 줄로 믿습니다. 그러면 무엇이 이들로 하여금 이런 교회를 시작하게 하였습니까? 이들의 이런 교회가 시작된 것은 인위적인 것에 의해서 된 것이 아닙니다. 그들 안에 성령이 충만했기 때문입니다. 하나님의 영이 그들 안에 충만하게 됨으로 그들의 행복한 신앙생활이 시작된 것입니다.

이제 우리도 죽어가는 생명에 새로운 생기를 불어넣듯이 하나님의 은혜를 간절히 사모하는 삶이 되어야 하겠습니다. 모이기를 힘쓰고 사모함으로 성령의 충만함을 받는 저와 여러분이 되기를 바랍니다.

이처럼 승리의 삶을 살기 위해서는 기도해야 합니다. 기도만이 해결입니다. 기도만이 돌파구입니다. 이 시대에 없는 것이 있습니다. 물질도 많습니다. 명예도 많습니다. 권력도 있습니다. 그러나 기도가 없습니다. 다른 것은 없어도 살아갈 수 있습니다. 그러나 기도 없이는 살아갈 수가 없습니다.

초대교회가 교회되게 한 결정적인 사건은 기도였습니다. 모여 기도한 것입니다. 기도에 올인한 것입니다. 그럴 때 기적의 역사가 나타난 줄로 믿습니다. 성령의 불이 임한 줄로 믿습니다. 기도하므로 그들은 죽음도 두려워하지 않았습니다. 사람도 두려워하지 않았습니다. 기도로 승리했던 것입니다. 기도합시다. 모여서 기도합시다. 기도만이 승리의 길인 줄로 믿습니다.

사랑하는 행복한교회 성도 여러분!

행복한교회는 말씀이 살아 있는 교회인줄로 믿습니다. 언제나 말씀이 선포되는 교회입니다. 말씀은 살아 있습니다. 말씀에는 운동력이 있습니다. 말씀에는 권세가 있습니다. 우리는 말씀을 사모해야 합니다. 그 말씀을 나에게 적용하며 살아가야 합니다. 그 말씀에 순종하며 살아가야 합니다.

오직 말씀이 삶의 전체인 것입니다. 말씀 따라 살고 말씀 따라 죽는 것입니다. 말씀이 가치관입니다. 말씀이 생명입니다. 물고기가 물을 떠나 살 수 없듯이 우리들은 말씀을 떠나 살 수 없는 하나님의 유전자를 가지고 태어난 사람들입니다. 이처럼 행복한교회가 말씀의 회복운동이 일어나서 다시 한 번 교회가 교회다워지는 역사가 있기를 바랍니다.

또한 예수님의 사랑을 생각하면서 예수님의 사랑을 실천하기를 힘쓰는 곳이 교회입니다. 사랑의 교제를 상실한 것은 교회 생활이 아닙니다. 행복한교회는 교제를 회복해야 합니다. 서로 삶을 나누는 모습이 있어야 합니다. 아는 사람끼리 모여서 즐기는 것이 아닙니다. 누구나 서로 같은 짐을 지고 도와야 합니다. 예배시간에 인사하며 같은 마음을 가지고 예배에 동참해야 합니다. 그리고 예배 후 식사시간에 서로 인사하며 맛있게 교제하며 식사를 해야 합니다. 거기에는 웃음이 있고 행복이 흘러 넘쳐날 줄로 믿습니다.

그리고 이처럼 승리의 삶을 살기 위해서는 기도해야 합니다. 기도만이 해결입니다. 기도만이 돌파구입니다. 이 시대에 없는 것이 있습

교회는 지금 치료 중

니다. 물질도 많습니다. 명예도 많습니다. 권력도 있습니다. 그러나 기도가 없습니다. 다른 것은 없어도 살아갈 수 있습니다. 그러나 기도 없이는 살아갈 수가 없습니다.

초대교회가 교회되게 한 결정적인 사건은 기도였습니다. 모여 기도한 것입니다. 기도에 올인한 것입니다. 그럴 때 기적의 역사가 나타난 줄로 믿습니다. 성령의 불이 임한 줄로 믿습니다. 기도하므로 그들은 죽음도 두려워하지 않았습니다. 사람도 두려워하지 않았습니다. 기도로 승리했던 것입니다. 우리 기도합시다. 우리 모여서 기도합시다. 기도만이 승리의 길인 줄로 믿습니다.

행복한
교회

'정반합正反合'이란 말이 있습니다. 본래 이 단어는 철학 용어로서 사전적인 정의에 의하면 하나의 주장(정, 테제)과 그 반대되는 주장(반, 안티테제)과의 갈등을 통해 새로운 합이 창출된다는 것입니다.

본래 철학자 '헤겔'의 '변증법'을 도식화한 것으로 헤겔 본인에 의해서는 사용된 적이 없지만 헤겔 이후 그의 논리학을 해설하는 과정에서 붙여진 용어로 알려져 있습니다.

그러나 이 단어는 사회 발전을 해석하는 매우 보편적인 패러다임으로 사용되어 왔습니다. 저는 오늘날 한국 사회의 갈등도 이런 틀로 어느 정도 설명이 가능하다고 믿고 있습니다.

한동안 우익 이데올로기 일변도였던 우리 사회가 최근에는 때 늦게 제기된 좌익 이데올로기로 갈등하면서 이제 새로운 합일을 찾기 위한 교차로에 서 있는 것이 아닌가 생각됩니다.

교회는 지금 치료 중

그런데 오늘 우리는 같은 패러다임을 우리의 신앙 발전 과정에도
적용해볼 수가 있습니다. 우리의 신앙이 지나치게 이성적으로 발전하
면 우리의 감성의 영역이 빈곤하게 됩니다. 그래서 그 반작용으로 우
리는 매우 극단적인 신비 신앙에 몰두하게 됩니다.

반대로 우리의 신앙이 지나치게 감정적으로만 발전하면 이성적인
판단이 결여되어 매우 비이성적인 신앙의 모습으로 기울어질 수가 있
습니다. 그러나 이런 두 가지 대립적인 신앙의 형성과정을 통해서 우
리는 이성과 감성을 통합하는 보다 인격적인 신앙의 합일을 이루어야
하는 과제를 떠안게 됩니다.

초대교회 중 이런 두 가지 극단의 신앙의 성향으로 갈등하고 있었
던 교회가 고린도교회이었습니다. 세속주의가 고린도 도시의 삶의 스
타일이었다면 이 도시에서 기독교 신앙을 수용한 고린도교회의 신앙
스타일은 신비주의였다고 할 수 있습니다. 따라서 고린도교회의 신앙
인들은 누구나 세속주의와 신비주의라는 두 가지의 극단적 삶의 스타
일 사이에서 갈등할 수밖에 없었던 것입니다.

바울 사도 당시 '고린도인처럼 산다'는 말은 도덕적인 기준을 포기
한 채로 매우 세속적인 죄에 몰두하는 삶을 산다는 의미가 되었습니
다. 무역항을 끼고 발전하던 상업도시로서와 로마의 검투 경기를 수
용한 스포츠 오락도시의 영향으로 고린도 시민들은 황금과 오락에 빠
져 죄의 안락한 심연으로 빠져들고 있었습니다.

바울 사도는 주후 50년경 그의 제2차 전도 여행 중 이 도시에 도착
하여 복음을 전합니다. 유대인 회당과 유스도라는 사람의 집을 중심

두번째 이야기, 행복한 공동체

으로 전도하던 그의 선교의 결실로 드디어 고린도교회가 탄생합니다.

그러나 바울이 다음 선교지 에베소로 떠난 후 고린도 도시에서 그리스도에 대한 믿음을 받아들인 교인들 가운데 더러는 교회 안에 들어왔지만 여전히 세속성을 극복하지 못하고 부도덕에 빠져 들게 되었고, 더러는 죄에 빠지는 대신 신앙의 황홀한 감정에 몰두하는 신비적인 신앙을 형성해가고 있었던 것입니다.

이런 신앙의 극단을 벗어나 건강한 신앙을 형성하도록 권면할 필요를 느껴 붓을 듭니다. 이것이 바로 고린도서인 것입니다. 그러면 우리가 고린도교회에서 배워야 할 건강한 교회의 모습은 무엇일까요?

성령의 역동

고린도교회는 성령의 은사를 사모했습니다. 그것은 잘한 일이고 당연히 그래야만 했었습니다. 우리가 성령의 역사로 거듭난 그리스도인들이라면 성령의 깊은 은혜 속으로 나아가고 싶은 영적 욕구가 없을 수 없습니다. 그것은 거듭난 성도들의 지극히 자연스런 욕구라고 믿습니다.

바울 사도는 이런 욕구를 가지고 성령의 은혜를 사모하고 있던 고린도의 성도들에게 고린도전서 12장에서 14장까지 무려 3장에 걸쳐 성령의 은사문제를 다루고 있습니다.

이 대목에서 바울의 권면은 대체로 세 가지로 요약됩니다.

먼저는 영적인 일에 대하여 무지한 성도가 되지 말라는 것입니다.

다음은 신령한 은사들을 사모하라는 것입니다. 마지막으로 그러나 성령의 은사를 사모하는 사람들일수록 교회 안에서 덕과 질서를 세우는 성도가 되어야 한다는 것입니다.

첫 번째 권면은 신령한 일에 대하여 무지하지 말라는 것입니다.

고린도전서 12장 1절의 말씀이 어떻게 시작되고 있습니까?

바울은 우리가 예수를 주로 믿고 고백하게 된 것 자체가 성령의 역사였다고 말합니다. 성령으로 아니하고는 누구든지 예수를 주시라 할 수 없다고 했습니다. 이렇게 성령으로 예수를 만난 우리가 성령에 관심을 갖고 성령의 은사를 알고 싶어 하는 것은 당연한 일이며 바울은 그래서 둘째 권면으로 그들에게 성령의 은사를 사모하라고 가르칩니다.

바울 사도는 성령의 다양한 은사들을 열거한 다음 고린도전서 12장 31절에서 이렇게 가르칩니다.

고린도전서 14장 1절에서도 권면합니다.

이어서 셋째 권면으로 성령의 은사를 사모하는 사람일수록 교회의 덕과 질서를 세워야 한다고 가르칩니다.

저는 행복한교회 성도들이 성령에 대하여 목마르지 않기를 기대합니다. 저는 행복한교회 성도들이 행복한교회 안에서 성령의 생수를 깊이 마시고 춤추고 기뻐하는 모습을 보고 싶습니다.

그러나 여기에는 한 가지 중요한 행복한 공동체의 윤리적 약속이 필요하다고 느낍니다. 그것은 우리의 모든 은사 추구는 철저하게 교회의 덕과 질서를 위해 이루어져야 한다는 것입니다.

바울 시대나 지금이나 동일하게 성령 사역을 오픈하다 보면 문제가 생길 수 있습니다. 교회 내에서 영적 지도를 받으며 건강하게 은사를 추구하기보다 교인들을 데리고 무분별하게 여기 저기 은사집회를 돌아다닙니다. 그러다보면 가정을 등한시하고 자기가 속한 교회를 세우지 못하는 철없는 성도들이 생겨나는 것입니다.

바울은 이런 사람들에게 고린도전서 14장 전체를 통하여 두 가지 단어를 반복합니다. 덕을 세우고 질서를 따르라는 것입니다. 그래야 성령운동이 비윤리적 운동으로 오해받지 않습니다. 그래야 건강한 교회를 세우는 건강운동이 될 수 있기 때문입니다. 우리가 꿈꾸는 교회는 성령의 역동이 있는 교회입니다.

사랑하는 행복한교회 성도 여러분!

은혜를 사모하십시오. 성령의 충만을 간구하고 사모하십시오. 그러나 교회 질서 안에서 해야 합니다. 은사를 개발하고 발견된 은사를

교회는 지금 치료 중

통해 봉사하십시오. 서로 세우며 나아가야 합니다. 그래서 건강한 교회 사역이 될 때 교회는 부흥의 역사가 나타날 줄로 믿습니다. 이런 각종 은사의 개발과 발견을 통하여 마침내 성령의 강한 역사를 체험하는 교회와 공동체가 되기를 바랍니다.

성숙한 교회

고린도교회에서 배우는 건강한 교회의 두 번째 레슨은 무엇보다 우리 교회가 성숙한 교회가 되어가야 한다는 것입니다. 이미 말씀드린 것처럼 고린도교회는 성령의 은사들을 추구하는 남다른 열정을 가진 교회였지만 그럼에도 불구하고 바울 사도는 고린도교회가 영적으로 미성숙한 교회, 따라서 더 자라가야 할 교회라고 진단합니다.

우리의 영적 성숙의 가장 현저한 표지는 남을 배려하고 공동체를 세울 줄 아는 것입니다. 그런데 고린도교회에는 이런 것들이 결여되어 있었던 것입니다. 조금 은사를 경험하고 받았다고 해서 안하무인처럼 행동하는 성도들이 생겨난 것입니다. 특별히 방언의 은사를 체험한 성도들에게서 그런 모습들이 보인 것입니다.

바울이 그들에게 무엇이라고 말합니까?

고린도전서 14장 19절의 말씀을 보십시오.

"그러나 교회에서 네가 남을 가르치기 위하여 깨달은 마음으로 다섯 마이 말은 결코 방언을 무시하는 말이 아닙니다. 사도는 고린도전서 14장 39절에서 "방언 말하기를 금하지 말라"고 분명하게 말합니다. 그러나 그럼에도 불구하고 방언은 은사 중의 하나일 뿐이고, 방언을 하는 것이 결코 영적 우월감의 표지가 될 수 없다는 것입니다.

고린도전서 12장 30절에서 사도는 어떻게 말합니까?

우리는 서로의 은사가 다름을 이해하고 존중하고 서로를 정중하게 배려하고 사역할 줄 알아야 한다는 것입니다. 그것이 바로 영적 성숙인 것입니다.

바울은 고린도교회가 성령을 사모하고 은사를 사모하는 교회임을 칭찬했습니다. 그러나 영적으로 그리고 도덕적으로 상당한 혼란을 겪고 있었던 가장 중요한 원인이 진정한 의미에서 영적으로 자라나지 못한 성도들이 많은 때문이라고 보았습니다.

바울은 그들을 고린도전서 3장에서 육신에 속한 자들이요 영적 어린 아이들이라고 말합니다. 영적 아이들의 가장 현저한 삶의 특성이 무엇입니까? 아이들이 모여서 서로 어울릴 때 제일 많이 하는 일이 무엇일까요? 맞습니다. 서로 싸우는 일입니다.

바울 사도는 영적 성숙이 지체된 성도들의 모임에서 제일 두드러지게 관찰되는 현상이 바로 시기와 질투라고 지적합니다. 그것은 누구를 지도자로 따를 것인가? 혹은 누구의 은사가 더 우월한가? 따위의 이슈들이었습니다.

고린도전서 3장 1절을 보실까요?

"형제들아 내가 신령한 자들을 대함과 같이 너희에게 말할 수 없어서 육신에 속한 자 곧 그리스도 안에서 어린아이들을 대함과 같이 하노라"

3절에서는 이런 아이됨 혹은 육신성의 특성을 어떻게 지적합니까?

"너희는 아직도 육신에 속한 자로다 너희 가운데 시기와 분쟁이 있으니 어찌 육신에 속하여 사람을 따라 행함이 아니리요"

그래서 우리는 자라나야 합니다. 문제는 어떻게 자라날 수 있겠습니까? 무엇을 하는 것이 자라나는 것입니까?

사랑하는 행복한교회 성도 여러분!

우리는 자라나야 합니다. 우리는 성숙해야 합니다. 신앙이 성숙해야 합니다. 믿음이 성숙해야 합니다. 질서가 성숙해야 합니다. 서로 은사를 개발하고 존중해주어야 합니다. 서로 도움이 되어야 합니다. 은사를 나누어서 함께 공유해야 합니다.

두번째 이야기, 행복한 공동체

교회를 교회되게 하기 위해서 공동체 의식이 있어야 합니다. 우리는 서로 지체입니다. 우리는 서로 하나입니다. 남을 무시하지 말아야 합니다. 다른 사람의 은사와 성령의 체험을 업신여기지 말아야 합니다. 존중해주어야 합니다. 그럴 때 교회가 교회다워지며 역사하는 교회가 될 줄로 믿습니다. 마침내 행복한교회는 성숙한 교회로써 쓰임받는 역사가 임할 줄 믿습니다.

사랑을 실천

고린도전서 12장을 가리켜 우리는 흔히 은사장이라고 부릅니다. 이 은사장이 어떤 교훈으로 마무리되고 있습니까?

"너희는 더욱 큰 은사를 사모하라 내가 또한 가장 좋은 길을 너희에게 보이리라" (고전 12:31)

고린도전서 12~14장에 이르는 영적 은사의 교훈에서 바울 사도가 가장 여러 구절을 통해 다룬 은사는 방언의 은사였습니다. 아마도 고린도교회 내에서 고린도 성도들이 가장 귀하게 여겼던 은사가 방언의 은사였던 것으로 보여 집니다. 또한 그만큼 방언의 은사를 둘러싸고 성도들 사이에 분쟁이 일어났던 것으로 보입니다.

그런데 이제 바울은 방언에만 관심을 고착시키지 말고 더욱 큰 은사들을 사모하라고 가르치는 것입니다. 그리고 이어서 은사 문제에 있어서 무엇보다 관심을 가지고 추구해야 할 가장 좋은 길을 추구하라고 촉구합니다.

그렇다면 제일 좋은 길이 무엇이겠습니까? 12장 다음이 어디로 연결되는가를 주목하시면 됩니다. 13장입니다. 사랑장입니다.

사랑은 가장 좋은 길입니다. 사랑은 가장 귀한 은사입니다. 사랑은 우리 모두가 그 무엇보다 먼저 추구할 것입니다.

고린도전서 13장에 이어 연결되는 14장 1절이 무슨 말씀이었습니까? '사랑을 추구하며……' 입니다. 아마도 고린도교회는 디도 유스도라는 사람의 집에서 시작된 것으로 보입니다.

사도행전 18장 7~8절을 보십시오.

"거기서 옮겨 하나님을 경외하는 디도 유스도라 하는 사람의 집에 들어가니 그 집은 회당 옆이라 또 회당장 그리스보가 온 집으로 더불어 주를 믿으며 수많은 고린도 사람도 듣고 믿어 세례를 받더라"

바울이 고린도에 도착하여 유대인 회당을 찾아 복음을 전했을 때 복음에 관심을 보이는 사람들이 생겨나자 회당 바로 옆에 있던 디도 유스도의 집에 초청하여 거기서 회당장과 여러 사람들이 마침내 예수를 믿고 고린도교회는 태어난 것입니다.

유스도의 집에 모여 서로 몸을 부딪치며 복음을 이야기하고 함께 찬양하던 바로 그곳이 고린도교회 탄생의 요람이었던 것입니다. 그러나 모든 기독교 공동체가 그런 것처럼 회심자의 숫자가 많아지고 집에서 모이던 교회의 분위기를 상실하면서 고린도교회는 급속히 사랑을 잃어가고 있었습니다. 그리고 논쟁하는 교회로 분위기가 변질되고 있었던 것입니다. 바울은 그들에게 그 사랑의 요람으로 돌아가 사랑을 회복해야 한다고 가르치는 것입니다.

그것이 우리 교회가 주일 모임뿐만 아니라 구역 모임을 강조하는 이유인 것입니다. 사랑은 추상명사가 아닙니다. 사랑은 동사입니다. 사랑은 구체적인 사랑의 실천의 장을 가질 때 비로소 꽃을 피우고 열매를 맺는 것입니다.

그래서 우리는 12명 미만의 사람이 작은 공동체로 모여 서로를 돌보고 그리고 구체적인 선교와 이웃 사랑의 실천으로 우리의 이웃들에게 다가가고자 하는 것입니다.

사랑하는 일은 방언하는 것보다 더 귀한 것입니다. 사랑을 실천하는 일은 방언하는 것보다 더 귀한 것입니다. 사랑하는 것은 방언보다 더 귀하고 예언보다 더 귀한 것입니다. 왜냐하면 주님은 사랑을 위해 죽으셨고 부활하신 주님은 이 사랑 나눔을 위하여 우리로 공동체로 살라고 우리를 한 몸인 교회의 지체가 되게 하신 것입니다.

지체의 삶의 모습이 무엇입니까?

"만일 한 지체가 고통을 받으면 모든 지체가 함께 고통을 받고 한 지체가 영광을 얻으면 모든 지체가 함께 즐거워하느니라" (고전 12:26)

이것이 바로 교회이고 이렇게 사는 것이 성도의 삶의 본질인 것입

교회는 지금 치료 중

니다.

'성 어거스틴'의 말은 얼마나 진리입니까? "본질적인 것에 일치를 비본질적인 것에는 관용을 그리고 모든 것에 사랑을!"

바울 사도의 고린도교회에 대한 결론적 교훈이 무엇인지 아십니까? 고린도전서 16장 14절입니다.

"너희 모든 일을 사랑으로 행하라"

선교사 '데이비드 리빙스톤'의 전기 작가가 아프리카를 여행하며 그가 사역했던 곳들과 사람들을 만나 그가 거기서 무슨 설교를 했는지 그가 어떤 일을 했는지를 묻습니다.

그런데 이 작가가 가장 많이 들어야 했던 대답은 하나였습니다.

"우리는 그가 무슨 설교를 했는지 그가 어떤 일을 했는지 잘 기억 못하겠습니다. 다만 한 가지 분명한 것은 그는 예수님이 하신 것처럼 그렇게 우리를 사랑했습니다." 이것이 우리의 모습, 우리 교회의 모습 이 될 수 없을까요?

사랑하는 행복한교회 성도 여러분!

행복한교회는 사랑을 실천하는 교회인 줄로 믿습니다. 다른 사람 의 은사와 달란트를 인정할 뿐만 아니라 존중해주는 교회입니다. 누 구나 사역할 수 있습니다. 예수 그리스도를 구주로 믿고 거듭난 성도 라면 봉사할 수 있습니다. 헌신할 수 있습니다. 왜냐하면 행복한교회는 시기와 질투를 잃어버린 교회이기 때문입니다. 행복한교회는 사랑만 넘치는 교회이기 때문입니다.

사랑하는 행복한교회 성도 여러분!

행복한교회는 성령의 역동이 있는 교회인 줄로 믿습니다. 따라서 은혜를 사모하십시오. 성령의 충만을 간구하고 사모하십시오. 그러나 교회 질서 안에서 해야 합니다. 은사를 개발하고 발견된 은사를 통해 봉사하십시오. 서로 세우며 나아가야 합니다. 그래서 건강한 교회 사역이 될 때 교회는 부흥의 역사가 나타날 줄로 믿습니다. 이런 각종 은사의 개발과 발견을 통하여 마침내 성령의 강한 역사를 체험하는 교회와 공동체가 되기를 바랍니다.

그리고 행복한교회는 성숙을 필요로 하는 교회입니다. 그래서 완숙미가 넘치는 교회로 성장해야 합니다. 따라서 우리는 자라나야 합니다. 우리는 성숙해야 합니다. 신앙이 성숙해야 합니다. 믿음이 성숙해야 합니다. 질서가 성숙해야 합니다. 서로 은사를 개발하고 존중해주어야 합니다. 서로 도움이 되어야 합니다. 은사를 나누어서 함께 공유해야 합니다.

교회를 교회되게 하기 위해서 공동체 의식이 있어야 합니다. 우리는 서로 지체입니다. 우리는 서로 하나입니다. 남을 무시하지 말아야 합니다. 다른 사람의 은사와 성령의 체험을 업신여기지 말아야 합니다. 존중해주어야 합니다. 그럴 때 교회가 교회다워지며 역사하는 교회가 될 줄로 믿습니다. 마침내 행복한교회는 성숙한 교회로써 쓰임

받는 역사가 임할 줄 믿습니다.

그리고 행복한교회는 사랑을 실천하는 교회인 줄로 믿습니다. 다른 사람의 은사와 달란트를 인정할 뿐만 아니라 존중해주는 교회입니다. 누구나 사역할 수 있습니다. 예수 그리스도를 구주로 믿고 거듭난 성도라면 봉사할 수 있습니다. 헌신할 수 있습니다. 왜냐하면 행복한교회는 시기와 질투를 잃어버린 교회이기 때문입니다. 행복한교회는 사랑만 넘치는 교회이기 때문입니다. 이런 성령의 역동이 있는 교회, 그리고 성숙을 필요로 하는 교회, 사랑을 실천하는 교회가 되어서 이 시대를 짊어지고 가는 교회가 되기를 바랍니다. 이렇게 리더해가는 교회가 되기를 바랍니다.

교회는
만남의 장소

"거기서 내가 너와 만나고 속죄소 위 곧 증거궤 위에 있는 두 그룹 사이에서 내가 이스라엘 자손을 위하여 네게 명령할 모든 일을 네게 이르리라" (출 25:22)

교회는 하나님께서 세상을 살아가는 우리들에게 주신 가장 귀중한 선물입니다. 가정도 귀한 선물입니다. 직장도 귀한 선물입니다. 나라도 귀한 선물이지만 교회는 가장 귀중한 선물입니다. 그래서 시편 기자는 이렇게 고백했습니다.

"주의 집에 거하는 자가 복이 있나이다" (시 84:4)

교회는 어떤 곳입니까? 교회는 구원의 방주입니다. 교회는 하나님께 제사 드리는 곳입니다. 교회는 만민의 기도하는 집입니다. 교회는 죄와 병을 치료하는 병원입니다. 교회는 은혜와 축복의 창고입니다. 교회는 어머니의 품입니다. 교회는 피로 사신 하나님의 집입니다. 교회는 그리스도의 몸입니다. 교회는 성령의 전입니다. 교회는 세상의

교회는 지금 치료 중

소금입니다. 교회는 세상의 빛입니다. 교회는 천국의 지점입니다. 교회는 만남의 장소입니다.

'교회는 만남의 장소입니다.' 인생은 만남이고 행복과 기쁨도 만남인데 교회는 만남의 장소입니다. 교회는 하나님을 만나는 장소이고 사람들을 만나는 장소입니다. 만남이 없는 인생은 사막과 같습니다. 만남이 없는 인생은 고독하고 불행합니다. 만남이 없을 때 인생은 시들어서 죽고 맙니다. 그런데 만남이 있는 곳이 있습니다. 그곳이 교회입니다. 그곳이 바로 행복한교회인 줄로 믿습니다.

하나님을 만나는 장소

교회는 하나님을 만나는 장소입니다. 하나님은 인생을 행복하게 만드시기 위해서 만남의 장소를 마련해 주셨습니다. 사막에서 오아시스를 만나듯 광야와 같은 세상에서 교회를 만나게 해 주셨습니다. 하나님께서 시내산에서 모세로 하여금 성막을 만들게 하셨습니다. 성막은 만남의 장소였습니다. 성막의 중심에는 법궤와 속죄소가 있었는데 하나님께서 그곳에서 이스라엘 백성들과 만나시겠다고 말씀했습니다.

"거기서 내가 너와 만나고 속죄소 위 곧 증거궤 위 있는 두 그룹 사이에서 내가 이스라엘 자손을 위하여 네게 명령할 모든 일을 네게 이르리라" (출 25:22)

하나님께서 성막에서 이스라엘과 만나고 그들에게 말씀하시겠다고 말씀했습니다. 성막은 교회의 모형입니다. 교회는 하나님을 만나는 곳이고 하나님의 말씀을 듣는 곳입니다.

야곱이란 사람이 아버지와 형을 속이고 하란으로 도망을 쳤습니다. 피난길에 오른 야곱이 어느 날 저녁, 돌을 베개하고 들에 누어 잠을 자고 있었습니다. 꿈속에 사다리가 땅 위에 섰습니다. 그런데 그 꼭대기가 하늘에 닿았고 천사들이 그 위에서 오르락 내리락했습니다. 바로 그때 하나님께서 야곱에게 나타나서 이렇게 말씀했습니다.

"……나는 아브라함의 하나님이요 이삭의 하나님이라 네가 누워 있는 땅을 내가 너와 네 자손에게 주리니 네 자손이 땅의 티끌 같이 되어 …… 땅의 모든 족속이 너와 네 자손을 인하여 복을 받으리라" (창 28:13~14)

야곱이 잠이 깨어 일어나서 두려움과 기쁨에 차서 이렇게 말했습니다.

"이 곳이 하나님의 전이요 하늘의 문이로다" (창 28:17)

그리고 그곳에서 돌기둥을 세우고 하나님께 예배드리며 그곳 이름을 벧엘이라고 했습니다. 벧엘이란 하나님의 집, 곧 교회란 말입니다. 교회는 하나님을 만나는 곳이고 하나님의 말씀을 듣는 곳입니다.

한나가 실로에 있는 성막에 올라가서 기도하다가 하나님을 만났습

교회는 지금 치료 중

니다. 그의 아들 사무엘이 어릴 때 실로에 있는 성막에서 하나님을 섬기다가 하나님을 만났습니다.

"사무엘이 하나님의 궤 있는 여호와의 전에 누웠더니 여호와께서 사무엘을 부르시는지라 그가 대답하여 가로되 내가 여기 있나이다" (삼상 3:3~4)

성막은 교회의 모형입니다. 교회는 한나와 같은 속상한 사람이 하나님을 만나는 곳이고 사무엘 같은 어린 소년이 하나님을 만나는 곳입니다. 그리고 하나님의 음성을 듣는 곳입니다. 하나님을 만나고 하나님의 음성을 들을 때 그는 행복한 사람이 됩니다.

"주의 집에 거하는 자가 복이 있나니……" (시 84:4)

솔로몬이 예루살렘에 성전을 지은 다음 헌당예배를 드렸습니다. 그날 밤에 하나님께서 솔로몬에게 나타나서 이렇게 말씀했습니다.

"내가 네 기도를 들었다. 이곳을 택하여 내게 제사하는 전을 삼았다. 혹 내가 하늘을 닫고 비를 내리지 아니하거나 혹 메뚜기로 토산을 먹게 하거나 혹 염병으로 내 백성 가운데 유행하게 할 때에 내 이름으로 일컫는 내 백성이 그 악한 길에서 떠나 스스로 겸비하고 기도하여 내 얼굴을 구하라. 그리하면 내가 하늘에서 듣고 그 죄를 사하고 그 땅을 고칠 것이다. 이곳에서 하는 기도에 내가 눈을 들고 귀를 기울일 것

두번째 이야기, **행복한 공동체**

이다."

교회는 하나님이 우리를 만나시는 곳이고 우리에게 말씀하시는 곳
입니다.

누가복음 18장에 죄인인 세리 한 사람이 등장합니다. 그가 기도하
러 성전에 올라갔다고 했습니다. 그러나 그는 자신이 죄가 너무 많은
사람인 것을 알기 때문에 성전 앞으로 나아가지 못했습니다. 그래서
그는 성전 뒤에 멀리 서서 눈을 들어 하늘을 우러러보지도 못하고 가
슴을 치면서 이렇게 기도했다고 했습니다.

그런데 하나님께서 그의 기도를 들어주시고 그를 만나주셨습니다.
그리고 그의 기도를 응답해주셨습니다. 죄인인 세리가 의인의 칭호를
받고 내려갔다고 했습니다. 교회는 죄인이 하나님을 만나는 곳입니
다. 하나님의 응답을 듣는 곳입니다.

사마리아 여인 하나가 수가성 야곱의 우물가에서 예수님을 만났습
니다. 이삭과 야곱의 우물은 교회의 모형들이었습니다. 야곱의 우물가
에서 예수님을 만난 사마리아 여인은 그의 운명이 바뀌어졌고 그의 불
행이 행복으로 바뀌어졌습니다. 그는 수가성에 복음을 전하는 전도의
선구자가 되었고 그곳에 교회를 세우는 교회의 반석이 되었습니다.

인생의 모든 축복과 행복은 하나님을 만나는 데서 옵니다. 그런데

하나님을 만나기 위해서는 성막에 올라가든지 벧엘로 올라가든지 성
전으로 올라가야 합니다. 그런데 지금은 성막도 없고 벧엘도 없고 성전
도 없습니다. 성막과 벧엘과 성전은 모두 교회를 가리키는 교회의 모형
들이었습니다. 예수님이 오셔서 교회를 세운다고 선언하셨습니다.

"내가 이 반석 위에 내 교회를 세우리니" (마 16:18)

그러므로 지금 우리가 하나님을 만나려면 교회에 나와야 합니다.
교회는 하나님이 세우신 집이고 예수님이 세우신 집입니다. 교회는
사람들이 하나님을 만나게 하려고 하나님께서 세상에 세우신 집입니
다. 주일 아침과 저녁에는 반드시 교회에 나와야 하고 특히 새벽에 교
회에 나와야 합니다. 새벽에 하나님이 우리들을 만나주십니다.

"……새벽에 하나님이 우리를 도우시리로다" (시 46:5)

"……새벽 이슬 같은 주의 청년들이 주께 나오는도다" (시 110:3)

"내 영광아 깰지어다 비파야 수금아 깰지어다 내가 새벽을 깨우리로다"
(시 57:8)

"새벽 아직도 밝기 전에 예수께서 일어나 나가 한적한 곳으로 가사 거기
서 기도하시더니" (막 1:35)

두번째 이야기, **행복한 공동체**

사랑하는 행복한교회 성도 여러분!

교회는 하나님을 만나는 장소입니다. 여러분들도 모두 교회에 나와서 하나님을 만나는 축복을 받으시기 바랍니다. 한나처럼 사무엘처럼 교회에서 하나님을 만나는 축복을 받으시기 바랍니다. 시므온처럼 안나처럼 교회에서 하나님을 만나는 축복을 받으시기 바랍니다.

행복한교회 장로님들처럼, 권사님들처럼, 집사님들처럼 새벽마다 교회에서 하나님을 만나는 축복을 모두 받으시기를 바랍니다. 교회는 하나님을 만나는 장소입니다. 교회에 와서 혹이 다른 것은 못해도 하나님만은 꼭 만나야 합니다. 이것이 교회에 와서 해야 할 우선순위입니다. 하나님을 만나면 모든 것이 해결될 줄로 믿습니다. 우리와 함께 하실 줄로 믿습니다.

사람들을 만나는 장소

교회는 사람을 만나는 장소입니다. 사도행전 2장은 예루살렘교회가 어떻게 시작했고 어떻게 발전했는지를 보여줍니다. 예루살렘교회는 120명의 사람들이 함께 만나서 기도하는 가운데 시작되었습니다.

"오순절 날이 이미 이르매 그들이 다 같이 한 곳에 모였더니" (행 2:1)

그리고 예루살렘에 모여든 3천여 명의 여러 종류의 사람들이 함께

교회는 지금 치료 중

만나서 사도의 가르침을 받고 함께 교제하고 함께 봉사하므로 발전했습니다. 예루살렘교회의 3천여 명 신자들이 서로 만나서 교제한 모습을 이렇게 기록했습니다.

그들이 서로 교제하며 떡을 떼며 기도하기를 전혀 힘썼습니다. 믿는 사람이 다 함께 있어 모든 물건을 서로 통용합니다. 또 재산과 소유를 팔아서 각 사람의 필요를 따라 나눠주었습니다. 그리고 날마다 마음을 같이 하여 성전에 모이기를 힘썼습니다. 그리고 집에서 떡을 떼며 기쁨과 순전한 마음으로 음식을 먹었습니다. 여기 묘사된 예루살렘교회의 특징은 사람들이 서로 만나서 함께 기도하고 함께 교제하며 함께 봉사하는 것이었습니다.

고넬료 집에서 시작한 가이사랴교회도 여러 종류의 사람들이 함께 만나서 베드로의 설교를 듣는 가운데 시작되었습니다.

"……고넬료가 그의 친척과 가까운 친구들을 모아 기다리더니" (행 10:24)

안디옥에서 시작된 안디옥교회도 유대인과 헬라인과 흑인과 백인들이 함께 모여서 금식하며 기도하는 가운데 발전했습니다.

"안디옥 교회에 선지자들과 교사들이 있으니 바나바와 니게르라 하는 시므온과 구레네 사람 루기오와 분봉 왕 헤롯의 젖동생 마나엔과 및 사울이라" (행 13:1)

교회는 여러 종류의 사람들이 함께 만나는 곳입니다. 교회에는 인종과 계급의 차별이 있을 수 없습니다. 만약 어떤 교회에 백인들만 모이고 어떤 교회에 부자들만 모인다면 그런 교회는 좋은 교회가 아닙니다. 기존 신자들이 텃새를 부려서 새 신자들이 교회에 적응하지 못한다면 그런 교회는 좋은 교회가 아닙니다.

행복한교회에는 누구나 올 수가 있습니다. 경상도 사람도 전라도 사람도 누구나 기쁘게 올 수가 있습니다. 남한 출신도 북한 출신도 누구나 기쁘게 올 수가 있습니다. 가난한 사람도 부자도 누구나 기쁘게 올 수가 있습니다. 기존 신자도 새 신자도 누구나 기쁘게 올 수가 있습니다. 그러므로 행복한교회는 좋은 교회입니다. 사도 바울은 참 교회의 특성을 이렇게 표현했습니다.

"우리가 유대인이나 헬라인이나 종이나 자유자나 다 한 성령으로 세례를 받아 한 몸이 되었고 또 다 한 성령을 마시게 하셨느니라" (고전 12:13)

"너희는 유대인이나 헬라인이나 종이나 자유인이나 남자나 여자나 다 그리스도 예수 안에서 하나이니라" (갈 3:28)

교회는 여러 종류의 사람들이 함께 만나는 곳입니다. 여러 종류의 사람들이 함께 만나서 주님께 예배드리면서 서로 교제하고 서로 봉사하는 곳입니다. 사람들이 함께 만날 때 삶의 의미와 기쁨을 누립니다. 그곳에 하나님의 축복이 임합니다. 그곳에 하나님의 뜻이 이루어지고 하나님의 나라가 이루어집니다.

지금 한국교회 안에는 예배와 봉사에 참여하는 성도보다 예배와 봉사를 구경하는 방관자들이 많이 있습니다. 큰 교회에 다니면서 예배를 구경하는 방관자들이 많이 있습니다. 인사도 없이 교회에 다니는 사람들이 있습니다. 교제도 없이 교회에 다니는 사람들이 있습니다. 이것은 자신에게나 교회에 불행한 일입니다. 성도들과의 만남이 없을 때 신앙의 발전이 있을 수 없습니다.

그리고 신앙생활의 기쁨과 감격이 있을 수도 없으며 교회의 발전도 있을 수 없습니다. 만남은 훈련입니다. 만남을 조금씩 실천해보십시오. 만남이 즐겁고 기쁘게 됩니다.

교회는 만남의 장소입니다. 교회는 사막의 오아시스와 같습니다. 교회는 하나님을 만나고 사람들을 만나서 기쁨과 행복을 누리는 곳입니다. 만남이 충만한 교회가 좋은 교회입니다. 하나님과의 만남이 충만하고 사람들과의 만남이 충만한 교회가 살아 있는 교회입니다. 하나님과의 만남이 충만하려면 모든 성도들이 하나님을 사모하면서 기도에 힘을 써야 합니다.

"여호와께서는 자기에게 간구하는 모든 자 곧 진실하게 간구하는 모든 자에게 가까이 하시는도다" (시 145:18)

"너희가 온 마음으로 나를 구하면 나를 찾을 것이요 나를 만나리라" (렘 29:13)

사람들과의 만남이 충만하려면 사람들과 모이기를 힘써야 합니다. 사람들과 인사하기를 힘써야 합니다. 사람들과 교제하기를 힘써야 합니다. 사람들과 함께 봉사하기를 힘써야 합니다.

성도들과의 만남과 교제를 힘써야 만남이 충만한 교회가 됩니다. 힘쓰지 않는데 무슨 일이 이루어질 수가 있습니까? 모든 일은 힘쓰는 데서 일어납니다. 사람들과의 교제의 폭을 넓히고 깊이 할 때 사함은 참으로 행복해질 수가 있습니다.

'테레사' 수녀는 행복한 사람이었고 '김진경' 박사나 '스티브 린튼' 박사도 행복한 사람들입니다. 하나님의 교회를 중심으로 사람들과의 교제와 봉사의 폭을 넓혀 가는 사람들이기 때문입니다.

교회는 만남의 장소입니다. 만남이 없는 교회는 교회가 아니고 만남이 없는 성도는 성도가 아닙니다. 성도는 이 세상에서 개인적으로는 존재할 수가 없습니다. 교회는 성도 하나하나가 서로서로 붙어서 그리고 주님과 붙어서 만들어져 가는 존재라는 말씀입니다.

사랑하는 행복한교회 성도 여러분!

교회는 하나님을 만나는 장소입니다. 여러분들도 모두 교회에 나와서 하나님을 만나는 축복을 받으시기 바랍니다. 한나처럼 사무엘처럼 교회에서 하나님을 만나는 축복을 받으시기 바랍니다. 시므온처럼 안나처럼 교회에서 하나님을 만나는 축복을 받으시기 바랍니다. 장로님들처럼 권사님들처럼 집사님들처럼 새벽마다 교회에서 하나님을 만나는 축복을 모두 받으시기를 바랍니다. 교회는 하나님을 만나는 장소입니다. 교회에 와서 혹이 다른 것은 못해도 하나님만은 꼭 만나야 합니다. 이것이 교회에 와서 해야 할 우선순위입니다. 하나님을 만나면 모든 것이 해결될 줄로 믿습니다. 우리와 함께 하실 줄로 믿습니다.

다음으로 교회는 만남의 장소입니다. 교회는 사막의 오아시스와 같습니다. 교회는 하나님을 만나고 사람들을 만나서 기쁨과 행복을 누리는 곳입니다. 만남이 충만한 교회가 좋은 교회입니다. 하나님과의 만남이 충만하고 사람들과의 만남이 충만한 교회가 살아 있는 교회입니다. 하나님과의 만남이 충만하려면 모든 성도들이 하나님을 사모하면서 기도에 힘을 써야 합니다. 여러분들은 만남의 장소인 행복한교회에서 충만한 만남을 가지시며 행복을 누리시기를 바랍니다.

교회 또
하나의 가족

가정의 달을 맞이해서 우리는 두 차례에 걸쳐서 '부모는 누구인가?'
라고 물었습니다. 그 이유는 행복한 가정은 자녀 쪽에서 '부모가 누구
인지'를 아는 것, 즉 부모는 사랑이고 희생이고 인내라는 것을 아는 것
이 필요하기 때문입니다. 또한 부모 편에서 '부모 자신이 누구인지'
를 아는 것, 즉 부모는 청지기요 스승이요 제사장이라는 것을 아는 것
이 필요하기 때문입니다.

그런데 가정의 달에 또 하나 더 깊이 생각해야 할 중요한 가정이 있
습니다. 그것이 무엇일까요? 그것은 바로 교회입니다. 교회를 '하나의
가족'이라고 하니 좀 생소하게 들릴지 모르겠습니다. '교회가 가족이
다'는 것에 수긍하는 분들은 '교회식구들은 가족처럼 잘 지내야 한
다'는 정도로 생각할 수도 있습니다.

물론 틀린 말은 아니지만 신앙생활을 제대로 하려면 '교회는 또 하

교회는 지금 치료 중

나의 가족'이라는 점에 대해서 잘 이해할 필요가 있습니다.

우리는 예배 때마다 사도신경을 통해서 신앙을 고백합니다. 그중에 '거룩한 공회와 성도가 서로 교통하는 것을 믿사오며'라는 고백이 있습니다. 그런데 '성도가 서로 교통한다'는 것이 무슨 내용인지 잘 모르는 경우가 있습니다.

이것은 마치 '차를 타고 다니는 교통'처럼 들리지만 아닙니다. 이 말은 헬라어로 '코이노니아'라는 단어입니다. 즉, 코이노니아를 믿는다는 것입니다. 코이노니아란 말하자면 '사귐', '나눔', '친교' 등의 의미를 갖고 있습니다.

그러니 '성도들이 사귀고 나누며 친교하는 것을 믿는다'는 뜻입니다. 그런데 성도들이 서로 사귀는 것이 당연한 것인데 그것을 신앙고백 속에 넣을 필요가 있겠습니까? '성도가 서로 사귀는 것을 믿습니다'라는 것이 좀 이상하지 않습니까? 대체 무엇을 신앙으로 고백하는 것일까요? 쉽게 말하면 성도들이 예수 그리스도 안에서 새로운 가족이 된 것을 믿는다는 뜻입니다. 예수의 이름으로 모이는 성도들은 하나님을 아버지라고 부르는 영적인 가족이다. 이것을 믿는다는 뜻입니다.

우리는 혈연적 가정을 두고 '나는 가정의 존재를 믿는다'고 고백할 필요는 없습니다. 이것은 우리가 실제 경험하고 있기 때문입니다. 그러나 하늘의 하나님을 아버지로 모시는 영적 가족은 다릅니다. 이것은 신앙적 차원입니다.

그래서 영적 가족이라는 존재를 믿는다고 하는 것입니다. 신앙고백은 하나님에 대해서 그리스도와 성령에 대해서 고백하게 함과 교회에 대해서도 고백하게 합니다.

그런데 그 고백의 내용은 교회는 조직이 아니다. 교회는 기관이 아니다. 교회는 가족이다. 그렇게 고백하게 하는 것입니다. 하나님께서는 우리들이 교회는 가족이라는 것을 신앙으로 고백하게 하십니다.

왜 교회가 우리에게 또 하나의 가족입니까? 가족이라면 어떤 의미에서 그렇습니까? 교회가 가족이라는 사실이 우리 신앙생활에 어떤 의미가 있는 것입니까?

교회는 또 하나의 가족인가?

우리는 교회는 하나의 가족이라고 고백합니다. 어떤 의미에서 가족이며 이것이 우리에게 왜 중요할까요? 그 이유는 가족의 관계성과 가족으로서의 교회, 이것이 성도들의 창조 받고 구원받은 모습이기 때문입니다.

사람들이 문명을 발전시켜 아무리 대단한 세계를 만든다고 해도 하나님이 최초로 만드신 가정이란 관계, 이것을 떠나서는 참된 행복도 구원도 없다는 말입니다. 아무리 좋은 환경을 조성한다고 해도 하나님이 최초로 만드신 가정이란 관계를 떠나서는 참된 행복도 구원도 없다는 말입니다. 구원은 가정과 같은 관계를 회복하는 것입니다. 나아가서 그 가정이 상징하는 진정한 관계성을 회복하는 것에 있다고 할 수 있습니다.

타락의 의미는 무엇입니까? 잠시 창세기로 돌아가서 타락의 의미를 생각해보겠습니다. 타락사건은 인간이 처한 핵심적 문제가 무엇인지를 보여주기에 매우 중요합니다. 사람의 가장 근본적인 문제가 무엇입니까? 물질입니까? 마음입니까? 아니면 무엇입니까? 우리는 타락사건을 통해서 그것을 알게 되는 것입니다.

창세기에 선악과에 대한 이야기가 나옵니다. 인류는 이 선악과를 먹는 것과 함께 타락하여 하나님과의 관계가 단절됩니다. 그런데 이 선악과가 얼마나 중요하기에 하나님은 이것만은 먹지 말라고 하셨습니다.

그러나 사탄은 이것만은 꼭 먹어야 한다고 했습니다. 하나님은 그것을 먹으면 죽는다고 말씀하셨습니다. 그러나 사탄은 그것을 먹어야 정녕 산다고 했습니다.

선악과가 무엇이기에 이렇게 하는 것일까요? 선악과는 말 그대로 선과 악을 알게 하는 나무의 열매입니다. 그렇다면 선과 악을 알게 해주는 것인데 왜 그것을 먹지 말아야 하는 것일까요? 죄는 선과 악이 무엇인지 모르는 무지가 아닐까요? 하나님은 우리가 무지 속에 머물기를 원하신 것일까요?

선과 악을 알게 하는 열매를 먹는다는 것은 이런 의미입니다. 선과 악은 언제나 무엇이 선이고 악인지 구분하는 기준이 있습니다. 선과 악을 알게 되는데 어떤 식으로 알게 되느냐 하면 자기 자신의 생각과 욕망과 의도가 선과 악을 구분하는 기준이 됨으로 선과 악을 알게 된다는 것입니다.

다시 말해서 무엇이 선이고 악인지에 대해서 구분하는 기준은 그것이 나에게 좋으냐? 아니면 나에게 나쁘냐? 하는 것이 된다는 것입니다. 즉, 옳고 그름의 기준이 바로 자기 자신이 되는 것입니다. 나에게 이익이 되느냐? 손해가 되느냐? 이렇게 자기 자신이 옳고 그름의 기준이 되는 것이니 이것은 곧 자신이 자신의 삶에서 스스로 신이 되는 것입니다. 그것은 자신을 숭배하는 셈이 됩니다. 이렇게 사는 모습은 한 마디로 인간이 철저하게 자기중심적인 이기적 존재가 되어 공동체를 깨뜨리는 모습입니다.

타락이 무엇이냐? 타락의 핵심은 무엇이냐? 가정이 상징하는 그런 관계성을 깨뜨리는 자기중심적인 이기적인 태도입니다. 실제로 타락한 이후에 부부의 관계가 깨어졌습니다. 형제의 관계가 깨어져 가인이 아벨을 죽이면서 가족 같은 관계성이 무너집니다.

그렇다면 구원의 의미는 무엇입니까? 이렇게 타락이 자기 자신이 옳고 그름의 기준과 선과 악의 기준이 되는 것, 즉 자기 중심적 태도라고 한다면 구원은 어떤 것일까요? 타락되기 전의 창조의 모습을 되찾는 것입니다. 창조의 모습은 무엇입니까? 그것은 하나님의 형상의 모습입니다. 하나님을 닮은 것을 되찾는 것입니다.

인간에게는 하나님에게는 닮을 수 있는 부분이 있고 또 그렇지 않은 부분도 있습니다. 예를 들어 하나님은 스스로 존재하신다는 하나님의 자존성, 이 점은 인간이 닮을 수 없는 부분입니다.

그러나 하나님은 창조하신다는 창조성은 인간이 어느 정도는 닮을 수 있습니다. 예술이나 문명은 하나님의 창조성을 닮은 것입니다. 그런데 우리가 하나님을 닮았다고 할 때 보다 가장 중요한 모습은 무엇일까요? 그것은 삼위일체에서 나타난 이타적 자세 공동체적 모습입니다.

하나님은 삼위일체로 존재하십니다. 세 분이신데 한 분이시고 한 분이 세 분이시라는 것입니다. 이 신비는 알 수 없지만 한 가지 분명한 것은 하나님은 결코 이기적이거나 자기중심적이지 않다는 것입니다. 이것이 하나님의 모습입니다. 이 모습을 두고 사랑이라고 합니다. 또 공동체적이라고 말합니다. 원래 사람은 이 모습을 닮아 창조되었습니다.

아담이 창조된 후에 아담과 이브가 서로 가정을 이루는 장면이 나옵니다. 그러면서 하나님께서 이런 말씀을 하십니다. "둘이 한 몸이 될지라" 둘이지만 하나고 하나가 곧 둘이라는 내용의 이 말씀은 셋이나 하나요, 하나이나 셋이라는 하나님의 삼위일체적 모습을 닮은 것입니다. 즉, 인간은 사랑의 관계로 창조되었다는 것입니다. 인간은 공동체적으로 가족으로 창조되었다는 것입니다. 그런데 이 모습을 잃어버리게 된 것이 바로 선악과 사건입니다.

교회를 새로운 가족이라고 했습니다. 교회는 구원을 받은 백성들입니다. 그런데 구원의 모습이 무엇이냐는 것입니다. 그것은 선악과를 따먹은 모습, 즉 자기가 선과 악의 기준이 된 자기중심적인 모습에서 하나님의 형상으로서의 모습, 즉 서로를 사랑하는 가족적 공동체의 모습으로 바뀐 것을 의미하는 것입니다. 그래서 교회가 가족일 때 비로소 구원받은 모습을 보여주는 것입니다.

교회가 무엇이냐? 그 핵심은 주님께서 말씀하신 것처럼 서로 사랑하는 것입니다. 즉 교회란 무엇이냐? 신앙고백처럼 가족이라는 것입니다. 또 가족이 되어야 비로소 구원을 받는 모습인 것입니다.

예수님의 사역의 핵심은 무엇입니까? 예수님께서 우리를 구원하시고 구원받은 사람들이 어떤 모습으로 살기를 바라신 것일까요? 예수님께서는 먼저 제자들에게 하나님을 아바 아버지라고 말씀하셨습니다. 구원받는다는 것은 하나님을 아버지로 모시는 자녀가 되는 것입니다. 즉 구원받은 모습이 가족과 같은 모습입니다. 그리고 자신을 따르는 제자들을 보고 자신의 형제와 자매라고 하셨습니다.

마가복음 3장 31~34절을 보실까요.

"그 때에 예수의 어머니와 동생들이 와서 밖에 서서 사람을 보내어 예수를 부르니 무리가 예수를 둘러앉았다가 여짜오되 보소서 당신의 어머니와 동생들과 누이들이 밖에서 찾나이다"

보십시오! 선생님의 어머니와 형제들과 누이들이 바깥에서 선생님을 찾고 있습니다. 예수께서 그들에게 대답하셨습니다. "누가 내 어머니이며 내 동생들이냐?" 그리고 주위에 둘러앉은 사람들을 둘러보시며 말씀하셨습니다. "보아라 내 어머니와 내 형제들이다. 누구든지 하나님의 뜻을 행하는 사람이 곧 내 형제요 자매요 어머니다."

그리고 니고데모가 와서 하나님 나라에 대해서 물을 때 주님은 하나님 나라에 가려면 도덕적이어야 한다, 수련이 필요하다. 이렇게 말씀하지 않으시고 오직 한 가지 조건을 말씀하십니다. "다시 태어나야 한다." 어느 한 사람의 가족이 되는 길은 출생입니다.

아무리 하인이 잘해도 유능한 종은 되지만 가족이 되는 것은 아닙니다. 가족이 되는 길은 출생입니다. 하나님 나라에 들어가는 길도 오직 출생밖에 없다는 것입니다. 이것은 주님께서 하나님 나라를 가족으로 보시는 것입니다. 영적으로 다시 출생해서 하나님의 영적 가족이 되는 것이 곧 구원이라는 것입니다.

사역의 중반기에 이르면서 이런 말씀을 하십니다. 제자들 중에는 주님을 따르면서 가족으로부터 배척을 받는 사람들이 생겨났습니다. 베드로가 "내가 모든 것을 버리고 주님을 좇았나이다"라고 말합니다.

그러자 말씀하기를 "내가 진정으로 너희에게 말한다. 나를 위하여 또 복음을 위하여 집이나 형제나 자매나 어머니나 아버지나 자녀나 논밭을 버린 사람은 지금 이 세상에서는 박해도 받겠지만 집과 형제와 자매와 어머니와 자녀와 논밭을 백 배나 받을 것이고 오는 세상에서는 영생을 받을 것이다"라고 하셨습니다.

이 말씀은 예수님을 진실하게 믿으면 이 세상에서 많은 복을 받는다는 의미가 아닙니다. 이 의미는 비록 혈연적 가족을 잃을 수 있으나 교회라는 새로운 영적 가족 안에서 전보다 더 많은 형제자매, 그리고 어머니 아버지를 만나게 된다는 것입니다. 그러니 교회를 새로운 가족으로 보신 것입니다.

그리고 십자가에 못 박히실 때의 말씀을 들어볼까요? 요한복음 19장 25~27절을 보면 예수님께서 십자가에 못 박히실 때에 그의 곁에 예수의 어머니와 이모와 글로바의 아내 마리아와 막달라 사람 마리아가 서 있었습니다. 이때 예수님께서 자기 어머니 곁에 사랑하는 제자 요한이 서 있는 것을 보고 이렇게 말씀합니다.

"자! 이분이 네 어머니시다 그 때로부터 그 제자는 그분을 자기 집으로 모셨다."

이 말씀을 읽고서 예수님께서 참 효자시구나라고 생각할 수 있습니다. 그러나 이 말씀은 요한이 마리아의 아들이 되고 요한에게는 마리아가 어머니가 되는 그런 새로운 가족을 말하는 것입니다. 이제 새로운 가족 안에서 마리아는 요한의 어머니가 되고 요한은 마리아의 아들이 되는 것입니다. 지금 주님은 하나님을 아버지로 둔 영적 새 가족을 마지막 순간까지 말씀하고 있는 것입니다.

사랑하는 행복한교회 성도 여러분!

교회는 무엇입니까? 교회는 영적인 가족입니다. 또 가족과 같아야 비로소 구원받은 모습이 된다는 것입니다. 그래서 모일 때마다 신앙으로 고백하기를 하나님을 아버지로 모신 우리들은 예수님의 피로 한 형제와 자매이다.

그러므로 우리는 서로 사랑해야 한다고 하는 것입니다. 서로 한가족이 되었습니다. 서로 한공동체가 되었습니다. 서로 한믿음을 가지고 모인 사람들입니다. 주님의 피 값으로 산 거룩한 공동체입니다. 영적인 가족입니다. 하나입니다. 새로운 가족입니다. 서로 사랑하고 서로 새 가족으로서 믿음으로 하나 되는 행복한 공동체가 되기를 바랍니다.

영적인 가족으로 살 수 있는가?

교회는 또 하나의 가족 또 하나의 영적 가족입니다. 그렇다면 우리는 어떻게 신앙생활을 해야 하는 것일까요? 교회가 영적인 가족이라면 신앙생활에서 가장 초점을 맞추어야 할 것은 어떤 성취나 일이 아니라 관계입니다. 가정에서 중요한 것은 항상 가족 간의 관계입니다. 부모와의 관계와 형제와의 관계입니다.

이처럼 교회 생활도 마찬가지입니다. 두 가지 관계가 핵심입니다. 하나는 하나님 아버지와의 관계입니다. 또 하나는 성도 간의 관계입니다. 성경을 가만히 읽어보면 결국 모든 말씀은 이 두 관계에 집중하고 있다는 것을 보게 됩니다.

우리는 책을 읽고 나면 언제나 책의 요지를 묻습니다. 두꺼운 책을 읽으면 언제나 중심내용을 생각합니다. 유대인들도 예수님에게 구약 성경을 읽으면서 물었습니다. "이 성경이 우리에게 전하고자 하는 요점이 무엇입니까?" 그러자 예수님께서 성경이 말씀하고자 하는 요점은 이것이라고 가르쳤습니다.

그 요점은 '두 가지 관계가 삶의 핵심'이라는 것입니다. 그 두 가지 관계가 곧 삶이요, 이 관계가 바르게 될 때 비로소 삶이 있다는 것입니다. 이 관계가 바르게 될 때 비로소 성숙이 있다는 것입니다. 이 관계가 바르게 될 때 비로소 행복이 있다는 것입니다.

그 두 관계가 무엇입니까? 하나님과의 관계입니다. 그리고 이웃과의 관계입니다. 이 두 관계가 핵심입니다. 그런데 이 중요한 두 가지 관계 중에서 하나님과의 관계는 자녀와 아버지의 관계입니다. 그리고 이웃과의 관계는 내 몸처럼 사랑하는 형제와 자매의 관계입니다.

그래서 주님이 말씀합니다. 율법과 선지자들이 가르친 모든 내용의 핵심은 이렇다고 말씀하셨습니다. 하나님을 온 몸과 마음을 다해서 사랑하라. 이웃을 내 몸처럼 사랑하라. 사랑이란 무엇이냐? 구체적으로 말하면 내가 하나님과 그리고 이웃에 대해서 가족적 관계 속에서 있는 것입니다.

살면서 주로 사람들은 무엇을 하느냐? 무엇을 이루었느냐? 그 업적에 늘 주목합니다. 큰 업적을 이루는 것이 목적이 되어 있습니다. 그러나 성경은 그보다 중요한 것은 관계라고 합니다.

사람이 무엇을 하느냐는 것도 그 일의 가치도 그것이 이 두 가지 관계를 위해서 기여하느냐 아니냐에 달려 있다는 것입니다. 그러므로 관계에 주목한다는 것은 곧 존재에 주목하는 것입니다. 'To do'가 아니라 'To be'에 주목하는 것입니다.

내가 늘 삶 속에서 두 가지 관계를 주목하고 이 관계가 바른 사랑의 관계 속에 있느냐? 이것을 바로 지키면서 사는 것이 곧 신앙생활이 되는 것입니다. 이렇게 관계에 주목하는 것이 성경이 말씀하는 수행법이라고 할 수 있을 것입니다.

불교 같은 동양종교의 경우에는 주로 세 가지를 주목합니다. 하나는 마음입니다. 또 호흡이고 신체입니다. 그래서 자기가 주인이 되어 자신의 마음과 호흡과 신체를 스스로 조정함으로 수행합니다. 그러나 성경은 내가 맺고 있는 두 관계를 바르게 세워가는 것이 핵심이라고 합니다.

따라서 우리는 소그룹에 초점을 맞추어야 합니다. 교회는 가족이고 관계가 핵심이라면 구체적으로 우리는 어떻게 신앙생활을 해야 하는 것일까요? 지금까지 성도들 대부분은 신앙생활에서 주일 예배를 드리고 참석하면 신앙생활을 하는 것으로 생각하고 있을 것입니다.

하나님의 말씀을 듣고 예배를 드린 것입니다. 하지만 무엇이 빠져 있을까요? 가족으로서의 교회, 이것이 빠진 것입니다. 두 가지 관계 중에서 하나의 관계가 별로 없는 셈입니다. 예배는 중요합니다. 이 예배를 통해서 하나님과의 관계를 발전시켜 갑니다. 그런데 성도 간의 관계는 별로 발전이 없을 수 있습니다. 주일날 만나서 악수하는 정도는 관계가 아닙니다.

그리고 서로 얼굴을 보고 웃고 지나가는 정도는 결코 친밀한 관계는 아닙니다. 가족과 같은 관계성을 가지려면 소그룹에 헌신해야 합니다. 하나님과의 관계가 소중하기에 우리가 예배에 헌신하는 것처럼 서로의 관계가 소중하다면 소그룹에 헌신해야 합니다.

이렇게 할 때에만 우리들은 실제로 마음에서부터 정직하게 서로 사랑할 수 있습니다. 다른 사람을 돌볼 수 있습니다. 서로 짐을 질 수 있습니다. 우리는 이런 명령을 수행할 수 있습니다. 이러한 말씀은 결코 추상적인 상태로 남아 있을 수 없습니다.

우리가 구역으로 작은 모임으로 모이게 될 때 우리는 비로소 감당할 수 있는 만큼의 사람들을 알고 사랑할 수 있으며 그들 또한 우리들을 그만큼 알고 사랑하고 섬기게 됩니다. 우리는 이러한 소그룹 속에서 대중 속의 고독 그 익명성을 벗게 되고 가족이라는 느낌을 비로소 갖게 될 것입니다.

또한 대중 앞에서 쓰고 있는 가면을 벗고 우리의 장점과 확신과 능력뿐 아니라 약점과 의심과 두려움도 나누기 시작할 수 있습니다. 그래서 비로소 주고받는 것이 무엇인지 실제로 경험하고 배우게 되는 것입니다. 다른 사람의 짐을 져주는 것이 무엇인지 실제로 경험하고 배우게 되는 것입니다. 사랑하고 사랑 받는 것이 무엇인지를 실제로 경험하고 배우게 되는 것입니다. 이렇게 함으로써 우리들은 그리스도를 함께 닮아가는 것입니다.

신앙은 그리스도와 형제에 대한 헌신입니다. 우리가 가족으로 산다는 것은 서로에 대하여 헌신하겠다는 약속을 지키는 것입니다. 우리가 영적인 가족으로 산다는 것은 언제나 두 가지 헌신이 있습니다. 하나는 하나님에 대한 헌신입니다. 또 하나는 형제에 대한 헌신입니다.

그들 안에서 그리스도를 보고 그리스도의 몸에 속하게 된 형제와 자매들이 서로 간에 약하고 허물이 많지만 서로에게 헌신하는 것입니다. 이 두 가지 관계에 대한 헌신이 없는 신앙생활은 바람직하지 않습니다. 또 스스로도 신앙생활에 깊이 만족하지 못할 것입니다.

사람에게 관심을 가지고 가족처럼 생각하며 산다는 것은 언제나 대가를 치르는 것입니다. 이것 때문에 갈등도 생기고 내가 원치 않는 짐을 질 수도 있습니다. 그러나 이것 때문에 비로소 그 속에서 하나님을 만나게 됩니다. 하나님 아버지를 만나게 되는 것입니다. 그리고 이것을 통해서 자기를 보게 됩니다. 사람들은 타인을 통해서 비로소 자기를 보는 것입니다. 나아가서 이런 관계를 통해서 비로소 성숙이 있습니다. 치유와 회복이 일어납니다.

우리의 목적 중에 하나는 "우리는 하나님의 가족으로 태어났다"는 것이었습니다. 그렇다면 가족처럼 살아야 합니다. 서로가 가족으로 살 수 있도록 하나님께서는 교회에 구역 모임을 주셨습니다. 구역 모임은 목회의 방법이 아니라 초대교회 때 가정에서 모였던 가정교회와 같습니다. 초대교회의 모습은 가정을 중심으로 한 가정교회들이 일주일에 한 번씩 주일에 연합으로 모였습니다.

요즘 계속해서 구역장들을 만나고 구역에 대해서 듣습니다. 얼마나 큰 은혜가 되는지 모릅니다. 구역에서 신앙생활의 진짜 재미를 느끼는 분들이 있습니다. 왜냐하면 신앙생활은 두 관계, 즉 하나님과의 관계와 서로의 관계를 실제로 경험할 때 진짜 재미가 있기 때문입니다.

교회는 영적인 가족입니다. 가족은 관계가 가장 중요합니다. 관계를 떠난 사람에게는 기쁨이 없습니다. 가정의 달에 가족 간의 관계의 중요성을 기억하십니까? 신앙생활에서도 결국 두 가지 관계가 중요하다는 것을 다시 기억하십시오.

하나님 아버지와의 관계, 그리고 성도들 간의 형제적 관계입니다. 이 관계가 신앙의 핵심이라면 이 신앙의 모습을 지키도록 해주는 두 가지에 헌신하십시오. 하나는 예배요, 하나는 구역입니다. 교회가 우리 모두에게 또 하나의 가족으로 체험될 수 있기를 바랍니다.

사랑하는 행복한교회 성도 여러분!

두번째 이야기, 행복한 공동체

교회는 무엇입니까? 교회는 영적인 가족입니다. 또 가족과 같아야 비로소 구원받은 모습이 된다는 것입니다. 그래서 모일 때마다 신앙으로 고백하는 하나님을 아버지로 모신 우리들은 예수님의 피로 한 형제와 자매입니다. 그러므로 우리는 서로 사랑해야 한다고 하는 것입니다. 서로 한가족이 되었습니다. 서로 한공동체가 되었습니다. 서로 한믿음을 가지고 모인 사람들입니다. 주님의 피 값으로 산 거룩한 공동체입니다. 영적인 가족입니다. 하나입니다. 새로운 가족입니다. 서로 사랑하고 서로 새 가족으로서 믿음으로 하나 되는 행복한 공동체가 되기를 바랍니다.

또한 우리는 소그룹에 초점을 맞추어야 합니다. 교회는 가족이고 관계가 핵심입니다. 지금까지 성도들의 대부분은 신앙생활에서 주일 예배를 드리고 참석하면 신앙생활을 하는 것으로 생각하고 있을 것입니다. 하나님의 말씀을 듣고 예배를 드린 것입니다. 하지만 무엇이 빠졌습니까? 가족으로서의 교회, 이것이 빠진 것입니다.

두 가지 관계 중에서 하나의 관계가 별로 없는 셈입니다. 예배는 중요합니다. 이 예배를 통해서 하나님과의 관계를 발전시켜 갑니다.

그런데 성도들 간의 관계는 별로 발전이 없을 수 있습니다. 주일날 만나서 악수하는 정도는 관계가 아닙니다. 그리고 서로 얼굴을 보고 웃고 지나가는 정도는 결코 친밀한 관계는 아닙니다. 가족과 같은 관계성을 가지려면 소그룹에 헌신해야 합니다. 하나님과의 관계가 소중하기에 우리가 예배에 헌신하는 것처럼, 서로의 관계가 소중하다면 소그룹에 헌신해야 합니다.

우리가 구역으로 작은 모임으로 모이게 될 때 우리는 비로소 감당할 수 있는 만큼의 사람들을 알고 사랑할 수 있습니다. 그들 또한 우리들을 그만큼 알고 사랑하고 섬기게 됩니다. 이런 가족과 같은 교회가 되기를 바랍니다. 가족과 같은 공동체가 되기를 바랍니다. 가족과 같은 구역식구들이 되기를 바랍니다.

예배가
생동하는 교회

예배가 살아야 합니다. 예배가 살아야 교회가 살고 내가 사는 것입니다. 예배가 죽으면 교회가 죽고 공동체가 죽습니다. 나 또한 죽습니다. 내 영이 죽습니다. 내 삶 전체가 망가지는 것입니다. 기쁨이 없습니다. 감격이 없습니다. 희망과 꿈과 비전이 없습니다. 왜냐하면 예배가 죽은 예배이기 때문입니다.

그래서 우리는 예배를 회복해야 합니다. 역동적인 예배를 드려야 합니다. 생동감 있는 예배를 드려야 합니다. 살아 있는 예배를 드려야 합니다. 그래서 예배가 생동하는 교회를 만드는 것이 우리의 첫째 목표입니다. 왜 그렇습니까?

생동하는 예배

로마서 12장 1절에 "……너희 몸을 하나님이 기뻐하시는 거룩한 산 제사living sacrifice로 드리라 이는 너희의 드릴 영적 예배spiritual worship니라" 여기 제사라는 말과 예배라는 말은 같은 말입니다. 이렇게 해석할 수 있습니다. "산 제사living sacrifice를 드리라. 영적 예배spiritual worship를 드리라. 이것을 하나님이 기뻐하시느니라." 하나님께서 생동하는 예배, 살아 있는 예배 받으시기를 기뻐하신다는 말씀입니다. 하나님께서 아벨의 믿음의 제사를 받으시고 너무나 기뻐하셨습니다.

그리고 솔로몬의 일천 번제의 제사를 받으시고 너무나 기뻐하셨습니다. 하나님은 예배 받으시기를 기뻐하시는 분입니다. 하나님께서 사람을 지으신 목적이 있습니다. 그것이 바로 하나님께 찬양의 제사를 드리게 하는 것이었습니다.

"이 백성은 내가 나를 위하여 지었나니 나를 찬송하게 하려 함이니라" (사 3:21)

하나님께서 죄인들을 구원하시는 목적이 있습니다. 그것도 하나님께 찬양의 제사를 드리게 하는 것입니다. 하나님께서 자기 백성을 애굽에서 구원하시기 위해 모세를 바로에게 보내시고 이렇게 말씀했습니다.

"Let my people go, that they may serve me."

여기 섬긴다는 말은 제사 드린다는 말이나 예배드린다는 말과 같은 말입니다. 모세는 애굽을 떠나 홍해를 건너자마자 하나님께 찬양의 제사를 드렸습니다. 그리고 시내산에 이르러서는 본격적으로 제사를 드리기 시작했습니다.

예수님도 이름 없는 한 여인의 향유 제사를 받으시고 너무나 기뻐하셨습니다. 베다니 마리아의 향유 제사를 받으시고도 너무나 기뻐하셨습니다. 한 소년으로부터 오병이어의 헌물을 받으시고도 기뻐하셨습니다. 예수님은 수가성 사마리아 여인의 회개의 제사를 받으시고도 기뻐하시면서 이렇게 말씀했습니다.

하나님께서 영적인 예배와 진실한 예배드리는 자들을 찾으신다는 말씀입니다. 히브리서 저자도 이렇게 기록했습니다.

"찬미의 제사를 하나님께 드리자 서로 나눠주기를 잊지 말라 이 같은 제
사는 하나님이 기뻐하시느니라" (히 13:15~16)

사랑하는 행복한교회 성도 여러분!

하나님은 우리들의 예배와 제사 받으시기를 기뻐하십니다. 그러므
로 우리 행복한교회는 생동하는 예배를 드리는 것을 첫째 목표로 두
어야 합니다.

예배를 영으로 드려야 합니다. 예배를 진리로 드려야 합니다. 온 마
음과 정성으로 드려야 합니다. 하나님만이 예배의 대상입니다. 하나
님의 영광이 드러나야 합니다. 이렇게 살아 있는 생동감이 있는 예배
를 드릴 때 하나님께서 기뻐 받으시고 영광 받으시는 것입니다. 예배
에 승리해야 됩니다. 예배에 실패하면 안 됩니다. 하나님이 기뻐하시
는 진정한 예배를 드려야 합니다.

몸과 마음과 영혼이 건강

예배를 정성껏 드리는 사람은 건강해집니다. 예
배를 정성껏 드리는 사람은 치유의 은혜를 받습니다. 몸과 마음과 영
혼의 병이 치유됩니다. 불면증에 걸렸던 사람이 잠을 잘 자게 되는 것
입니다. 소화가 안 되던 사람이 소화가 잘 되는 것입니다. 신경질을 부

리던 사람이 부드러운 사람으로 바꾸어집니다. 암에 걸렸던 사람이 암을 이길 수도 있게 됩니다. 불안과 공포에 쌓였던 사람이 평안과 용기를 가지게 됩니다. 이와 같은 변화가 예배드리는 데서 옵니다.

예배는 하나님을 만나는 시간인데 사람이 하나님을 만날 때 이와 같은 변화가 나타납니다. 몸과 마음과 영혼이 치유되고 깨끗해집니다. 얼굴도 환해지고 아름다워집니다. 초대교회 성도들은 날마다 성전에 모여 하나님을 찬미하며 기쁨과 순전한 마음으로 음식을 나누어 먹었다고 했습니다. 그리고 온 백성에게 칭송을 받았다고 했습니다.

누가복음 18장에 나오는 세리 한 사람은 성전에 올라가서 하나님께 기도하므로 깨끗함과 자유함을 얻고 집으로 내려갔다고 했습니다. 예수님도 이렇게 말씀했습니다.

"수고하고 무거운 짐 진 자들아 다 내게로 오라 내가 너희를 쉬게 하리라" (마 11:28)

사람이 예수님 앞으로 나와서 예배를 드릴 때 마음에 쉼을 얻고 평안을 얻게 됩니다. 여러분들이 예배드리는 일에 정성을 기울일 때 몸과 마음과 영혼이 건강해지고 아름다워집니다. 정성껏 예배드리는 사람의 마음과 영혼과 얼굴이 아름다워집니다.

사랑하는 행복한교회 성도 여러분!
인생의 짐이 무거우십니까? 하나님 앞에 나와서 예배하십시오. 그

교회는 지금 치료 중

인생의 짐을 쉬게 해주실 줄로 믿습니다. 마음의 평안이 없으십니까? 하나님 앞에 나와서 예배하십시오. 마음의 평강을 주실 줄로 믿습니다. 영혼이 병들어 있습니까? 하나님 앞에 나와서 예배하십시오. 그 영혼까지도 치료해주시고 회복시켜주실 줄로 믿습니다. 염려와 걱정과 불안으로 밤잠을 못 이루십니까? 하나님 앞에 나와서 예배하십시오. 잔잔한 물가로 인도해주실 줄로 믿습니다. 염려를 다 주께 맡기십시오. 그러면 주님께서 돌보아주실 줄로 믿습니다. 그래서 우리 행복한교회는 생동하는 예배를 하나님께 드리는 일을 먼저 힘쓰기로 했습니다.

생동하는 예배

1. 하나님을 만나는 예배가 되어야 합니다

만남이 있을 때 눈물도 있습니다. 만남이 있을 때 기쁨도 있습니다. 만남이 있을 때 감격도 있습니다. 형식적이고 의식적인 예배에는 감동이 없습니다. 형식적이고 의식적인 예배에는 감격도 없습니다. 생동하는 예배가 되려면 하나님과의 만남이 있어야 합니다. 우리가 솔직하게 마음을 열 때 하나님을 만날 수 있습니다. 우리가 진실하게 마음을 열고 회개할 때 하나님을 만날 수 있습니다.

그러므로 우리의 예배에는 고백이 필요합니다. 하나님을 친밀하게 느껴야 합니다. 하나님께 솔직하게 고백하고 대화하는 일이 있어야 합니다. 찬송도 의식적이면 안 되고 고백적이어야 합니다. 기도도 외식적이면 안 되고 고백적이어야 합니다. 설교도 형식적이면 안 되고 고백적이어야 합니다. 설교도 신학적인 강해나 윤리적인 교훈에 그쳐서는 안 됩니다. 설교는 하나님의 음성을 전달하는 고백적인 메시지가 되어야 합니다.

2. 생동하는 예배가 되기 위해서는 설교 위주의 예배보다는 찬양과 기도와 말씀이 조화를 이루는 예배가 되도록 힘써야 합니다

말씀도 중요하지만 찬양이 예배의 중요한 부분이 되도록 해야 할 것입니다.

"여호와를 섬기며 노래하면서 그의 앞에 나아갈지어다" (시 100:2)

"이스라엘의 찬송 중에 거하시는 주여" (시 22:3)

사도 바울이 "항상 찬미의 제사를 하나님께 드리자"라고 했기 때문입니다. 앞으로 행복한교회의 예배가 찬양이 더 뜨거워지는 예배가 되기를 바랍니다.

3. 생동하는 예배가 되기 위해서는 목사 위주의 예배보다는 목사와 성도들이 모두 적극적으로 참여하는 공동체적 예배가 되도록 힘써야 할 것입니다

초대교회의 예배는 공동체적 예배였습니다.

4. 생동하는 영적 예배가 되기 위해서는 예배의 관심과 초점을 예배자 자신에게 두는 대신 하나님 자신에게 두도록 힘써야 할 것입니다

하나님을 높이고 하나님께 영광을 돌리는 데 초점을 두어야 할 것입니다. 우리가 많은 경우에 예배드리러 오기는 하지만 자기 자신에 대한 생각에 사로잡힐 때가 있습니다. 신령과 진정으로 드리는 예배는 예배의 목적과 초점을 하나님 자신에게 둡니다.

5. 생동하는 예배가 되기 위해서는 세상에 대한 사랑과 봉사의 책임을 다짐하는 윤리 실천적 예배가 되어야 합니다

현실과 동떨어진 예배는 공허한 예배가 되고 맙니다. 현실과 동떨어진 예배는 추상적인 예배가 되고 맙니다. 지극히 작은 자 하나에게 사랑을 베풀기로 다짐하는 예배가 생동하는 예배입니다. 선을 행하며 나눠주기를 다짐하는 예배가 생동하는 예배입니다. 고아와 과부를 돌보기로 결심하는 예배가 하나님이 받으시는 참된 예배가 됩니다.

행복한교회는 이를 위해 매년 부활절 계란 나누기 운동을 합니다. 그리고 가을 사랑의 바자회를 통해 전 이익금을 지역 학생들에게 장학금으로 나누어주고 있습니다. 그리고 가을 추수감사절에는 사랑의 쌀을 모아 지역의 어려운 이웃들에게 쌀을 전달하고 있습니다. 얼마

나 감사한 일인지 모르겠습니다.

6. 주일 하루를 거룩하게 지키기로 다짐하는 예배가 생동하는 예배
   입니다

예배는 드리는 것인데 시간도 드려야 합니다. 안식일과 주일이 생
긴 목적은 예배를 온전하게 드리게 하기 위함이었습니다. 안식일과
주일은 예배를 위해서 제정한 날입니다. 주일 성수가 없는 예배는 온
전한 예배가 아닙니다. 주일을 종일 거룩하게 지키면서 예배를 드려
야 합니다.

7. 생동하는 예배가 되기 위해서는 성령의 감동과 임재가 충만한
   예배가 되어야 합니다

성령의 감동과 임재가 없이 생동하는 예배를 드릴 수가 없습니다.
그래서 사도 바울은 시와 찬미와 신령한 노래로 하나님께 예배드리라
고 권면하면서 먼저 성령의 충만을 받으라고 분부했습니다.

기도도 성령 안에서 기도하라고 분부했습니다. 예루살렘교회와 안
디옥교회와 평양의 장대현교회가 생동하는 예배를 드릴 수 있었던 비
결은 성령의 감동과 임재가 충만한 데 있었습니다. 그러므로 우리는
예배를 드릴 때마다 성령의 감동과 임재를 사모해야 합니다.

사랑하는 행복한교회 성도 여러분!
우리가 지음을 받은 목적과 우리가 구원함을 받은 목적이 바로 하

나님께 예배드리는 일입니다. 행복한교회가 여기 존재하는 첫째 목적
도 하나님께 영과 진리로 예배드리는 일입니다. 그것을 하나님이 가
장 기뻐하십니다. 예배드리므로 우리가 건강해지고 아름다워집니다.

이제 우리가 다 같이 생동하는 예배를 드리도록 힘을 쓰십시다. 생
동하는 예배를 드리므로 하나님께는 기쁨이 되고 여러분들에게는 축
복이 되기를 바립니다. 그러기 위해서 모든 예배 시간과 모든 기도회
시간에 열심히 참석하도록 힘쓰시기 바랍니다.

두번째 이야기, **행복한 공동체**

새 시대를 창조하는 교회

우리는 2020 비전을 선포하며 전진하고 있습니다. 새로운 시대를 맞이하는 가슴 벅찬 모습으로 나아갑니다. 지금까지도 함께하셨지만 앞으로 우리에게 행하실 하나님의 계획하심과 섭리하심을 믿고 나아가야 합니다. 과거 지향적인 교회는 성장하지 못합니다.

역사에 묻혀 있는 교회는 성장하지 못합니다. 형식과 외식에 치우치는 교회는 앞으로 나아갈 수 없습니다. 우리는 새로워져야 합니다. 새로운 창조의 교회관으로 나아가야 합니다. 새로운 교회를 꿈꾸며 나아가야 합니다. 그렇다면 어떻게 새 시대를 창조하는 교회로 만들어갈 수 있겠습니까?

교회의 발자취

지난 성지순례 때 소아시아 여러 지방에 흩어져 존재했던 요한계시록의 여러 교회를 방문했습니다. 그 교회에 가서 교회를 향하여 말씀하시는 예수님의 음성을 듣고자 했습니다. "교회는 성령이 교회들에게 하시는 말씀을 들어라"는 주님의 말씀을 수도 없이 되새기면서 이 시대 우리를 향하신 음성을 듣고자 했습니다.

에베소교회를 향해 하신 "첫 사랑을 회복하라. 처음 자리로 되돌아가라."

서머나교회를 향해 하신 "밖으로 고난과 안으로 가난이 있지만 네가 부요한 사람이다. 겉모습보다는 속 내용이 중요하다."

버가모교회를 향해 하신 "예수 이름 붙잡고 믿음을 끝까지 저버리지 않았다."

두아디라 교회를 향해 하신 "시작도 좋아야 하지만 끝이 좋아야 하며 처음도 중요하지만 마지막이 더욱 중요하다."

사데교회를 향해 하신 "살았다고 하지만 내가 보기에 죽은 것 같다. 영적 무기력증을 떨쳐버리고 믿음의 생명력을 소유하라."

빌라델비아교회를 향해 하신 "작은 것 가지고 충성을 다했으니 하나님이 주신 것을 마지막까지 빼앗기지 말고 소중히 지키라."

라오디게아교회를 향해 하신 "세상에 물들지 말고 교만과 내적 빈곤에서 벗어나 하나님이 주신 것으로 먼저 속으로 부자가 되라."

저는 성지순례를 통해서 여러 교회를 방문 중에 이런 교훈의 말씀을 마음에 받았습니다. 우리는 그런 교회들이 역사상 소아시아 지역에 존재하도록 가능케 했던 처음 교회를 방문해보려고 합니다. 예루살렘교회는 신약 최초의 지상교회입니다.

구약에도 교회가 있었습니다. 창세기에 보면 에덴에 있었던 에덴동산교회가 첫 교회입니다. 이 교회는 하나님이 사람을 창조하시기 전에 미리 만들어 놓으셨습니다. 첫 교인은 아담과 하와입니다.

다음은 방주교회입니다. 이 교회는 물 위에서 움직이는 교회로 설계도면을 하나님이 주셨습니다. 오랜 시간을 들여 지어졌습니다. 이 교회를 짓는 데 수많은 동네 사람들의 비웃음과 방해가 있었습니다. 교인으로는 노아와 아내 그리고 세 아들 세 며느리 총 8명입니다.

그 다음은 광야장막교회로 40년 세월 동안 광야를 옮겨 다녔던 천막교회입니다. 옮겨 다니느라 모세가 고생을 많이 했지만 교인은 수백만 명으로 늘었습니다.

그러나 그 교회는 세대교체를 하면서 가나안땅이라는 비전을 잃지 않았습니다. 그 다음은 성전 교회입니다. 이 교회는 솔로몬이 예루살렘에 화려하게 지었습니다. 그리고 마침내 하나님은 예수 그리스도를 통해서 전 세계에 새로운 교회를 시작하셨습니다.

예수님께서 베드로에게 "너희는 나를 누구라 하느냐" 물으셨을 때 베드로는 "주는 그리스도시요 살아 계신 하나님의 아들"이라는 대답을 하였습니다. 베드로의 고백에 대해서 예수님은 "시몬아 네가 복이 있도다 이를 네게 알게 한 이는 혈육이 아니요 하늘에 계신 내 아버지시니라 내가 네게 이르노니 너는 베드로라 내가 이 반석 위에 내 교회를 세우리니 음부의 권세가 이기지 못하리라"고 하셨습니다. 예수님의 교회가 예루살렘에서부터 시작해서 전 세계에 세워지기 시작했습니다.

예루살렘교회는 방황하는 사람들에게 진리의 길로 나아가게 했던 좋은 교회입니다. 예루살렘교회는 방황하는 사람들에게 구원의 길로 나아가게 했던 좋은 교회입니다. 예루살렘교회는 방황하는 사람들에게 믿음의 길을 나아가게 했던 좋은 교회입니다.

예루살렘교회는 120명의 성도가 모여 기도함으로 성령의 강한 임재하심 가운데 탄생한 교회였습니다. 하나님과의 관계에 있어서 기도의 불이 꺼지지 않는 성령 충만한 교회였습니다. 교회 안에서 가르침을 잘 받고 순종하며 모이기를 힘쓰고 나아가 복음 전파했습니다. 교인들과의 관계에 있어서 진정한 사랑의 교제를 나누고 어려운 사람들을 도와주었습니다. 그리고 지역사회에서 칭송을 듣는 좋은 교회였습니다.

사랑하는 행복한교회 성도 여러분!

우리는 어떤 교회의 모습입니까? 요한 계시록 7교회들을 교훈삼아 보아야 합니다. 그리고 예루살렘교회를 본받아야 합니다. 이 시대에 교회로서 존재해야 합니다. 과거의 교회를 알아야 합니다. 그 발자취를 살펴보아야 합니다. 그래야 앞으로의 교회가 존재할 수 있습니다.

행복한교회는 과거의 발자취를 교훈삼아야 합니다. 그리고 미래를 향한 대안이 되어야 합니다. 교회의 비전이 되어야 합니다. 침체해 가

두번째 이야기, 행복한 공동체

는 교회에 등불이 되어야 합니다. 리더가 되어야 합니다. 빛이 되어야
합니다.

50주년을 향하여

1. 복음의 능력이 살아 있는 교회가 되어야 합니다

예루살렘교회는 복음의 능력이 살아 있는 교회였습니다. 복음이라
는 말은 복된 소식입니다. 복음이라는 말은 좋은 소식이라는 뜻으로
‘Gospel, Good News’입니다. 복음은 인간을 구원하러 하나님의 외
아들 예수 그리스도께서 오셨다는 좋은 소식이고, 죄지은 인간은 누
구든지 십자가의 예수 그리스도를 믿음으로 구원받는다는 좋은 소식
입니다.

세상 소식은 지나가면 새 소식이 아니지만 복음은 늘 새 소식입니
다. 세상에는 수많은 소식들이 있지만 복음은 하나님이 주신 생명의
소식입니다. 세상 소식에는 사실 자체가 담겨 있지만 복음에는 능력
이 담겨 있습니다.

한쪽 눈을 실명한 우리 체조선수가 각고 끝에 링에서 금메달을 땄
습니다. 그 소식을 듣고 죽은 사람이 살아나는 일은 없습니다. 그 소식
을 듣고 죄인이 거듭나고 새로운 인생을 사는 사람이 없습니다. 단지
개인의 영광입니다. 단지 대한민국의 위상입니다. 국민들의 기쁨일
뿐입니다.

그러나 복음에는 하나님의 능력이 들어 있습니다.

'능력'이란 '듀나미스'로 다이너마이트의 원어입니다. 폭발하는 힘을 말합니다. 복음에는 폭발적인 힘이 존재하고 생명을 구원하는 능력이 들어 있습니다. 죄 지은 사람을 살리는 능력이 있습니다. 죽은 사람을 살리는 능력이 있습니다. 낙심한 사람을 살리는 능력이 있습니다. 인생과 교회와 세상을 변화시키는 능력이 들어 있습니다.

복음에는 고난을 이기는 능력이 들어 있습니다. 주님의 십자가 복음은 우리를 고난에서 이기게 합니다. 고난을 넘어 하나님의 축복의 세계로 나아갈 수 있도록 능력을 더하십니다. 복음의 능력이 살아 있는 교회는 성령님이 역사하시는 교회입니다. 복음의 능력이 살아 있는 교회는 더 나은 길로 변화되어 나가는 교회입니다. 우리 행복한교회가 복음의 능력이 살아 있는 교회가 되기를 기도합니다.

2. 지역 사회에서 인정받는 교회가 되어야 합니다

예루살렘교회는 백성들의 칭송을 받은 교회였습니다. 성령의 역사가 강력하게 임한 1907년 부흥운동 당시에는 금주와 금연 그리고 금아편의 전통을 세워 구원과 사회개혁 운동도 겸했습니다. 당시 당회실에는 담배 연기가 자욱했고 크리스마스 때 성도들이 "동네 김 서방이 생일을 맞아도 술을 마시는데 예수님 오신 날 가만히 있을 수 있느냐"면서 술파티를 벌였다는 선교사들의 선교보고를 볼 수가 있습니

257

다. 담배와 술값을 절약하여 일본에 진 빚을 갚을 수 있다며 국채보상
운동을 벌이기도 했습니다.

예루살렘교회도 사람들이 복음으로 변하니 생각이 바뀌었습니다.
삶이 바뀌었습니다. 그러자 칭찬 받고 인정받게 되었습니다. 행복한
교회도 지역 사람들을 섬기는 교회가 되어야 합니다. 행복한교회도
개방적인 교회가 되어야 합니다. 행복한교회도 더욱 사회봉사에 힘쓰
는 교회가 되었으면 합니다.

사랑하는 행복한교회 성도 여러분!

우리 지역은 아직도 가난에서 벗어나지 못한 가정들이 많습니다.
결손가정들도 많습니다. 도움의 손길이 필요한 가정들이 많습니다.
따라서 교회가 해야 할 사역도 많습니다. 그들을 가슴으로 품어야 합
니다. 주님의 사랑으로 달려가야 합니다. 그래서 힘들고 지친 영혼들
에게 사랑의 손길을 펼쳐야 합니다. 더 많은 사랑이 필요합니다. 더 많
은 관심이 필요합니다. 더 많은 물질이 필요합니다.

그리고 아직도 이 지역은 무속신앙에서 벗어나지 못하고 있습니
다. 최영 장군신을 모시고 마을 청년들이 일 년에 한 번씩 굿을 하고
있습니다. 우상을 섬기고 있습니다. 복음의 능력이 필요합니다. 십자
가의 능력이 필요합니다. 이 거룩한 사명을 우리에게 주셨습니다. 기
도하며 나아가서 거룩한 도시로 만들어야 합니다. 우상을 타파해야
합니다. 마침내 예루살렘교회처럼 주님께로 돌아오는 놀라운 역사가
나타날 줄로 믿습니다.

세계 선교에 이바지하는 교회

예루살렘교회는 세계복음화의 출발점이 된 교회였습니다. 하나님은 예루살렘교회를 통해서 날마다 구원받는 사람을 더하게 하셨습니다. 복음은 물과 같이 예루살렘 지역으로 흘러갔습니다. 그리고 메마른 곳을 적시며 흘러갔습니다. 그래서 복음의 불길이 불과 같이 일어나는 역사가 나타났습니다. 그리고 죄와 불의를 태워버리며 일어나는 역사가 나타났습니다.

하나님의 복음은 절대로 한 곳에 머물러 있지 않습니다. 복음은 내향적이지 않습니다. 복음은 외향적입니다. 복음은 정적이지 않습니다. 복음은 동적입니다. 복음은 가만히 있지 않고 움직입니다. "한 사람의 인생의 방황은 하나님을 만나면 끝이 나고 신앙생활의 방황은 좋은 교회를 만나면 끝이 납니다."

우리 행복한교회도 한 사람의 인생의 방황에 종지부를 찍을 수 있는 좋은 교회를 만들어가야 하겠습니다. 말씀에 합당한 복음적인 좋은 교회가 되어야 합니다. 하나님이 일하신다는 것을 보여주는 좋은 교회가 되어야 합니다. 다른 사람과 지역사회와 세계를 향하여 개방적이어야 합니다. 자신감 있는 좋은 교회로 행복한 교회를 만들어 나가야 합니다.

사랑하는 행복한교회 성도 여러분!
이를 위해 행복한교회는 전 교인이 전도폭발의 일꾼이 되어야 합니다. 영혼을 구원하는 사도들이 되어야 합니다. 다른 성도들이 해야 할 사명이 아닙니다. 내가 해야 할 사명입니다. 우리가 해야 할 사명입니다. 복음의 입술이 되어야 합니다. 복음의 발걸음이 되어야 합니다. 지역을 가슴에 안고 나아가야 합니다. 영혼들을 사랑하는 마음으로 기도하며 나아가야 합니다. 두 손을 펼쳐서 구원해내야 합니다. 그들이 회개하고 돌아올 때까지 끊임없이 해야 합니다.

그리고 우리는 매년 해외에 지교회를 세우고 있습니다. 제1지교회는 필리핀 해피빠웬 교회입니다. 제리 선교사님을 중심으로 약 100명 정도 모여서 예배하고 공동체의 삶을 살아가고 있습니다. 그리고 제2지교회는 캄보디아 지구촌행복한교회입니다. 황철진 선교사님을 중심으로 약 450명 정도 모여서 예배를 드리고 있습니다. 지금 캄보디아 황 선교사님께서는 이웃 마을에 또 다시 교회를 세우려고 계획을 세우고 있습니다. 올해는 태국이나 인도에 제3지교회를 세우려고 합니다. 다음은 라오스, 인도네시아, 중국 등 각 나라에 교회를 세우며 선교사를 파송하려고 합니다.

복음이 멈추지 않는 교회가 되기를 원합니다. 세계를 가슴에 안고 나아가는 행복한교회가 되기를 소원합니다. 이를 위해 기도하며 후원합시다. 이를 위해 눈물로 기도합시다. 열정을 가지고 후원하며 힘쓸 때 하나님께서 기뻐하시고 영광을 받으실 줄로 믿습니다.

사랑하는 행복한교회 성도 여러분!
우리는 새 시대의 창조적인 교회로 거듭나야 합니다. 그래서 행복한교회는 과거의 발자취를 교훈 삼아야 합니다. 그리고 미래를 향한 대안이 되어야 합니다. 교회의 비전이 되어야 합니다. 침체해가는 교회에 등불이 되어야 합니다. 리더가 되어야 합니다. 빛이 되어야 합니다.

행복한교회 성도들은 모두 다 능력을 받아야 합니다. 능력이란 폭발하는 힘을 말합니다. 복음에는 폭발적인 힘이 존재하고 생명을 구원하는 능력이 들어 있습니다. 죄 지은 사람을 살리는 능력이 있습니다. 죽은 사람을 살리는 능력이 있습니다. 낙심한 사람을 살리는 능력이 있습니다. 인생과 교회와 세상을 변화시키는 능력이 들어 있습니다.

복음에는 고난을 이기는 능력이 들어 있습니다. 주님의 십자가 복음은 우리를 고난에서 이기게 합니다. 고난을 넘어 하나님의 축복의 세계로 나아갈 수 있도록 능력을 더하십니다. 복음의 능력이 살아 있는 교회는 성령님이 역사하시는 교회입니다. 복음의 능력이 살아 있는 교회는 더 나은 길로 변화되어 나가는 교회입니다. 우리 행복한교회가 복음의 능력이 살아 있는 교회가 되기를 기도합니다.

우리 지역은 아직도 가난에서 벗어나지 못한 가정들이 많습니다. 결손가정들도 많습니다. 도움의 손길이 필요한 가정들이 많습니다. 따라서 교회가 해야 할 사역도 많습니다. 그들을 가슴으로 품어야 합니다. 주님의 사랑으로 달려가야 합니다. 그래서 힘들고 지친 영혼들에게 사랑의 손길을 펼쳐야 합니다. 더 많은 사랑이 필요합니다. 더 많은 관심이 필요합니다. 더 많은 물질이 필요합니다.

그리고 아직도 이 지역은 무속신앙에서 벗어나지 못하고 있습니

다. 복음의 능력이 필요합니다. 십자가의 능력이 필요합니다. 이 거룩
한 사명을 우리에게 주셨습니다. 기도하며 나아가서 거룩한 도시로
만들어야 합니다. 우상을 타파해야 합니다. 마침내 예루살렘교회처럼
주님께로 돌아오는 놀라운 역사가 나타날 줄로 믿습니다.

행복한교회는 복음이 멈추지 않는 교회가 되기를 원합니다. 세계
를 가슴에 안고 나아가는 행복한교회가 되기를 소원합니다. 이를 위
해 기도하며 후원합시다. 이를 위해 눈물로 기도합시다. 열정을 가지
고 후원하며 힘쓸 때 하나님께서 기뻐하시고 영광을 받으실 줄로 믿
습니다.

교회는 지금 치료 중

사람이 두려워하는
교회

한국교회 뿐만 아니라 전 세계적으로 건강한 교회 만들기의 지침서처럼 활용되고 있는 《새들백교회 이야기》의 저자 '릭워렌' 목사는 그의 책 서두에서 '파도타기'에 대해서 말하고 있습니다.

그는 파도를 타는 기술 장비 등은 사람이 구입할 수 있고 배울 수 있지만 파도를 일으키는 재주는 사람이 갖고 있지 못한다고 말합니다. 그리고 그는 파도를 만드시는 하나님과 그 파도를 타는 교회에 대해서 말합니다. 즉, 하나님만이 교회를 살리십니다. 하나님만이 교회의 부흥을 일으키십니다. 하나님만이 이 시대 속에서 교회가 할 일을 지시하실 수 있다고 말입니다.

우리의 문제는 어떻게 하면 하나님께서 이 세계 속에서 일으키시는 그 파도를 탈 수 있는가? 하는 것입니다. 그러면서 교회의 성장을 위해서 이젠 매달릴 것이 아니라 건강한 교회를 만들 것을 강조합니

두번째 이야기, **행복한 공동체**

다. 건강한 아이가 무럭무럭 성장하고 커가듯이 건강한 교회는 자연
적으로 성장하고 성숙해질 것이기 때문입니다.

건강한 교회의 원형을 우리는 초대교회에서 찾습니다. 2011년이
지난 지금 이 시대 속에서 초대교회의 모습을 그대로 재현하는 것은
미련한 일일 것입니다. 그러나 초대교회의 원리를 파악하는 것은 지
혜로운 것입니다. 초대교회의 본질을 파악하는 것은 오늘날의 교회에
서도 그대로 적용할만한 하나님의 지혜를 주는 것입니다.

초대교회의 원형을 오늘 본문에서 찾는 데 모든 설교가들이 동의
합니다. 이 말씀을 초점으로 건강한 교회의 현상인 '사람이 두려워하
는 교회'에 대해서 말씀을 나누려 합니다.

말라기서의 말씀 속에서 우리는 하나님의 탄식을 듣습니다.

"내 이름을 멸시하는 제사장들아 나 만군의 여호와가 너희에게 이르기를
아들은 그 아버지를, 종은 그 주인을 공경하나니 내가 아버지일진대 나를
공경함이 어디 있느냐 내가 주인일진대 나를 두려워함이 어디 있느냐 하
나 너희는 이르기를 우리가 어떻게 주의 이름을 멸시하였나이까 하는도
다" (말 1:6)

하나님을 두려워하지 않는 이 세상을 향하여 주님은 탄식하셨습니
다. 이 세상이 두려울 것이 없는 세상이 되고 말았습니다. 보십시오.
눈 하나 깜빡하지 않고 자기 자식보다 어린 소녀들을 농락한 자들이
버젓이 돌아다닙니다. 숱한 사람을 학살한 정치인도 큰소리치며 삽니

다. 수많은 사람을 도탄에 빠뜨린 사업가도 자기 하나 살길을 찾고 잘
삽니다. 하나님을 실망시키고도 전혀 신앙 양심의 찔림 없이 잘삽니
다. 이런 안타까운 현실 속에서 우리는 어떻게 해야 할까요?

　사랑하는 행복한교회 성도 여러분!
　우리는 초대교회로 돌아가야 합니다. 말씀으로 돌아가야 합니다.
은혜를 회복해야 합니다. 성숙한 성도로 자라야 합니다. 온전한 삶으
로 살아가야 합니다. 이 시대에 등대가 되어야 합니다. 세상이 두려워
하는 교회가 되어야 합니다. 세상에서 인정받는 교회가 되어야 합니
다. 떨어진 교회의 신뢰도를 회복해야 합니다. 빛과 소금으로 살아야
합니다. 말씀의 권위를 가지고 살아야 합니다. 그렇다면 어떻게 해야
이 세상에서 신뢰를 회복하며 세상이 두려워하는 교회로 살아갈 수
있겠습니까?

도덕적 성숙이 있는 성도

　세상에서 제일 무서운 사람이 누구일까요? 이 세
상에서 가장 용기 있는 사람이 누구일까요? 양심의 명령에 순종하고
사는 사람이 가장 무섭습니다. 죄를 지은 인간이 하나님의 음성을 듣
고 두려워했습니다. 죄는 거룩함 앞에 두려워할 수밖에 없습니다.

　"이르되 내가 동산에서 하나님의 소리를 듣고 내가 벗었으므로 두려워하

265

반면에 양심에 화인 맞은 이들은 하나님을 두려워하지 않습니다. 아브라함이 그랄 땅에 가서 아비멜렉에게 자신의 아내 사라를 자신의 누이라고 속였습니다. 왜 그랬냐고 이유를 묻자 아브라함이 대답했습니다.

"아브라함이 이르되 이곳에서는 하나님을 두려워함이 없으니 내 아내를 말미암아 사람들이 나를 죽일까 생각하였음이요" (창 20:11)

하나님을 두려워하지 않는 삶이 얼마나 위험한 삶입니까? 교회를 두려워하지 않는 삶이 얼마나 위험한 삶입니까? 성도를 두려워하지 않는 삶은 얼마나 위험한 삶입니까?

초대교회에서 있었던 사건 중에 하나입니다. 사도행전 5장에 나오는 사건으로서 아나니아와 삽비라는 초대교회의 성도였습니다. 자신의 재산을 팔아 절반이나 교회에 드렸습니다. 그럼에도 불구하고 그는 자신과 하나님을 속였습니다. 그 두 부부는 세 시간 간격으로 모두 죽어 나가는 비극을 맛보았습니다. 그 일의 종결을 성경은 이렇게 말합니다.

"온 교회와 이 일을 듣는 사람들이 다 크게 두려워하니라" (행 5:11)

사랑하는 행복한교회 성도 여러분!

세상에서 제일 무서운 사람이 누구입니까? 이 세상에서 가장 용기 있는 사람이 누구입니까? 저는 양심의 명령에 순종하고 사는 사람이 가장 무섭습니다.

교회가 왜 이 시대에 욕을 먹고 있습니까? 교회가 왜 이 시대에 신뢰를 상실해가고 있습니까? 교회가 왜 이 시대에 권위를 실추해가고 있습니까? 그것은 도덕적 성숙을 상실했기 때문입니다. 세상 사람들은 죄가 죄인 줄로 모르고 살아갈 수 있습니다. 양심에 화인을 맞아서 죽어가고 있습니다.

그러나 우리 믿음의 사람들은 살아 있어야 합니다. 이 시대의 등불이 되어야 합니다. 이 시대의 살아 있는 양심이 되어야 합니다. 죄악으로 어두워가고 있는 이 시대를 밝히 인도해야 합니다. 이 거룩한 사명을 우리에게 주셨습니다. 우리 공동체에 주셨습니다.

그 어느 때보다 도덕적 성숙이 필요한 때입니다. 회복이 필요합니다. 성숙이 필요합니다. 썩어져 가는 이 세상에서 빛과 소금의 사명을 감당해야 합니다. 빛을 잃어버리면 안 됩니다. 소금의 맛을 잃어버리면 안 됩니다. 우리 믿음의 사람들은 어둠을 밝히는 빛이 되어야 합니다. 썩어져 가는 시대의 소금이 되어야 합니다. 변질을 막아야 합니다. 썩어짐을 막아야 합니다.

따라서 그 어느 때보다 도덕적 성숙이 필요합니다. 날마다 이 거룩한 외침에 회개하고 날마다 말씀의 거울 앞에서 정결한 모습으로 거듭나야 합니다. 그래야 이 시대의 거룩한 빛과 소금이 될 줄로 믿습니다. 그리고 세상이 두려워할 삶의 모습으로 인정받고 살아가시기를 바랍니다.

삶의 모범이 있는 성도

우리가 사는 관산동은 성시화될 수 있는 가능성이 있습니다. 저는 위대한 하나님 나라를 세우는 첫걸음은 앞마당 쓸기부터 시작했으면 좋겠습니다. 저는 주일날 일찍 교회에 나오면 마당에서 차량부장님께서 도로를 청소하는 것을 봅니다. 이 자체가 섬기는 일입니다. 삶의 모범이 있는 것입니다. 거창한 이름을 걸고 하지 않아도 됩니다. 남들이 알아주지 않아도 됩니다. 내가 스스로 기쁨으로 하면 되는 것입니다.

그리고 초대교회의 중요한 일 가운데 하나는 구제하는 일이었습니다. 봉사가 있었습니다. 오죽했으면 사도들이 그 일을 전담할 집사를 7명 뽑았을 정도였겠습니까?

오늘날의 전도는 이제 이미지 전도입니다. 문화전도 시대입니다. 예수가 싫어서 교회 안 나오는 사람은 없습니다. 복음이 이해되지 않아서 교회 안 나오는 사람은 없습니다. 그러나 사람보고 교회에 오지 않는 사람은 많습니다. 예수를 믿고서도 삶의 변화가 없는 모습을 보고 실망한 사람들은 교회에 나오지 않습니다.

이번 주에 심방하다가 어떤 성도 집을 방문했습니다. 그분이 말합니다. "나 집사 주세요"라고 말입니다. 그러면서 하시는 말씀이 술 먹고 담배 피는 사람들도 집사입니다. 도박하는 사람들도 다 집사 됐는데 왜 난 아직 집사 안주냐는 것입니다. 우리 동네는 가까이 사는 이웃이 모여 있는 교회이기에 전도하기 더 좋을 수도 있습니다. 그러나 반면에 전도의 문이 아예 막힐 수도 있습니다. 삶의 모범이 없이는 전도의 길이 열릴 수 없습니다.

사랑하는 행복한교회 성도 여러분!

여러분의 신앙의 삶의 모습은 어떻습니까? 성도로서의 삶을 살아가고 계십니까? 직분자로서의 삶을 살아가고 계십니까?

나로 말미암아 실족시키는 어리석은 일은 하지 말아야 합니다. 내 삶을 통해 많은 사람들이 인정해주고 존경받는 삶이 되어야 합니다. 본이 되는 삶을 살아야 합니다. 세상 사람들은 성경을 모릅니다. 그래서 그리스도인의 삶을 바라봅니다. 우리가 말씀대로 살지 못하면 그들은 실족합니다. 그들은 실망합니다. 교회에 나오지 않습니다. 나왔다가도 되돌아갑니다. 삶에 본이 되도록 노력해야 합니다. 삶에 본이 되도록 힘써야 합니다.

인격적으로 이웃에게 존경받는 성도

앞으로의 전도는 노방전도와 축호전도 등 다 힘들어집니다. 그러나 복잡해지고 다원화 되어가는 세상에서 더 많은 사람들을 만날 기회를 가지게 되었습니다. 놀랍게도 사람들이 교회를 선택하는 이유는 목사의 설교가 좋아서도 아닙니다. 교회의 건물이 훌륭해서도 아닙니다. 친한 사람 따라 교회를 선택하는 사람이 가장 많다고 통계로 확인된 바 있습니다. 하나님은 우리를 어부로 불러주셨습니다. 사람 낚는 어부로 불러주셨습니다. 주님은 우리에게 말씀하십니다.

"이같이 너희 빛이 사람 앞에 비취게 하여 그들로 너희 착한 행실을 보고 하늘에 계신 너희 아버지께 영광을 돌리게 하라" (마 5:16)

사랑하는 행복한교회 성도 여러분!

여러분은 걸어 다니는 교회입니다. 여러분은 걸어 다니는 성경입니다. 세상 사람들은 여러분을 바라봅니다. 우리의 삶의 행동을 봅니다. 우리의 언어를 듣습니다. 우리의 마음을 보고 있습니다. 이 모든 삶 속에서 존경받는 빛 된 삶을 살아야 합니다. 세상이 두려워하는 삶을 살아야 합니다. 인정받는 삶을 살아야 합니다.

하나님을 두려워하는 성도

마지막으로 사람이 두려워하는 성도는 하나님을 두려워하는 성도입니다. 저는 어떤 면에서는 정치보복이 있어야 한다고 주장하는 사람 가운데 하나입니다. 그렇다고 살육이나 숙청이 아닙니다. 저는 잘잘못에 대해서 국민의 심판이 있어야 한다고 생각합니다. 아무렇게나 해놓고도 아무런 책임이나 심판이 없다면 점점 악화될 것입니다.

하나님은 죄를 범한 인간에게 죽음의 고통과 수고의 땀을 주셨습니다. 하나님은 죄를 범한 인간에게 해산의 고통을 주셨습니다. 하나님은 죄를 범한 인간에게 땅의 저주라는 형벌을 주셨습니다. 죄의 삯은 사망이라고 말씀해주셨습니다.

오늘날의 정치인들과 경제인들이 두려워하는 것이 무엇이 있는가 생각해봅니다. 그들은 백성을 두려워하지 않습니다. 이렇게 역사를 두려워하지 않는 사람은 얼마나 무서운 사람입니까? 사람을 두려워하지 말기를 바랍니다. 사람을 두려워하는 사람은 그들을 두렵게 할 수가 없습니다.

"그러나 관리 중에도 그를 믿는 자가 많되 바리새인들 때문에 드러나게 말하지 못하니 이는 출교를 당할까 두려워함이라" (요 12:42)

빌라도는 군중들의 소리를 두려워하여 하나님의 아들을 죽이는 큰 죄를 지었습니다. 주님은 말씀하십니다.

"내가 내 친구 너희에게 말하노니 몸을 죽이고 그 후에는 능히 더 못하는 자들을 두려워하지 말라 마땅히 두려워할 자를 내가 너희에게 보이리니 곧 죽인 후에 또한 지옥에 던져 넣는 권세 있는 그를 두려워하라 내가 참으로 너희에게 이르노니 그를 두려워하라" (눅 12:4~5)

그렇습니다. 하나님께서는 우리가 하나님을 두려워하는 삶을 살기를 원하고 계십니다.

"그런즉 사랑하는 자들아 이 약속을 가진 우리는 하나님을 두려워하는 가운데서 거룩함을 온전히 이루어 육과 영의 온갖 더러운 것에서 자신을 깨끗케 하자" (고후 7:1)

하나님께서는 하나님을 두려워하는 이들에게 오히려 위로하시고 두려움을 내어 쫓습니다.

"두려워하지 말라 너희는 많은 참새보다 귀하니라" (마 10:31)

우리가 어떤 삶을 살아야겠습니까? 어떤 작곡가는 이렇게 노래했습니다. 낮엔 해처럼 밤엔 달처럼 그렇게 살 수는 없을까? 우리는 그리스도의 빛을 따라 사는 사람들입니다. 바위를 들추면 그 속에 사는 온갖 곤충들과 벌레들은 빛을 피해 도망 다니느라 법석을 떱니다. 빛 그 자체를 무서워합니다.

"예수께서 또 말씀하여 이르시되 나는 세상의 빛이니 나를 따르는 자는 어두움에 다니지 아니하고 생명의 빛을 얻으리라" (요 8:12)

예수 그리스도를 보고 이렇게 말합니다.

이처럼 행복한교회가 두려운 교회가 되기를 원합니다. 두렵건대 우리 교회가, 한국교회가 만만한 교회가 될까 두렵습니다.

사람들에게 아무 두려움도 줄 수 없는 교회가 되어서는 안 됩니다. 사람들에게 맛을 잃어서 사람들에게 밟힐 뿐인 교회가 되어서는 안 됩니다. 이런 교회는 건강한 교회가 될 수 없습니다. 이런 성도는 하나님 나라를 확장시킬 어부가 될 수 없습니다. 이런 교회를 세상이 두려워하지 않습니다.

우리 행복한교회를 보면서 두려움을 느낄 수 있는 정결한 교회와 성도가 되시기를 소원합니다. 그리고 행복한 성도를 보면서 두려움을 느낄 수 있는 정결한 교회와 성도가 되시기를 바랍니다.

사랑하는 행복한교회 성도 여러분!

행복한교회는 사람이 두려워하는 교회가 되어야 합니다. 그렇다면 어떻게 해야 이 세상에서 신뢰를 회복하며 세상이 두려워하는 교회로 살아갈 수 있겠습니까?

먼저는 도덕적 성숙이 있는 교회가 되어야 합니다. 도덕적 성숙이 있는 성도가 되어야 합니다. 세상에서 제일 무서운 사람이 누구입니까? 이 세상에서 가장 용기 있는 사람이 누구입니까? 저는 양심의 명령에 순종하고 사는 사람이 가장 무섭습니다. 교회가 왜 이 시대에 욕을 먹고 있습니까? 교회가 왜 이 시대에 신뢰를 상실해가고 있습니까? 교회가 왜 이 시대에 권위를 실추해가고 있습니까? 그것은 도덕적 성숙을 상실했기 때문입니다. 그 어느 때보다 도덕적 성숙이 필요한 때입니다. 회복이 필요합니다. 성숙이 필요합니다. 썩어져 가는 이 세상에서 빛과 소금의 사명을 감당해야 합니다. 빛을 잃어버리면 안 됩니다. 소금의 맛을 잃어버리면 안 됩니다. 어둠을 밝히는 빛이 되어야 합니다. 썩어져 가는 시대의 소금이 되어야 합니다. 변질을 막아야 합니다. 썩어짐을 막아야 합니다.

따라서 그 어느 때보다 도덕적 성숙이 필요합니다. 날마다 이 거룩한 외침에 회개하고 날마다 말씀의 거울 앞에서 정결한 모습으로 거듭나야 합니다. 그래야 이 시대의 거룩한 빛과 소금이 될 줄로 믿습니다. 그리고 세상이 두려워할 삶의 모습으로 인정받고 살아가시기를 바랍니다.

그리고 삶의 성숙이 있는 성도가 되어야 합니다. 여러분의 신앙의 삶의 모습은 어떻습니까? 성도로서의 삶을 살아가고 계십니까? 직분자로서의 삶을 살아가고 계십니까?

나로 말미암아 실족시키는 어리석은 일은 하지 말아야 합니다. 내 삶을 통해 많은 사람들이 인정해주고 존경받는 삶이 되어야 합니다. 본이 되는 삶을 살아야 합니다. 세상 사람들은 성경을 모릅니다. 그래서 그리스도인의 삶을 바라봅니다. 우리가 말씀대로 살지 못하면 그들은 실족합니다. 그들은 실망합니다. 교회에 나오지 않습니다. 나왔다가도 되돌아갑니다. 삶에 본이 되도록 노력해야 합니다. 삶에 본이 되도록 힘써야 합니다.

또한 인격적으로 이웃에게 존경받는 성도가 되어야 합니다. 여러분은 걸어 다니는 교회입니다. 여러분은 걸어 다니는 성경입니다. 세상 사람들은 여러분을 바라봅니다. 우리의 삶의 행동을 봅니다. 우리의 언어를 듣습니다. 우리의 마음을 보고 있습니다. 이 모든 삶 속에서 존경받는 빛 된 삶을 살아야 합니다. 세상이 두려워하는 삶을 살아야 합니다. 인정받는 삶을 살아야 합니다.

사람들에게 아무 두려움도 줄 수 없는 교회가 되어서는 안 됩니다. 사람들에게 맛을 잃어서 사람들에게 밟힐 뿐인 교회가 되어서는 안 됩니다. 이런 교회는 건강한 교회가 될 수 없습니다. 이런 성도는 하나님 나라를 확장시킬 어부가 될 수 없습니다. 이런 교회를 세상이 두려워하지 않습니다. 우리 행복한교회를 보면서 두려움을 느낄 수 있는 정결한 교회와 성도가 되시기를 소원합니다. 그리고 행복한 성도를 보면서 두려움을 느낄 수 있는 정결한 교회와 성도가 되시기를 바랍니다.

행복한 교회를
가꾸어가는 사람들

요즈음은 교회를 참 아름답게 짓습니다. 그러나 교회가 사람들의 시선을 끄는 참 이유가 외형적인 아름다움에 있기보다 내면적인 아름다움에 있어야 할 것입니다.

에베소서는 예수 그리스도께서 친히 세우신 교회의 아름다움을 우리들에게 보여주고 있습니다. 에베소서는 AD63년경 복음을 전하다 로마의 옥에 갇힌 사도 바울에 의하여 기록된 하나님의 말씀입니다.

당시 에베소와 소아시아 대부분의 도시에 사도 바울에 의하여 세워진 교회들은 세상의 힘센 도전을 받고 있었습니다. '다이아나' 여신과 같은 우상 숭배 사상이 두텁게 지배하였던 도시였습니다. 그리고 상공업의 발달로 풍요로운 물질적 생활 속에 사람들은 점점 퇴폐와 향락에 젖어 살았습니다. 그래서 마음은 나날이 황폐해져갔습니다.

에베소교회는 하나님을 전혀 몰랐던 이방인들로서 구성된 교회였

교회는 지금 치료 중

습니다. 처음 예수님을 구주로 영접한 새 신자들이 대부분인 교회였습니다. 더구나 목회자가 그들을 책임적으로 양육하는 것도 아닙니다. 평신도 중에서 조금 먼저 믿은 사람들이 교회를 이끌어나갔습니다. 이렇게 어리고 연약한 교회가 어떻게 그 거칠고 음란한 세상의 도전을 뿌리치며 복음을 전하며 하나님의 나라를 확장할 수 있겠습니까?

바울은 교회마다 달려가고 싶었지만 감옥에 갇힌 몸이었습니다. 그래서 하나님께서는 교회들을 위하여 간절히 기도하는 바울에게 에베소서를 쓰도록 성령으로 감동시켰습니다. 그래서 사도 바울은 아기를 낳은 어머니가 아기를 품속에 안고 돌보는 마음으로 이 교회론을 써서 교회마다 읽혀져 교회가 든든히 세워져 가기를 바랐던 것입니다.

에베소서는 단 한 가지 주제를 우리들에게 전하고 있습니다. 그것은 행복한 교회입니다. 교회는 그리스도의 신부입니다. 신부는 아름다워야 합니다. 그런데 행복한교회는 아름다운 교회입니까? 세상 사람들이 보고 매력을 느끼며 흠모하여 사랑하고픈 마음이 드는 교회입니까?

행복한 교회는 저절로 이루어지지 않습니다. 온 성도들이 하나님 말씀으로 가꾸어가야 합니다. 이 행복한 교회를 가꾸어가는 사람들은 어떤 사람들일까요? 바울은 인사말을 통하여 행복한 교회를 가꾸어가는 사람들을 소개하고 있습니다.

그럼 행복한 교회를 가꾸어가는 사람들은 누구입니까?

부름 받은 사람들

행복한 교회를 가꾸어가는 사람들은 누구입니까? 부름 받은 사람들입니다. 본문 1절에 보면 바울은 자기를 소개할 때 '하나님의 뜻' 에 의하여 그리스도 예수의 사도가 되었다고 주장합니다. 당시 유대인 출신 그리스도인들 사이에는 바울이 정식 예수님에 의하여 임명된 사도가 아니라고 비방을 하는 이들이 있었습니다. 이에 대하여 바울은 자신이 사도가 된 것은 사람들에서 받은 것이 아니라고 말합니다. 자신이 사도가 된 것은 하나님의 뜻에 의하여 부름 받은 것이라고 확신 있게 주장하였습니다.

바울의 본명은 사울입니다. 사울은 초대교회의 그리스도인들에게 악명 높은 핍박자였습니다. 그는 그리스도인들을 체포하고 죽이는 데 앞장섰던 사람이었습니다. 그런 그가 다메섹에 있는 교회의 성도들을 또 핍박하기 위하여 가다가 살아 계신 예수 그리스도를 만났습니다. 그 만남으로 그의 생애는 완전히 변화되었습니다. 하나님은 사울을 바울로 변화시켜 이방인들에게 예수 그리스도의 복된 소식을 전하는 자로 세우셨습니다.

"주께서 이르시되 가라 이 사람은 내 이름을 이방인과 임금들과 이스라엘 자손들에게 전하기 위하여 택한 나의 그릇이라" (행 9:15)

저는 아무리 생각해도 목사가 될 만한 사람이 아닙니다. 저는 어려서부터 하나님을 영접한 사람이 아니었습니다. 그런데 있을 수 없는 일이 일어났습니다. 어느 날 갑자기 하나님이 믿어지는 것입니다. 엄격한 불교 집안에서 태어났기 때문에 하나님을 알 길이 없었습니다. 그러나 놀라운 일이 일어난 것입니다. 제가 하나님을 영접하고 이렇게 목사까지 되었습니다. 이것은 하나님의 뜻에 의하여 부름을 입었기 때문이었습니다.

저뿐만 아니라 여러분도 하나님이 불러주셨습니다. 여러분이 이 교회에 성도가 되고 직분자가 된 사실이 당회로부터 되었다고 생각하십니까? 옆에 계신 집사님으로부터 되었다고 생각하십니까? 아니면 스스로 되었다고 생각하십니까?

'교회'라는 헬라어는 '에클레시아'입니다. 이 단어의 뜻은 "하나님으로부터 부름 받아 모인 무리"입니다. 우리 모두는 하나님의 뜻에 의하여 부름을 받아 모인 사람들입니다. 물론 옆에 계신 집사님에 의하여 전도 받았습니다. 인도를 받았습니다. 그러나 이 모든 일을 계획하고 이루시는 분은 하나님입니다. 하나님의 뜻에 의하여 부름 받음의 확신이 있는 사람들은 설레고 두근거리는 마음으로 그 교회를 행복하게 가꾸어가는 것입니다. 자기의 뜻에 의하여 나왔다고 생각하는 사람은 항상 구경꾼이나 손님의 위치를 벗어날 수 없습니다. 옆 사람의 뜻에 의하여 이끌려왔다고 생각하는 사람은 항상 구경꾼이나 손님의 위치를 벗어날 수 없습니다.

여러분의 집을 누가 아름답게 꾸밉니까? 주인입니까? 손님입니까? 구경꾼은 책임의식이 없습니다. 그러나 주인은 계속 남아 책임을 집

두번째 이야기, **행복한 공동체**

니다. 하나님의 뜻에 부름 받은 성도들이 교회의 직분을 맡아야 행복
하게 가꾸어갑니다.

그러면 하나님의 뜻에 부름 받은 확신을 어떻게 알 수 있을까요? 어
떤 사람은 기도 중에 하나님의 음성을 듣고 환상을 보았다고 합니다.
그래서 부름 받은 확신을 가졌다고 합니다. 그런데 아무것도 일어나
지 않은 사람들은 어떻게 부름 받은 확신을 가질 수 있을까요?

"우리가 알거니와 하나님을 사랑하는 자 곧 그의 뜻대로 부르심을 입은
자들에게는 모든 것이 합력 하여 선을 이루느니라" (롬 8:28)

하나님을 사랑하는 마음입니다. 하나님을 사랑하는 마음이 여러분
에게 있습니까? 하나님을 사랑하면 예수 그리스도의 교회를 행복하게
가꾸는 데 온힘을 쏟습니다. 주부는 왜 집 안을 잘 가꾸고 아이들을 양
육하고 남편을 잘 섬길까요? 사랑하기 때문입니다.

여러분은 하나님을 사랑합니까? 그러면 우리가 행복한교회를 잘
가꾸는 데 앞장서야 합니다. 하나님의 뜻에 부름 받은 사람은 하나님
을 사랑합니다. 그리고 교회를 행복하게 하는 데 애를 씁니다.

아름다움은 무엇일까요? '질서'와 '정돈'입니다. 아름다운 여인을
보십시오. 이목구비가 잘 정돈되어 있고 질서가 있습니다. 아름다운
집을 보십시오. 가구와 살림들이 잘 정돈되었습니다. 아름다운 나라
를 보십시오. 법과 질서가 잘 지켜지고 있습니다.

서울에서 이름난 모 교회는 아름답습니다. 물론 건축양식이 아름

교회는 지금 치료 중

답습니다. 그러나 진정 이 교회의 아름다움은 예배에 있습니다. 예배가 얼마나 아름다운지 모릅니다. 그 교회의 수준 높은 말씀과 찬양과 기도와 예물이 있기에 예배가 아름다울 수도 있습니다. 그러나 무엇보다도 그 교회의 예배의 아름다움은 부름 받은 성도들이 얼마나 잘 모이는가에서 시작되는 것입니다.

여러분은 주일날과 모든 공식 예배의 날에 양심에서 부르는 하나님의 소리를 듣습니까? 예배에 부름을 받고 있습니까? 그 부름에 응답하고 있습니까?

여기저기 빈자리가 많이 보일 때 하나님의 부름에 응답하지 못한 자리가 많은 예배일수록 그 교회는 보기 흉한 교회로 전락할 수밖에 없습니다.

가룟 유다는 제자들이 모두 모여 예수님과 함께 겟세마네 동산에서 기도할 때 그 자리에 없었습니다. 도마는 제자들이 모두 모여 부활의 주님을 만날 때 그 자리에 없었습니다. 그래서 나중에 딴소리로 예수님을 아프게 하였습니다. 하나님의 뜻에 부름 받은 성도가 하나님의 부름을 외면하고 그 어떤 최고의 선한 일을 한다고 해도 그것은 하나님 보시기에 추한 것일 뿐입니다.

사랑하는 행복한교회 성도 여러분!

우리는 행복한교회라는 하나님의 뜻으로 말미암아 부름 받은 공동체입니다. 여러분 한 사람 한 사람이 모두 중요합니다. 우리는 행복한교회를 아름답게 가꾸라고 불러주셔서 모인 사람들임을 확신하는 주의 백성이 되어야 합니다. 여러분들을 통해서 행복해질 수 있습니다. 교회가 아름다워질 수 있습니다. 교회가 교회다워질 수 있습니다. 지친 영혼들이 돌아올 수 있는 교회가 될 줄로 믿습니다. 상한 영혼들이 주님께로 돌아오는 역사가 나타날 줄로 믿습니다. 이런 교회를 꿈꾸며 살아갑시다. 이런 교회가 현실로 행복한 교회가 될 수 있도록 노력합시다.

교회를 행복하게 가꾸는 사람은 누구입니까?

사명 받은 사람들

교회를 행복하게 가꾸는 사람은 누구입니까? 사명 받은 사람들입니다. 하나님이 여러분을 불러주셨다면 그 부름의 목적이 있습니다.

"그리스도 예수의 사도 된 바울은(1절)" 바울은 그리스도 예수의 사도로서 하나님의 부름을 받았다고 합니다. '사도'란 '보냄을 받은 자', '전령'이란 뜻을 가졌습니다.

바울은 로마의 감옥에 갇혀 있지만 결코 부끄럽지 않습니다. 그는 범죄자로 옥에 갇힌 것이 아닙니다. 로마에 예수 그리스도의 보냄 받은 사신이 되어 옥에 간 것입니다. 바울은 그곳에서 로마의 많은 사람들을 만날 수 있었습니다. 그래서 그들에게 예수 그리스도를 전했습니다. 그 후 약 300년 뒤에는 로마가 기독교를 공인하기에 이르렀던 것입니다.

교회는 지금 치료 중

사도는 더 이상 존재하지 않지만 '보냄 받은 자'는 계속 존재해야 합니다. 저는 이 교회의 설교자로 '보냄을 받은 사람'입니다. 여러분도 이 교회에 사명자로 각 가정과 동네에 보냄 받은 사람들입니다.

아름답고 행복한 교회에는 사명 받은 사명자들, 보냄 받은 사람들이 각기 자기 직분에 열심을 다하여 충성합니다. 추한 교회의 성도들은 사명감이 없습니다. 왜 예수 믿고 교회 다니는지 목적이 없습니다. 그들은 천하게 살아갑니다. 그리고 추한 교회는 더러운 열매를 맺습니다. 우리는 모두 사명자입니다. 입술과 생활로서 예수 그리스도를 전파하는 사명을 받은 공동체입니다. 사명을 감당할 때 아름답습니다.

주부의 아름다움은 아이를 키우고 살림에 열심을 다할 때입니다. 남편의 아름다움은 직장에서 열심히 일할 때입니다. 학생의 아름다움은 열심히 공부에 힘을 쏟을 때입니다. 성도의 아름다움은 열심히 예수 그리스도의 교회와 복음을 섬길 때입니다.

왜 여러분의 직업에 종사합니까? 왜 축복이 넘쳐야 합니까? 왜 좋은 대학에 진학해야 합니까? 왜 교회가 부흥해야 합니까? 예수 그리스도를 전파하기 위해서입니다. 전도와 선교는 우리 모두의 사명입니다.

사랑하는 행복한교회 성도 여러분!

여러분은 때를 얻든지 못 얻든지 예수 그리스도를 전파하고 있습니까? 행복한 교회를 가꾸는 사람은 예수 그리스도를 전파하는 사명을 감당하는 사람들입니다. 우리는 보냄을 받은 자들입니다. 우리에게 사명을 주셨습니다. 그것은 전도의 사명입니다. 선교의 사명입니다. 외쳐야 합니다. 전해야 합니다. 이 거룩한 사명을 잘 감당해야 합니다. 바울은 이 일을 위하여 모든 것을 배설물로 여겼습니다. 다 내려놓았습니다. 다 포기했습니다.

행복한교회가 이런 삶을 살아야 합니다. 전도함에 있어서 열정을 가지고 가야 합니다. 선교함에 있어서 기도함으로 나아가야 합니다. 결코 포기할 수 없습니다. 결코 물러설 수 없습니다.

행복한 교회를 가꾸는 사람들은 누구입니까?

구별 받은 사람들

행복한 교회를 가꾸는 사람들은 누구입니까? 구별 받은 사람들입니다. 이 편지를 받아보는 이들은 에베소에 사는 '성도'들입니다(1절). 성도란 교회에서 제일 낮은 자리입니까? 성도란 '하나님의 거룩한 자' 로서 하나님의 소유된 거룩하게 구별 받은 무리란 뜻입니다.

누가복음 4장 34절에 보면 귀신들린 자가 예수님을 부를 때에 '하나님의 거룩한 자'라고 불렀습니다. 즉 예수님도 '성도'였습니다. 예수님과 우리와의 차이는 예수님은 거룩한 분이지만 우리들은 거룩해져가는 사람들입니다.

행복한 교회를 가꾸어가는 사람은 주님의 손에 이끌려 거룩해지고 있는 과정을 밟고 있는 사람들입니다. 송아지는 소를 닮아 갑니다. 개새끼는 개를 닮아 갑니다. 하나님의 자녀는 하나님을 닮아 갑니다.

여러분은 매일매일 예수 그리스도를 닮아 갑니까? 예수 그리스도를 닮아 거룩해지려면 어떻게 해야 할까요?

여러분은 누구를 닮아 가십니까? 주님을 닮아 가야 합니다. 행복한 교회를 가꾸어가는 사람은 주님의 손에 이끌려 거룩해지고 있는 과정을 밟고 있는 사람들입니다. 우리가 행복하게 꾸며 나아가야 합니다. 거룩하게 꾸며 나아가야 합니다. 그러기 위해서는 날마다 거듭나며 새로워져야 합니다. 새로운 피조물로 거듭나야 합니다. 그래야 교회를 행복하게 꾸며 나아갈 수 있습니다. 그래야 교회가 교회다워지는 역사가 나타납니다.

사랑하는 행복한교회 성도 여러분!

행복한 교회를 가꾸어가는 사람들은 하나님의 부름 받은 사람들입니다. 우리는 행복한 교회라는 하나님의 뜻으로 말미암아 부름 받은 공동체입니다. 여러분 한 사람 한 사람이 모두 중요합니다. 우리는 행복한교회를 아름답게 가꾸라고 불러주셔서 모인 사람들임을 확신하는 주의 백성이 되어야 합니다. 여러분들을 통해서 행복해질 수 있습니다. 교회가 아름다워질 수 있습니다.

교회를 행복하게 가꾸는 사람은 예수 그리스도의 사명 받은 사람들입니다. 여러분은 때를 얻든지 못 얻든지 예수 그리스도를 전파하고 있습니까? 행복한 교회를 가꾸는 사람은 예수 그리스도를 전파하는 사명을 감당하는 사람들입니다. 우리는 보냄을 받은 자들입니다. 우리에게 사명을 주셨습니다. 그것은 전도의 사명입니다. 선교의 사명입니다. 외쳐야 합니다. 전해야 합니다. 이 거룩한 사명을 잘 감당해야 합니다.

바울은 이 일을 위하여 모든 것을 배설물로 여겼습니다. 다 내려놓았습니다. 다 포기했습니다. 행복한교회가 이런 삶을 살아야 합니다. 전도함에 있어서 열정을 가지고 가야 합니다. 선교함에 있어서 기도함으로 나아가야 합니다. 결코 포기할 수 없습니다. 결코 물러설 수 없습니다.

행복한 교회를 가꾸는 사람들은 거룩하게 구별 받은 사람들입니다. 여러분은 누구를 닮아 가십니까? 주님을 닮아 가야 합니다. 행복한교회를 가꾸어가는 사람은 주님의 손에 이끌려 거룩해지고 있는 과정을 밟고 있는 사람들입니다. 우리가 아름답게 꾸며 나아가야 합니다. 거룩하게 꾸며 나아가야 합니다. 그러기 위해서는 날마다 거듭나며 새로워져야 합니다. 새로운 피조물로 거듭나야 합니다. 그래야 교회를 행복하게 꾸며 나아갈 수 있습니다. 그래야 교회가 교회다워지는 역사가 나타납니다. 마침내 행복한교회를 통해서 구원함의 역사가 넘쳐날 줄로 믿습니다.

행복한 교회를 향한 하나님의 소원

이 세상을 살아가고 있는 사람이라면 누구나 꿈이 있고 소원하는 바가 있습니다. 그 소원이 무엇이든 그것이 이루어지면 얼마나 기분이 좋은지 말로 다 표현할 수 없습니다. 여러분은 무슨 소원이 있습니까? 무슨 소원이 있든지 하나님이 기뻐하시는 일이라면 모든 것이 다 이루어지기를 바랍니다.

저도 역시 여러 가지 소원들이 있습니다. 솔로몬은 그의 잠언에서 이렇게 말하고 있습니다.

"소망이 더디 이루어지면 그것이 마음을 상하게 하거니와 소원이 이루어지는 것은 곧 생명나무니라" (잠 13:12)

그러나 솔로몬은 전도서에서 소원이라고 해서 다 소원은 아니라고 경고하기도 합니다.

"어떤 사람은 그의 영혼이 바라는 모든 소원에 부족함이 없어 재물과 부요와 존귀를 하나님께 받았으나 하나님께서 그가 그것을 누리도록 허락하지 아니하셨으므로 다른 사람이 누리나니 이것도 헛되어 악한 병이로다"(전 6:2)

솔로몬은 다시 잠언에서 소원에 대하여 이렇게 조심스런 권면을 합니다.

"지식 없는 소원은 선하지 못하고 발이 급한 사람은 잘못 가느니라"(잠 19:2)

저는 여러분과 함께 행복한교회가 앞으로 나아가야 할 길을 묵상해보고 싶습니다. 우리의 소원은 무엇입니까? 하나님께서 우리에게 향하신 소원은 무엇이라고 생각하십니까? 어떤 것을 원하고 계실까요? 어떤 소원을 두고 계실까요?

소원을 두심

하나님은 행복한 교회에 소원을 두고 계십니다.

바울은 빌립보교회의 성도들을 향하여 하나님께서 우리 안에 소원을 두고 계신다고 분명하게 말씀하고 있습니다.

우리의 소원이 아무리 작은 것일지라도 그 소원이 이루어졌을 때
얼마나 기분이 좋습니까? 하늘을 날아갈 것 같은 기분입니다. 온 세상
을 다 얻은 것 같은 기쁨입니다. 하나님께서 우리를 향하여 품고 계신
소원도 마찬가지입니다. 아무리 작은 것일지라도 우리가 그 소원을
이루어 나간다면 하나님의 마음도 매우 흡족해하실 것입니다.

우리에게는 누구나 하나님께서 맡기신 소원이 있습니다. 하나님의
소원을 기쁨으로 받아보십시오. 그리하면 하나님께서 친히 힘과 능력
을 주십니다. 하나님께서는 그 소원을 나를 도구로 하여 이루실 것입
니다.

이 소원은 2020비전을 향하여 나아가는 교회에 주어진 하나님의
소원이라고 할 수 있을 것입니다. 하나님은 행복한교회에 어떤 소원
을 품고 있을까요?

우리에게 2020 비전을 주셨습니다.

첫째, 우리는 매 주일 3,000명의 성도들이 역동적인 예배를 드리는
교회를 꿈꾼다.

둘째, 우리는 100명의 훈련된 순장을 리더로 세우는 교회를 꿈꾼다.

셋째, 우리는 1,000명의 훈련된 구역 리더들을 세우는 교회를 꿈꾼다.

넷째, 우리는 국내외 지역에 10개의 지교회를 세우는 교회를 꿈꾼다.

다섯째, 우리는 선교센터를 세워 선교사들의 작은 쉼터를 제공하는 교회를 꿈꾼다.

여섯째, 우리는 지역 사회와 호흡을 함께하여 주도적으로 이끄는 교회를 꿈꾼다.

일곱째, 우리는 차세대 젊은이 사역의 모델적인 교회를 꿈꾼다.

여덟째, 우리는 주일학교 교육을 통해 이 시대의 주역으로 세우는 교회를 꿈꾼다.

아홉째, 우리는 어르신부의 특별한 쉼터를 통하여 섬김의 본을 보이는 교회를 꿈꾼다.

열째, 우리는 남북의 통일을 바라보며 옛 예루살렘의 재건을 꿈꾼다.

사랑하는 행복한교회 성도 여러분!

하나님께서 우리에게 2020 비전을 주셨습니다. 이 비전을 가슴에 담아야 합니다.

우리에게 향하신 하나님의 음성을 들어야 합니다. 우리에게 향하신 하나님의 거룩한 목적과 소원을 가슴에 품어야 합니다. 누가 대신할 수 없습니다. 우리가 해야 합니다. 행복한교회가 해야 합니다. 과거 지향적인 교회는 안 됩니다. 미래 지향적인 교회가 되어야 합니다. 달려가는 교회가 되어야 합니다. 소원을 들어주는 교회가 되어야 합니다. 한 목적을 가지고 함께 달려가야 합니다. 그 비전을 향하여 한 마음 한 뜻이 되어서 달려가야 합니다. 하나님은 행복한교회가 이렇게

되기를 소원하고 계십니다. 그 하나님의 소원을 이루어 드리는 거룩
한 교회가 되기를 바랍니다.

하나 되기를 소원

하나님은 행복한교회가 감사함으로 하나 되기를
소원하십니다.

여기서 '원망'이란 '투덜대는 불평'을 의미합니다. 그리고 '시비'
란 '악의惡意(악한 의도) 있는 논쟁'을 의미합니다. 다시 말하면 '원망'
이란 내적인 불만 상태가 겉(외적)으로 표출된 상태라고 할 수 있습니
다. 또한 '시비'란 내적으로 이의를 제기하고 논쟁하려는 태도를 말합
니다. 그러므로 원망과 시비는 성도의 생활에 있어서 가장 불신앙적
인 행동입니다. 그리고 하나님의 교회에 있어서 가장 치명적인 사탄
의 전략이라고 할 수 있습니다.

문제가 있다고 말하는 교회들을 보십시오. 서로 원망하고 불평하
는 사람들이 많은 것이 특징이라고 할 수 있습니다. 이 원망과 시비는
그 효력이 매우 강하여 짧은 시간에 많은 사람들에게 오염되는 것을
볼 수 있습니다. 한번 교회에 불평과 원망과 시비가 일어나기 시작하
면 문제가 심각해집니다. 겉으로 표현되는 불평과 원망은 없을지라도

속으로 꿍 하고 담을 쌓아 영적인 교제가 단절된 사람들이 얼마나 많이 있습니까? 이것은 도저히 성도로서의 삶의 모습이 아닙니다.

이러한 원망과 불평이 가득하게 되면 어떻게 됩니까? 교회는 결코 하나가 될 수 없습니다. 기도가 막히게 됩니다. 은혜가 막히게 됩니다. 사랑이 식어지게 됩니다. 교제가 멀어지게 됩니다. 우리의 믿음은 파선되게 됩니다. 예를 들어보겠습니다. 한 부모에게서 태어난 자녀들이 불평불만으로 시기가 가득차고 마음이 하나 되지 못하고 있다면 그 부모의 마음은 찢어지는 아픔이 있을 것입니다.

교회의 경우도 마찬가지입니다. 한 하나님을 아버지로 모시고 사는 우리가 그리스도 안에서 한 형제요 자매가 되었습니다. 그런데 서로 힘이 되고 위로가 되지 못한다면 하나님의 마음은 어떻겠습니까? 그러므로 하나님께서는 우리의 모든 일에 원망과 시비가 없이 하는 것이 소원이라고 말씀하고 있습니다.

사랑하는 행복한교회 성도 여러분!

행복한교회는 이제 원망이나 불평이 없이 감사함으로 하나를 이루어야 합니다. 교회에서 원망이나 불평 꺼리를 찾는다면 얼마나 많겠습니까? 특별히 저 같이 젊은 목사가 실수를 해도 한 번 두 번이겠습니까? 부족하고 만족함이 없어도 감사함으로 하나를 이루어야 행복한 교회는 힘 있게 성장할 수 있습니다. 우리의 모습 속에서는 원망과 시비가 한 마디도 없어야 합니다.

행복한교회는 원망과 시비 대신에 사랑이 넘치는 교회가 되어야

교회는 지금 치료 중

합니다.

행복한교회는 원망과 시비 대신에 기쁨이 넘치는 교회가 되어야 합니다.

행복한교회는 원망과 시비 대신에 사랑이 넘치는 교회가 되어야 합니다.

행복한교회는 원망과 시비 대신에 평강이 넘치는 교회가 되어야 합니다.

행복한교회는 원망과 시비 대신에 감사가 넘치는 교회가 되어야 합니다.

이것이 바로 우리와 행복한교회를 향하신 하나님의 소원입니다.

세상의 빛이 되기를 소원

하나님은 행복한교회가 이 세상의 빛이 되기를 소원하십니다.

"이는 너희가 흠이 없고 순전하여 어그러지고 거스리는 세대 가운데서 하나님의 흠 없는 자녀로 세상에서 그들 가운데 빛들로 나타내며" (빌 2:15)

행복한교회가 세상을 밝히는 등대가 되시기를 소원하고 있다는 말씀입니다.

우리가 살고 있는 시대를 본문은 '어그러지고 거스리는 세대' 라고 부르고 있습니다. 우리는 지금 도저히 상상할 수 없는 일들이 눈앞에서 일어나고 있는 시대의 산 증인들입니다.

이렇게 패역한 시대에 '흠이 없고 순전하라'고 말씀합니다. '흠이 없다'는 말은 '비난할 것이 없다'는 말입니다. 하나님의 사람은 하나님 앞에서나 사람 앞에서 책망 받을 것이 없어야 합니다. '순전하다'는 말은 '섞이지 않았다'라는 의미입니다. 이 말씀은 하나님의 백성들은 혼탁한 세상의 풍속과 하나님이 없는 가치관과는 혼합될 수 없다는 것을 의미합니다. 이때에 비로소 우리는 "하나님의 흠 없는 자녀로 세상에서 그들 가운데 빛들로 나타내며(15절)" 살아갈 수 있다는 것입니다.

지금의 시대는 교회가 세상에서 빛을 잃어버렸습니다. 교회가 교회답지 못하다는 것을 의미합니다. 왜 그렇습니까? 교회가 세상과 구별되지 않기 때문에 그렇습니다. 하나님의 자녀라는 성도들이 세상에서 본을 보이지 못하고 있기 때문에 그렇습니다. 이러한 시대에 행복한교회를 세우신 것은 분명한 하나님의 소원이 있음을 인정해야 합니다.

사랑하는 행복한교회 성도 여러분!

행복한교회는 이 시대의 꿈과 소망이 되어야 합니다. 행복한교회는 이 시대의 부정과 부패를 들어내는 빛이 되어야 합니다. 행복한교회는 어두움을 물리치며 밝은 세상을 만들어야 하는 사명이 있습니다. 행복한교회는 구원받은 하나님의 자녀들인 여러분을 통하여 더 밝은 빛을 나타내게 될 것입니다.

복음을 전하기를 소원

하나님은 행복한교회가 복음을 전하기를 소원하십니다.

"생명의 말씀을 밝혀 나의 달음질도 헛되지 아니하고 수고도 헛되지 아니함으로 그리스도의 날에 내가 자랑할 것이 있게 하려 함이라" (빌 2:16)

이것은 하나님께서 행복한교회를 허락하신 가장 큰 소원이라고 할 수 있습니다. 이것은 행복한교회의 정체성을 결정하는 중요한 사실입니다. 교회가 무엇을 하는 곳인지를 정확하게 알아야 한다는 것입니다.

우리 주님이 재림할 때에 가장 큰 자랑은 바로 전도라는 사실을 이어서 밝히고 있습니다. 우리가 하나님 앞에 설 때에 나의 자랑이 있다면 그것은 오직 한 가지 생명의 말씀을 밝혀 많은 사람을 생명의 길로 인도했다는 그 사실일 것입니다.

바울은 "나의 달음질도 헛되지 아니하고 수고도 헛되지 아니함으로 그리스도의 날에 내가 자랑할 것이 있게 하려 함이라"고 고백합니다. 바울은 자신의 복음으로 성장하고 있는 빌립보 교인들을 이렇게 부르고 있습니다.

"그러므로 나의 사랑하고 사모하는 형제들, 나의 기쁨이요 면류관인 사랑하는 자들아 이와 같이 주 안에 서라" (빌 4:1)

바울은 지금까지 자기가 전한 말씀으로 인하여 맺혀진 새 생명의 열매들을 바라보면서 그들을 '나의 기쁨이요 면류관'이라고 부릅니다. 교회가 할 일이 많지만 복음과 연관되지 않는 일이라면 일차적인 목적이 아님을 알아야 합니다.

사랑하는 행복한교회 성도 여러분!

행복한교회는 자선단체가 아닙니다. 행복한교회는 봉사단체도 아닙니다. 행복한교회는 환경단체도 아닙니다. 행복한교회는 교제하는 모임단체도 아닙니다. 이 말은 이런 일들이 필요 없다는 의미가 아닙니다. 교회의 우선순위가 아니라는 말입니다.

행복한교회는 예수 그리스도의 몸입니다. 행복한교회의 일차적인 목적은 생명을 살리는 일입니다. 그러므로 행복한교회를 통하여 이루고 싶은 하나님의 소원은 생명의 말씀을 밝히는 전도가 활발하게 이루어지는 것이라고 할 수 있습니다.

목사와 성도가 하나 되기를 소원

하나님은 행복한교회가 목사와 성도가 하나 되기를 소원하십니다.

교회는 지금 치료 중

'전제奠祭'란 구약 시대에 중심된 제물이 바쳐진 뒤에 포도주를 부음으로 제사의 끝마무리를 해주는 것입니다. 그것은 부어지고 나면 흔적도 없이 사라지게 됩니다. 바울은 빌립보 교인들을 향하여 이런 전제와 같은 역할을 하였습니다.

그래서 그들의 믿음이 온전해지고 하나님 앞에 든든히 서 간다면 기꺼이 자신의 몸을 다 쏟아 부어 흔적도 없이 사라지는 전제와 같이 희생할 수 있다는 것을 의미하고 있습니다. 하나님께서 기뻐하시는 그 소원을 위하여 자신의 몸을 바쳐 희생하기까지 충성했던 바울의 모습은 우리에게 무엇을 생각하게 합니까?

저는 이런 생각을 하게 되었습니다. 하나님은 제가 바울처럼 전제로 드려지는 참 목사가 되기를 소원하고 있을 것이라는 것입니다. 또한 하나님은 행복한교회의 모든 성도들이 믿음의 제물과 봉사자가 되기를 소원하고 있습니다.

전제는 제물이 없으면 그 역할을 다할 수 없습니다. 제물은 전제가 없으면 제사로서 완성을 이룰 수 없습니다. 목사와 성도는 이런 관계입니다. 행복한교회는 저와 여러분이 하나가 되지 않으면 절대로 하나님의 일을 감당할 수 없습니다. 제가 부족한 점이 많더라도 많이 사랑해주시고 기도해주십시오. 저도 여러분을 위하여 기도하고 말씀을 준비하여 양을 돌보는 목자로서 최선을 다하겠습니다.

요즘 교회는 목사와 교인들 간에 불신이 생각보다 심각함을 보게 됩니다. 이렇게 되어서는 하나님의 기쁨을 누릴 수 없게 됩니다.

"이와 같이 너희도 기뻐하고 나와 함께 기뻐하라" (빌 2:18)

교회는 목사만 위하고 또는 교인들만 위하는 곳이 아닙니다. 하나님의 영광과 예수 그리스도의 몸을 세우는 것입니다. 이 일을 위하여 하나님은 저와 여러분이 하나가 되기를 소원하고 있는 것입니다.

행복한교회가 소원을 이루기 위하여 우리는 더 열심히 배워야 합니다. 그리고 더 많이 봉사하고 열심히 복음을 전해야 합니다. 하나님은 모두가 이 땅에서 복을 받기를 원하십니다. 훗날에는 천국에 가기를 소원하고 있습니다.

사랑하는 행복한교회 성도 여러분!

하나님은 행복한교회에 대한 소원이 있으십니다. 이 소원은 2020 비전을 향하여 나아가는 교회에 주어진 하나님의 소원이라고 할 수 있을 것입니다. 하나님은 우리에게 2020 비전을 주셨습니다. 이 비전을 가슴에 품고 나아가야 합니다. 날마다 기도하며 사명을 감당해야 합니다.

우리에게 향하신 하나님의 음성을 들어야 합니다. 우리에게 향하신 하나님의 거룩한 목적과 소원을 가슴에 품어야 합니다. 누가 대신할 수 없습니다. 우리가 해야 합니다. 행복한교회가 해야 합니다. 과거

교회는 지금 치료 중

지향적인 교회는 안 됩니다. 미래 지향적인 교회가 되어야 합니다. 달려가는 교회가 되어야 합니다. 소원을 들어드리는 교회가 되어야 합니다.

또한 행복한교회는 이제 원망이나 불평이 없이 감사함으로 하나를 이루어야 합니다. 교회에서 원망이나 불평 꺼리를 찾는다면 얼마나 많겠습니까? 우리의 모습 속에서는 원망과 시비가 한 마디도 없어야 합니다.

행복한교회는 원망과 시비 대신에 사랑이 넘치는 교회가 되어야 합니다.

행복한교회는 원망과 시비 대신에 기쁨이 넘치는 교회가 되어야 합니다.

행복한교회는 원망과 시비 대신에 사랑이 넘치는 교회가 되어야 합니다.

행복한교회는 원망과 시비 대신에 평강이 넘치는 교회가 되어야 합니다.

행복한교회는 원망과 시비 대신에 감사가 넘치는 교회가 되어야 합니다.

이것이 바로 우리와 행복한교회를 향하신 하나님의 소원입니다. 행복한교회는 이 시대의 꿈과 소망이 되어야 합니다. 행복한교회는 이 시대의 부정과 부패를 들어내는 빛이 되어야 합니다. 행복한교회는 어두움을 물리치며 밝은 세상을 만들어야 하는 사명이 있습니다. 행복한교회는 구원받은 하나님의 자녀들인 여러분을 통하여 더 밝은 빛을 나타내게 될 것입니다.

행복한교회는 자선단체가 아닙니다. 행복한교회는 봉사단체도 아닙니다. 행복한교회는 환경단체도 아닙니다. 행복한교회는 교제하는 모임단체도 아닙니다. 이 말은 이런 일들이 필요 없다는 의미가 아닙니다. 교회의 우선순위가 아니라는 말입니다.

행복한교회는 예수 그리스도의 몸입니다. 행복한교회의 일차적인 목적은 생명을 살리는 일입니다. 그러므로 행복한교회를 통하여 이루고 싶은 하나님의 소원은 생명의 말씀을 밝히는 전도가 활발하게 이루어지는 것이라고 할 수 있습니다. 행복한교회가 소원을 이루기 위하여 우리는 더 열심히 배워야 합니다. 그리고 더 많이 봉사하고 열심히 복음을 전해야 합니다. 하나님은 모두가 이 땅에서 복을 받기를 원하십니다. 훗날에는 천국에 가기를 소원하고 있습니다.

행복한교회를 허락해 주심에 먼저 감사합시다. 행복한교회는 이 세상을 밝히는 등대임을 잊지 맙시다. 행복한교회는 복음을 전하며 전도를 위하여 허락하신 선교센터임을 기억합시다. 행복한교회가 아름답게 성장하려면 저와 여러분이 하나가 되어야 합니다. 교회가 교회다워지는 놀라운 역사가 임하시기를 소원합니다.